충북대학교 법학전문대학원 총서 3

형사재판론

김재중 저

진원사

이 책은 충북대학교 법학전문대학원 법학연구소의
지원에 의하여 출판되었음

머 리 말

저자는 사법시험 합격 후 사법연수원을 수료하고 군복무를 하면서 법조실무에 종사하기 시작하여 변호사 생활까지 합하면 20년 정도의 기간을 보내게 되었다. 2000년 박사과정에 진학할 때까지 대법원의 판례를 읽어 보던 것이 여가활용 겸 학습의 전부이었다. 대학원을 진학하면서 형법, 형사소송법 교과서가 상상을 초월할 만큼 양적으로 팽창되어 있음을 알게 되어 막연하게나마 좀 더 얇은 책이 있었으면 하는 생각을 하였다.

주지하는 바와 같이 형사소송법 분야는 최근 2007년 6월의 개정과 국민의 형사재판참여에 관한 법률의 제정으로 인하여 과거의 법률과는 질적, 양적인 면에서 많은 차이가 있게 되었고 이로 인하여 형사법정의 모습도 달라졌으며 형사 절차도 큰 변화를 맞이하게 되었다. 공판중심주의가 학자 사이에서 뿐만 아니라 전 국민들의 관심거리가 되었고 공판중심주의를 실질적으로 실현시키기 위해 공판준비절차가 강화되고 증거개시제도가 도입되었다. 형사재판에 있어 피해자의 권리가 두드러지게 강조되고 있고 피해자 보호주의라고 하는 이념은 형사소송체계 전반의 틀을 다시 한 번 생각하게 하고 있다. 국민이 배심원으로 형사재판에 참여하는 국민사법참여제도가 실시되면서 사법 분야에도 민주적 정당성 확보를 위한 각종 제도의 도입이 논의되고 있는 시점이다.

이러한 상황에서 형사소송법의 쟁점 어느 하나도 녹녹치 않게 되었다. 이미 판례상 굳건히 확립되었던 증거물에 대한 성질·형상불변론이 대법원의 전원합의체 판결 선고와 더불어 폐기되었으며 기타 많은 논의 쟁점이 향후 입법과제로 남겨져 있는 상황이다. 저자는 피해자 보호주의 이념이 형사소송에 있어 지도이념이 되어야 한다는 생각을 가지고 있다. 형사소송법은 더 이상 피고인의 인권보장 만을 위한 법률이 아니고 피고인과 피해자 모두의 기본권보장을 위한 법률이 되어야 마땅하다고 생각한다. 피고인의 인권보장을 위한 적정절차의 원리, 신속한 재판의 원칙은 피해자보호주의와 조화를 이루어야 마땅하고 그것이 실체적 진실 발견 실현을 위한 첩경이 될 것으로 믿는다. 피해자 보호를 위해 피해자를 위한 국선변호제도의 도입이 필수적으로 요구되며 피해자의 재판참가도 도입하여야 할 과제라고 생각한다. 결국 논의되어야 하고 향후 개정되어야 할 여지가 많이 남아 있다고 생각한다. 이 책은 우선 형사재판과 관련한 주요 문제점을 설명한 것이다. 수사 절차가 생략되었기 때문에 제목도 형사재판론이라고 명명하였다. 책의 두께도 얇기에 독자들이 부담을 느끼지 않기를 바란다.

법학전문대학원 제도 도입이 논의될 때 충북대학교에서 교수로 재직하게 된 저자가 형사소송법 교재의 필요성을 느껴 이 책을 만들게 되었다. 형사사건의 국선변호, 사선변호를 통하여 일천 명 이상의 피의자, 피고인을 접견하고 그 가족들과 면담하였던 경험과 지식이 녹아 들어간 교재를 만들어 보는 것이 그 목표이었지만 원고를 출판사에 넘긴 이 시점에서 돌이켜 보면 부족한 점이 너무나 많다. 저자의 의도와는 달리 학자들의 교과서를 중심으로 쟁점을 엮어 강의교재로 사용하고자 한다. 법학전문대학원에서는 이론 강의 외에도 종전 사법연수원에서 학습하던 실무 수습도 동시에 교육할 것을 요구받고 있는 상황이다. 그래서 저자는 사법연수원 교재인 형사증거법 및 사실인정론을 상당부분 이 교재에 반영시키게 되었다. 이 책이 나올 수 있었던 것은 전적으로 앞서 학문의 길을 지켜 오신 기존 학자 분들의 노력 덕분임을 밝혀두며 감사의 마음을 전하고자 한다.

이 책의 발간을 계기로 저자는 형사소송관련 쟁점들을 더욱 활발하게 연구하여 집필할 것을 약속한다. 이 책이 출간될 수 있도록 학술역량강화를 위해 모든 노력을 아끼지 않으신 충북대학교 법학전문대학원 노병호 원장님과 진원사에 충심으로 감사드린다. 출판과정에 힘을 보태준 정다운 학생에게 고마움을 전하며 그의 발전을 기원한다.

2009년 3월

김 재 중

참고문헌

단 행 본

강구진, 형사소송법원론, 학연사, 1982.
김기두, 형사소송법 전정신판, 박영사, 1987.
노명선·이완규, 형사소송법, 성균관대학교 출판부, 2009.
대검찰청자료집, 『각국의 국민 형사재판참여제도 : 이탈리아』, 『각국의 국민 형사재판참여 제도 : 프랑스』.
배종대·이상돈·정승환, 신형사소송법, 홍문사, 2008.
박홍규, 『사법의 민주화 : 재판을 재판한다』, 역사비평사, 1994.
백형구, 형사소송법, 박영사, 1998.
법원행정처, 『국민의 형사재판 참여에 관한 법률해설』, 2007.
법원행정처, 『국민참여재판의 이해』, 2008.
법원행정처, 『법원실무제요(형사Ⅰ, Ⅱ)』, 2008.
서일교, 형사소송법 8개정판, 박영사, 1979.
손동권, 형사소송법, 세창출판사, 2008.
신동운, 간추린형사소송법 제2판, 2008.
신양균, 형사소송법, 대명출판사, 2004.
신현주, 형사소송법 신정2판, 박영사, 2002.
심희기·양동철, 쟁점강의 형사소송법, 삼영사, 2009.
안경환, 한인섭, 배심제와 시민의 사법참여, 집문당, 2005.
이영란, 한국 형사소송법 개정판, 나남, 2008.
이재상, 신형사소송법 제2판, 박영사, 2009.
임동규, 형사소송법, 법문사, 2008.
정영석·이형국, 형사소송법 전정판, 법문사, 1996.
정웅석, 형사소송법, 대명출판사, 2005.
차용석·최용성, 형사소송법 제3판, 21세기사, 2008.

논 문

김대성, 국민이 참여하는 형사재판제도의 도입과 발전방안에 관한 연구, 건국대학교 박사학위논문, 2007.
김재중, 형사소송법 지도이념으로서의 피해자보호주의, 충북대학교 법학연구 제19권 제2호, 2008.
김주형, '사법경찰관작성의 검증조서 중 피고인의 진술기재부분과 범행재연의 사진영상부분의 증거능력', 대법원판례해설 9호.
도중진, "형사재판절차에 있어서 배심 및 참심제도의 도입방안", 한국형사정책연구원, 2003.
송희춘 " 경찰수사권 독립과 자치경찰", 지방자치법연구 통권 제10호, 한국지방자치법학회 2005.
박강우, "독일·오스트리아의 배심·참심제도와 국민의 사법참가", 인권과 정의 제321호, 대한변호사협회, 2003.
박미숙, "현행법상의 형사피해자의 범위", 피해자학 연구 제12권 제12호, 한국피해자 학회, 2004.
박홍규, "시민이 재판을!", 사람생각, 2000, 253면. 사법개혁위원회, 사법개혁위원회 자료집(Ⅱ), 2004.
서희석, "우리 형사소송법상의 전문법칙", 형사증거법(상), 1990.
서희종, "자백의 임의성과 증거능력", 형사증거법(하), 1990.
양 건, "국민의 사법참가 : 참심제 3단계 도입론", 법조 제533호, 2001.
윤용섭, "엄격한 증명과 자유로운 증명", 형사증거법(상), 1990.
이재석, "배심제도의 이념과 문제점", 비교형사법연구 제3권 제1호, 2001.
이재원, "형사재판에 있어서 국민의 사법참여제도", 대구대학교 법학박사 학위논문, 2008.
전봉진, "피고인 작성의 진술서", 형사증거법(하), 1990.
하태훈, "수사지휘권의 정당성과 필요성 : 경찰 수사권 독립", 시민과 변호사 통권 110호, 서울지방변호사회, 2003.
한인섭, "법조비리문제와 대안", 서울대학교 법학 제39권 제1호, 1998.
한인섭, "형사재판에서 배심제의 도입－그 필요성, 가능성, 구체적 방안은 무엇인가－", 형사정책연구 제14권 제2호, 2002.

목 차

제2편 공 판 / 75

제1편

소송주체와 소송행위

제1장 소송주체

소송의 주체에는 법원·검사·피고인이 있다. 이를 소송의 3주체라고 한다. 법원은 재판을 하는 주체임에 반해, 검사는 재판을 청구하고, 피고인은 재판을 받는 주체이다. 법원과 검사는 모두 국가기관인 소송주체이다. 그러나 법원이 재판권의 주체임에 반하여, 검사는 공소권의 주체라는 점에서 구별이 된다.

제1절 법 원

Ⅰ. 법원의 의의와 종류

1. 법원의 의의

법률상의 다툼에 관하여 심리·재판하는 권한과 이에 부수하는 권한을 사법권이라고 하며, 이러한 사법권을 행사하는 국가기관을 법원이라 한다. 이러한 법원은 국법상 의미의 법원과 소송법상 의미의 법원으로 나뉜다.

가. 국법상 의미의 법원

법원조직법상의 법원이며 대법원의 지휘·감독을 받는다.

[예] 보통법원(대법원, 고등법원, 지방법원, 가정법원, 행정법원, 특허법원), 특별법원(군사법원)

나. 소송법상 의미의 법원

(1) 재판기관으로서의 법원으로 개개의 소송사건에 관하여 재판권을 행사하는 법원, 즉 합의부 또는 단독판사를 소송법상 의미의 법원이라고 한다. 형사소송법에서 법원이라고 할 때는 소송법상 의미의 법원을 말한다.

(2) 소송법상 의미의 법원은 수소법원과 수소법원 이외의 법원으로 구분된다.

(가) 수소법원

공소제기 된 법원, 약식명령·즉결심판이 청구된 법원

(나) 수소법원 이외의 법원

영장발부판사, 증거보전이나 참고인에 대한 증인신문판사, 체포·구속적부심사법원, 재정신청사건을 심판하는 법원, 재심법원, 비상상고법원

2. 법원의 종류

법원에는 최고법원인 대법원과 하급법원인 고등법원·지방법원·가정법원이 있다.

보통법원 이외에 특별법원으로 군사법원이 있는데(헌법 제110조), 다만 군사법원의 상고심도 대법원이라는 점에서 군사법원도 하급법원에 해당한다.

3. 사법권의 독립

공정한 재판을 보장하여 개인의 자유와 권리를 보호하기 위하여는 법원은 사법권의 독립이 보장된 법관에 의하여 구성되어야 한다. 사법권의 독립을 위해 법관의 신분을 보장하여야 하는 바, 법관은 탄핵 또는 금고 이상의 형의 선고에 의하지 아니하고는 파면되지 아니하며, 징계처분에 의하지 아니하고는 정직·감봉 기타 불리한 처분을 받지 아니한다(헌법 제106조 제1항).

Ⅱ. 법원의 구성

1. 단독제와 합의제

가. 단 독 제

단독제는 1인의 법관으로 구성되며 장점으로는 신속함과 법관의 책임의식 부여라고 할 수 있으나, 단점으로는 사건의 심리가 신중·공정하지 못하게 될 우려가 있다.

나. 합 의 제

합의제는 수인의 법관으로 구성된 법원으로 사건의 심리를 신중·공정하게 진행할 수 있으나, 법관의 책임감 약화와 소송의 지연을 가져올 수도 있다.

다. 현행법의 태도

제1심 법원에는 단독제와 합의제를 병용하고 있으나 단독제가 원칙이며(법원조직법 제7조), 상소법원은 합의제로 구성되어 있다. 따라서 고등법원은 항상 판사 3인으로 합의부에서 심판하며(동법 제7조 제3항, 제27조), 대법원은 대법관 전원의 3분의 2이상의 합의체에서 행하며 대법원장이 재판장이 된다.

2. 재판장·수명법관·수탁판사·수임판사

가. 재 판 장

합의부의 구성원으로 합의체의 1인자로서 공판기일지정권(제267조)·소송지휘권(제279조)·법정경찰권(제281조 제2항, 법원조직법 제58조)등의 권한과 함께 피고인을 소환·구속할 수 있는 권한(제80조)을 가진다. 그러나 재판장은 소송절차에 관한 권한만을 가지고 있으며 심판에 있어서는 다른 법관과 동일한 권한을 가질 뿐이다.

나. 수명법관

합의제 법원으로부터 그 구성원인 법관에게 특정한 소송행위를 명령받은 판사를 말한다(제37조, 제136조)(예 : 법정 외 증인신문).

다. 수탁판사

법원이 다른 법원의 법관에게 일정한 소송행위를 하도록 촉탁한 경우에 그 촉탁을 받은 법관을 수탁판사라고 한다(제37조, 제136조)(예: 증인소재지 판사에 대한 증인신문촉탁).

라. 수임판사

수소법원과는 독립해서 소송법상 권한을 행사할 수 있는 개개의 법관을 말한다.

[예] 수사기관의 청구에 의하여 각종 영장을 발부하는 판사(제201조, 제215조), 증거보전절차를 행하는 판사(제184조), 수사상 증인신문을 행하는 판사(제221조의2), 피의자 구속기간 연장 판사(제205조 제1항), 피의자에 대한 감정유치(제221조의3)를 행하는 판사

Ⅲ. 법관의 제척·기피·회피제도

1. 제척·기피·회피제도의 의의

재판의 공정성을 확보하기 위해서는, 법원의 조직·구성에서의 공정과 절차·내용에서의 공정이 유지되어야 한다. 먼저, 조직과 구성면에서는 일정한 경우 법원의 구성원인 법관을 직무집행절차로부터 배제하는 제척(제17조), 기피(제18조), 회피(제24조 제1항)제도가 있다. 제척은, 법관이 편파적인 재판을 할 우려가 있는 일정한 유형적인 사유가 있는 경우, 법률상 당연히 그 법관을 직무로부터 배제하는 제도이다. 기피는 그 외의 법관이 불공정한 재판을 할 우려가 있는 경우, 당사자의 신청에 의하여 배제하는 것이고, 회피는 법관 스스로의 신청에 의한 것이다. 모두 사전에 사건과 관련성이 있는 법관의 경우에 공평성을 담보하기 위하여 배제하는 것이다.

당사자주의적 소송구조 하에서는 당사자의 신청에 의한 배제제도인 기피제도를 중심적인 제도로 운용되고, 그 대상도 단순히 절차외적인 요인에 한정하지 않고, 절차 내에서 소송지휘권의 부당행사 등과 같은 소송지휘의 방법, 태도 등도 소송지연의 목적이 아니라면 넓게 인정하여야 할 것이다.

이러한 법원 구성의 공정성 문제는 향후 국민참여재판 제도와 관련하여 특히 중요한 의미를 갖는다. 국민참여법률은 배심원의 결격(제17조), 제척(제19조) 등을 규정하면서 직권에 의하거나 배심원 후보자에 대한 질문과 기피신청(제28조), 무이유부기피신청에 의한 불선임결정(제31조) 등을 규정하고 있다.

2. 제 척

가. 의 의

제척이란 법관이 구체적인 사건의 심판과 관련하여 불공평한 재판을 할 우려

가 현저한 경우를 법률로 정하여 당해 법관을 직무집행에서 배제시키는 제도이다(제17조). 법률에 유형적으로 분류되어 있고 법률에 의하여 당연히 배제된다는 점에서 기피, 회피제도와 다르다.

나. 제척의 원인(제17조)

제척사유는 형사소송법 제17조에 열거되어 있다. 크게 분류하면 법관이 당해 사건과 인적인 특별한 관계가 이는 경우와 법관이 사건에 관해 일정한 직무를 행한 적이 있는 경우이다. 전자는 객관적으로 명확하여 해석의 여지가 없다. 다만 후자 중 '전심'재판에 관여한 때와 관련하여 문제가 된다.

(1) 인적인 특별한 관계가 있는 경우

(가) 법관이 피해자인 때(제1호)

여기서 피해자란 직접적인 피해자만을 말하고, 간접적인 피해자인 경우에는 기피나 회피사유가 될 수 있을 뿐이다.

(나) 법관이 피고인 또는 피해자의 친족 또는 친족관계가 있었던 자인 때(제2호)

(다) 법관이 피고인 또는 피해자의 법정대리인, 후견감독인인 때(제3호)

(2) 사건에 관하여 일정한 직무를 행한 경우

법관이 당해 형사사건의 수사, 공소제기, 공판심리, 판결 과정에서 일정한 직무를 수행함으로써 선입견을 가지고 있다는 점에서 당해 사건에서 배제하고 있다.

(가) 법관이 사건에 관하여 증인, 감정인, 피해자의 대리인으로 된 때(제4호)

(나) 법관이 사건에 관하여 피고인의 대리인, 변호인, 보조인으로 된 때(제5호)

(다) 법관이 사건에 관하여 검사 또는 사법경찰관의 직무를 행한 때(제6호)

(라) 법관이 사건에 관하여 전심재판 또는 그 기초되는 조사, 심리에 관여한 때(제7호)

여기서 '전심재판에 관여'라 함은 상소에 의하여 불복이 신청된 재판을 말하며, 상급심에서 보아 하급심의 종국재판에 관여한 경우를 말한다. 전심관여 법관을 제척하는 이유는, 이미 당해 사건을 담당하여 심증을 형성하는 등 예단과

편견을 갖게 된 이상 공평한 재판을 기대할 수 없기 때문이다.[1)]

---

1) 전심재판 관여 또는 기초되는 조사·심리에 관여한 경우에 대한 판례를 살펴보면,
   ㉮ 전심재판에 관여한 때
   ⓐ 전심이 아니므로 제척사유가 되지 않은 예
   ○ 파기환송 전의 원심에 관여했던 법관이 파기환송 후의 재판에 관여한 경우(대판 1971.12.28. 71도1208) → 파기환송제도 자체가 원심법원으로 하여금 다시 재판을 하도록 하는 제도이기 때문임(그러나 실무에서는 그 법관에게 환송사건이 배당되지 않도록 하는 것이 관례이다).
   ○ 약식 명령을 한 판사가 그 정식재판에 관여한 경우(대판 2002.4.12. 2002도944) → 특별절차인 약식명령과 정식재판에서의 제1심은 전심의 관계가 아니라 동일심급일 뿐이다. 이유는 약식명령은 피고인이나 참고인을 조사함이 없이 판사가 수사기록만 읽어보고 하는 서면재판이므로 이를 가리켜 전심재판이라고 보기는 어렵다(실무에서도 약식명령을 담당한 판사가 정식재판회부결정을 한 다음 스스로 그 사건에 대한 공판을 담당하는 예가 다수이다).
   ○ 즉결심판을 한 판사가 그 사건에 대한 정식재판에 관여한 경우도 약식명령의 경우와 동일하게 취급한다.
   ○ 약식명령을 발부한 법관이 그 정식재판의 항소심에 관여하는 경우(대판 1985.4.23. 85도281)는 제척사유이다.
   ○ 약식명령을 발부한 법관이 그 정식재판의 항소심 공판에 관여한 바 있어도 후에 경질되어 그 판결에는 관여하지 아니한 경우는 전심재판에 관여한 법관이 불복신청된 당해 사건의 재판에 관여하였다고 할 수 없다(대판 1985.4.23. 85도281).
   ○ 재심청구의 대상인 확정판결에 관여했던 법관이 재심을 담당한 경우(대판 1964.6.22. 64모16).
   ○ 상고심 판결을 내린 법관이 형사소송법 제400조에 의한 판결정정신청사건을 처리한 경우(대판 1967.1.18. 66초67) → 단순한 표시의 잘못을 고치는 것이므로 전심에 해당하지 않음.
   ⓑ 소송관여가 아니므로 제척사유가 되지 않은 예
   ○ 재판의 선고에만 관여한 때나, 사실심리나 증거조사를 하지 않고 공판기일을 연기하는 재판에만 관여한 때(대판 1954.8.12. 4268형상141)
   ○ 공판에 관여하였으나 판결선고 전에 경질된 때(대판 1985.4.23. 85도281)
   ㉯ 전심재판의 기초가 되는 조사, 심리에 관여한 때
   ⓐ 전심재판의 기초가 되는 조사, 심리에 관여한 경우(제척사유인 경우)
   ○ 수탁판사로서 증거조사한 경우(이설 있음)
   ○ 제1심판결에서 피고인에 대한 유죄의 증거로 사용된 증거를 조사한 판사는 재판에 관여할 수 없다(대판 1999.10.22. 99도3534).
   ○ 증거보전절차에 관여한 경우나 증인신문절차에 관여한 경우
   – 판례는 공소제기 전 증거보전절차에서 증인신문한 판사가 재판에 관여한 때에는 제척사유에 해당하지 않는다고 봄(대판 1971.7.6. 71도974).
   ○ 준기소절차에서 부심판결정(현행법 : 공소제기결정)을 한 법관이 당해 사건의 항

3. 제척의 효과

법관은 당해 사건의 직무로부터 당연히 배제된다. 제척되어야 할 법관이 관여한 경우에는 절대적 항소이유가 된다(제361조의5 vii, 제383조).

4. 법관의 기피

가. 기피의 의의

(1) 기피란 법관이 제척사유가 있음에도 불구하고 재판을 하거나 기타 불공평한 재판을 할 우려가 있을 때에 당사자의 신청에 의하여 그 법관을 직무집행에서 탈퇴하게 하는 제도로서, 이미 그 사건의 직무집행에서 배제되어 있는 법관에 대한 기피는 허용되지 않는다.

(2) 제척사유가 유형적으로 제한되어 있음에 반하여, 기피의 원인은 비유형적·비제한적이고 제척의 효과가 법률의 규정에 의하여 당연히 발생하지만, 기피의 효과는 당사자의 신청이 있는 경우에 법원의 결정에 의하여 발생한다는 점에서 제척과 구별된다. 이러한 의미에서 기피는 제척을 보충하는 제도라고 할 수 있다.

나. 기피의 신청사유

기피의 원인은 법관이 제17조 각 호(제척사유)에 해당하는 때와 법관이 불공평한 재판을 할 염려가 있는 때이다(제18조 제1항).

소심재판에 관여한 경우

ⓑ 전심재판의 기초가 되는 조사, 심리에 관여하지 않은 경우(제척사유가 아닌 경우)
- ○ 구속영장발부법관(대판 1969.7.22. 68도817)
- ○ 구속적부심사관여법관(대판 1960.7.13. 4293형상166)
- ○ 보석허가결정관여법관
- ○ 증거보전절차에서 증인신문한 판사(대판 1971.7.6. 71도974)
- ○ 법관이 선거관리위원장으로서 수사기관에 수사의뢰를 하고, 그 후 당해 형사피고사건의 항소심 재판을 하는 경우 제17조 제6호, 제7호에 해당하지 않는다(대판 1999.4.13. 99도155)고 하고 있다.

(1) 법관이 제척사유에 해당하는 때

제척의 효과는 법률의 규정에 의하여 당연히 발생하므로 제척사유의 존부는 직권으로 심리해야 한다.

(2) 법관이 불공정한 재판을 할 염려가 있을 때

(가) 법관이 불공평한 재판을 할 염려가 있을 때란 보통인의 판단으로 법관과 사건과의 관계로 보아, 편파 또는 불공평한 재판을 할 것 같다는 염려를 일으킬 만한 객관적 사정이 있는 때를 말한다.[2)]

① 법관이 피고인 또는 피해자와 친구 또는 적대관계에 있는 경우

② 법관이 증명되지 않은 사실을 언론을 통하여 발표한 경우, 법관이 심리 중에 유죄의 예단한 말을 한 경우[3)] 법관이 심리 중에 피고인에게 심히 모욕적인 말을 한 경우, 법관이 피고인의 진술을 강요한 경우 등

(나) 법관이 불공평한 재판을 할 염려가 있을 때에 해당하지 않는 경우

법관의 종교·세계관·정치적 신념 및 성별, 법관이 피고인에게 공판기일에 어김없이 출석하라고 촉구한 경우,[4)] 당사자의 증거신청을 채택하지 않다는 경우나 이미 한 증거결정을 취소한 경우 또는 재정신청에 의한 재정결정기간인 20일을 도과한 경우,[5)] 피고인에 대한 검사의 공소장변경허가신청에 대하여 법원이 불허가 결정을 한 경우,[6)] 재판장이 피고인의 증인에 대한 신문을 제지하였으나, 피고인의 증인신문권의 본질적인 부분을 침해하지는 않은 경우,[7)] 재판장이 변호인에 대하여 증인신문사항의 제출을 명하고 재판부가 그 신문사항의 미제출을 이유로 증인채택결정을 취소한 경우, 법관과 피고인이 긴장관계에 있다고 할지라도 그것이 피고인의 행위로 인한 경우, 법관과 변호인의 친소관계 등이 그 예이다.

---

2) 대판 1966.7.28. 66도37.

3) 대판 1974.10.16. 74모68.

4) 대결 1969.1.6. 68모57.

5) 대결 1995.4.3. 95모10.

6) 대판 2001.3.21. 2001모2.

7) 대결 1995.4.3. 95모10.

다. 기피신청의 절차

(1) 신청권자

검사와 피고인(제18조 제1항)이며, 변호인도 피고인의 명시한 의사에 반하지 않는 한 기피신청을 할 수 있다(제18조 제2항). 따라서 피고인이 기피신청을 포기한 때에는 변호인의 신청권도 소멸된다.

(2) 기피신청의 방식

(가) 기피신청은 서면 또는 공판정에서 구두로 할 수 있다. 합의법원에 법관에 대한 기피는 그 법관의 소속법원에 신청하고 수명법관, 수탁판사 또는 단독판사에 대한 기피는 당해 법관에게 신청해야 한다(제19조 제1항). 기피신청을 함에 있어서는 기피의 원인이 되는 사실을 구체적으로 명시해야 하며(규칙 제9조 제1항), 기피사유는 3일 이내에 서면으로 소명해야 한다.

(나) 기피신청시기의 제한은 없다. 따라서 기피신청은 판결선고 전까지 가능하며, 판결선고 후의 기피신청은 부적법하다.[8)]

(다) 기피신청의 대상은 법관이다. 따라서 법원, 즉 합의부 자체에 대한 기피신청은 허용되지 않는다. 다만, 합의부를 구성하는 모든 법관에 대한 기피신청은 가능하다.

(3) 기피신청을 받은 법원의 처리

(가) 신청이 소송지연을 목적으로 함이 명백하거나 제19조(기피신청방식)의 규정에 위배된 때에는 신청을 받은 법원 또는 법관은 결정으로 기각한다(제20조 제1항; 간이기각결정)(관련판례 : 대판 1985.7.8. 85초29 ; 대판 2001.3.21. 2001모2).

(나) 기피신청이 있는 경우는 기피신청기각의 경우를 제외하고 소송진행을 정지해야 한다. 단, 급속을 요하는 경우는 예외로 한다(제22조).

① 소송진행의 유지

정지해야 할 소송절차를 본안에 대한 소송진행에 제한해야 할 이유는 없으며, 급속을 요하는 경우 외에는 모든 소송절차가 정지된다고 해

---

8) 대판 1995.1.9. 94모77.

야 한다.

② 급속을 요하는 경우

구속기간의 만료가 임박한 사정,[9] 구속기간의 갱신,[10] 판결의 선고[11] 등 그 예이다.

(다) 기피신청사건에 대한 재판은 기피당한 법관의 소속법원합의부에서 결정으로 하여야 하고, 기피당한 법관은 이에 관여하지 못한다(제21조 제1항·제2항). 기피당한 판사의 소속법원 이 합의부를 구성하지 못할 때에는 직근상급법원이 결정한다(제21조 제3항). 다만, 기피당한 판사를 제외하고는 합의부를 구성할 수 없는 수의 법관을 동시에 기피 신청하는 것은 허용되지 않는다.[12]

(라) 기피신청에 대한 재판은 결정으로 한다. 기피신청이 이유 없다고 인정한 때에는 기피신청을 기각한다.

(마) 기피신청을 기각한 결정에 대하여는 즉시항고를 할 수 있다. 그러나 기피신청이 이유있다는 결정에 대하여는 항고하지 못한다. 간이기각결정에 대한 즉시항고는 재판의 집행을 정지하는 효력이 없다(제23조 제2항).

(4) 효 과

당해 사건에 관한 직무집행으로부터 탈퇴하지 않고 심판에 관여한 때는 절대적 항소이유, 상대적 상고이유에 해당한다.

5. 법관의 회피

가. 의 의

회피란 법관이 스스로 기피의 원인이 있다고 판단한 때에 자발적으로 직무집행에서 탈퇴하는 제도를 말한다. 그러나 법관에게 회피권이 인정되는 것은 아니므로, 법관이 스스로 기피사유가 있다고 판단한 때에는 사건의 재배당이나

---

9) 대판 1994.3.8. 94도142.

10) 대결 1987.2.3. 86모57.

11) 대결 1987.5.28. 87모10.

12) 대판 1966.4.1. 65주1.

합의부의 재구성에 의하여 내부적으로 해결할 수도 있으나, 이러한 내부적 해결이 이루어지지 않을 때에는 회피하여야 한다(제24조 제1항).

나. 원 인

기피사유와 동일하다.

다. 절 차

(1) 신청방법

소속법원에 서면으로 해야 한다. 신청의 시기에는 제한이 없다. 회피신청에 대한 결정에는 기피에 관한 규정이 준용된다(제24조 제3항).

(2) 회피신청에 대한 법원의 결정에 대하여는 항고할 수 없고, 법관이 회피신청을 하지 않았다고 하여 상소이유가 되는 것도 아니다.

6. 법원서기관 등의 제척·기피·회피

가. 대 상

법관의 제척·기피·회피에 관한 규정은 원칙적으로 법원서기관·법원사무관·법원주사 또는 법원주사보, 통역인에게 준용된다(제25조 제1항). 그러나 제17조 제7호인 전심관여로 인한 제척원인인 이들은 직무의 성질상 심판에 관여할 수 없기 때문에 제외된다(따라서 제1심의 공판심리에 참여한 법원사무관이 제2심의 공판심리에 관여하더라도 위법이 아니다). 법원사무관 등은 직접 사건을 심리·재판하는 재판기관은 아니지만, 재판에 밀접한 관련을 가진 직무를 수행하기 때문에 간접적으로 재판에 영향을 줄 수 있음을 고려한 것이다.

나. 절 차

법원사무관 등과 통역인에 대한 기피신청의 재판은 그 소속법원의 결정으로 한다. 단, 기피신청이 제19조의 규정에 위배된 때의 기피신청기각의 결정은 기피당한 자의 소속법관이 한다(제25조 제2항).

Ⅳ. 법원의 관할

1. 관할의 의의와 종류

가. 관할의 개념

관할이란 각 법원에 대한 재판권의 분배, 즉 특정법원이 특정사건을 재판할 수 있는 권한으로, 각 법원에 분배된 직무의 분담을 말한다. 법원의 관할은 심리의 편의와 사건의 능률적 처리라는 기술적 요구와 피고인의 출석과 방어상의 편의라는 요소를 고려하여 결정된다. 피고사건의 심판에 관한 사건관할은 법률에 의해 정해지는 법정관할과 법원의 재판에 의하여 결정되는 재정관할이 있다. 법정관할에는 고유관할과 관련사건의 관할이 있고, 고유관할은, 제1심 관할에 관한 토지관할과 사물관할이 있고, 상소심과의 관계에서 심급관할이 있다.

나. 구별개념

(1) 관할은 법원간의 재판권의 분배를 의미하므로, 법원내부에 있어서의 사무의 분배는 관할이라 할 수 없다. 사무분배는 법원내부의 사법행정사무에 불과하다.

(2) 관할권은 재판권과 구별해야 한다. 관할권이란 재판권을 전제로 특정사건에 대하여 특정법원이 재판권을 행사할 수 있는 구체적 한계를 정하는 소송법상 개념이다. 재판권이 없을 때에는 공소기각의 판결을 해야 함에 반하여(제327조 제1호), 관할권이 없는 경우에는 관할위반의 판결을 해야 한다(제319조).

2. 법정관할

가. 고유관할

(1) 사물관할

사물관할이란 사건의 경중 또는 성질에 의한 제1심 관할의 분배를 말하며 법원조직법에 규정되어 있다. 사물관할은 지방법원 또는 지원의 단독판사 또는 합의부에 속하나, 제1심의 사물관할은 원칙적으로 단독판사에 속한다(법원조직법제7조 제4항). 그러나 다음의 경우는 합의부가 제1심으로 심판한다(동법 제

32조 제1항).

(가) 사형·무기 또는 단기 1년 이상의 징역이나 금고에 해당하는 사건과 이와 동시에 심판할 공범사건[13)]

(나) 지방법원판사에 대한 제척·기피사건

(다) 법률에 의하여 지방법원합의부에 속하는 사건

(라) 합의부에서 심판할 것으로 합의부가 스스로 결정한 사건

(2) 토지관할

(가) 의 의

토지관할이란 동등 법원간에 있어서 사건의 토지관계에 의한 관할의 분배를 말하며 재판적 이라고도 한다. 토지관할은 제1심 법원에 제한되지 않으며 토지관할은 범죄지, 피고인이 주소·거소 또는 현재지에 의한다(제4조 제1항).

(나) 토지관할의 표준(범죄지, 피고인의 주소·거소 또는 현재지)

① 범 죄 지

범죄지란 범죄사실, 즉 범죄구성요건에 해당하는 사실의 전부 또는 일부가 발생한 장소를 말한다. 실행행위지와 결과발생지뿐만 아니라 중간지도 범죄지에 포함된다.

② 주소지·거소지

주소와 거소는 민법상의 개념에 의하며 공소제기시에 법원의 관할구역 안에 있으면 족하다. 여기서는 피고인의 주소·거소지를 의미

---

13) 다만, 다음의 사건은 법정형이 단기 1년 이상이지만, 단독부가 관할한다.

㉮ 형법 제331조(특수절도)와 제332조(상습절도)와 그 각 미수죄에 해당하는 사건

㉯ 폭력행위등처벌에관한법률 제2조 제1항(상습적인 상해·폭행·체포·감금·협박·공갈·손괴·주거침입 등)·제3항(누범가중), 제3조 제1항(집단적 폭행등)·제2항(야간집단폭행등), 제6조, 제9조(사법경찰관리의 직무유기 등)에 해당하는 사건과 병역법 위반 사건

㉰ 특정범죄가중처벌등에관한법률 제5조의3 제1항(도주차량운전자가중처벌), 제5조의4 제1항(상습강·절도죄)·제4항(상습장물죄)·제5항(누범가중처벌)에 해당하는 사건

㉱ 보건범죄단속에관한특별조치법 제5조에 해당하는 사건 및 부정수표단속법 제5조에 해당하는 사건

한다. 따라서 공소제기시의 주소지를 기준으로 한다.

③ 현 재 지

현재지란 임의 또는 적법한 강제에 의하여 피고인이 현재하는 장소를 말한다. 피고인의 현재지인 이상, 범죄지 또는 주소지가 아니더라도 토지관할이 인정된다.[14] 현재지인가의 여부도 공소제기시를 기준으로 판단하므로 적법하게 구속된 이상, 석방되거나 도망한 경우에도 토지관할에는 영향이 없다.

(3) 심급관할

심급관할이란 상소관계에 있어서의 관할로서, 상소에는 항소와 상고 및 항고가 있다.

나. 관련사건의 관할

(1) 의 의

수개의 사건이 상호 관련하는 것을 관련사건이라고 한다. 관련사건의 경우에는 고유의 법정관할에 대한 수정이 인정되고 있다.

(가) 1인이 범한 수죄 : 수죄란 소송법상 의미로 경합범(실체적 경합)을 의미한다.

(나) 수인이 공동으로 범한 죄 : 형법총칙상의 공범뿐만 아니라 필요적 공범과 합동범을 포함한다.

(다) 수인이 동시에 동일한 장소에서 범한 죄 : 동시범

(라) 범인은닉죄, 증거인멸죄, 위증죄, 허위감정·통역죄 또는 장물에 관한 죄와 그 본범의 죄

(2) 관련사건의 병합관할

관련사건에 대하여는 병합관할이 인정되고 있다. 즉 1개의 사건에 대하여 관할권이 있는 법원은 관련사건에 대하여도 관할권을 가진다. 관련사건의 병합관할은 사물관할과 토지관할에 대하여 인정된다.

---

14) 대판 1984.2.28. 83도2333

(가) 사물관할의 병합

사물관할을 달리하는 수개의 사건이 관련된 때에는 법원합의부가 병합관할한다. 단, 결정으로 관할권있는 법원의 단독판사에게 이송할 수 있다(제9조). 사물관할의 병합관할은 제1심의 관할에 관한 규정이다.

(나) 토지관할의 병합

토지관할을 달리하는 수개의 사건이 관련된 때에는 1개의 사건에 관하여 관할권 있는 법원은 다른 사건까지 관할할 수 있다(제5조). 단, 동일한 사물관할을 가진 법원사이에 한정된다. 토지관할의 병합은 항소심에 대하여도 준용된다.

(3) 관련사건의 심리

관련사건에 대하여는 심리의 병합과 분리가 인정되고 있다. 심리의 편의를 위한 것이다.

(가) 심리의 병합

① 사물관할의 병합심리

사물관할을 달리하는 수개의 관련사건이 각각 법원합의부와 단독판사에 계속된 때에는 합의부는 결정으로 단독판사에 속한 사건을 병합하여 심리할 수 있다(제10조). 법원합의부와 단독판사에 계속된 사건이 토지관할을 달리하는 경우에도 같다(규칙 제4조 제1항).

② 토지관할의 병합심리

토지관할을 달리하는 수개의 관련사건이 각각 다른 법원에 계속된 때에는 공통되는 직근상급법원(바로 위 심급법원)은 검사 또는 피고인의 신청에 의하여 결정으로 1개의 법원으로 하여금 병합심리하게 할 수 있다(제6조).

(나) 심리의 분리

토지관할을 달리하는 수개의 관련사건이 동일법원에 계속된 경우에 병합심리의 필요가 없는 때에는 법원은 결정으로 이를 분리하여 관할권이 있는 다른 법원에 이송할 수 있으며(제7조), 법원은 피고인이 그 관할구역 내에 존재하지 아니하는 경우에 특별한 사정이 있으면 결정으로 사건을 피고인의 현재지를 관할하는 동급법원에 이송할 수 있다(제8조 제1항).

3. 재정관할

가. 의 의

재정관할이란 법원의 재판에 의하여 정해지는 관할을 말하며 관할의 지정·이전·창설이 있다.

나. 관할의 지정

(1) 의 의

관할법원이 없거나 관할법원이 명확하지 아니한 경우에 상급법원이 사건을 심판할 법원을 지정하는 것을 말한다.

(2) 관할지정의 사유(제14조)

(가) 법원의 관할이 명확하지 아니한 때 : 관할이 명확하지 아니한 때란 행정구역자체가 불명확한 경우를 말한다(다수설).

(나) 관할위반을 선고한 재판이 확정된 사건에 관하여 다른 관할법원이 없을 때

(3) 관할지정의 절차

관할지정은 검사가 관계있는 제1심 법원에 공통되는 직근상급법원에 신청하여야 한다(제14조). 신청은 공소제기 전후를 불문하고 사유를 기재한 신청서를 제출함에 의한다(제16조 제1항). 공소제기 후에 관할지정을 신청한 때에는 공소를 접수한 법원에 통지해야 한다(제16조 제2항).

다. 관할의 이전

(1) 의 의

관할법원이 재판권을 행사할 수 없거나 적당하지 않은 때에 법원의 관할권을 관할권 없는 법원으로 이전하는 것을 말하며, 그 성질상 토지관할에 대하여만 인정된다. 관할권 없는 법원에서 관할권 있는 법원으로 이송하는 사건이송과

구별된다.

(2) 관할이전의 사유

(가) 관할법원이 법률상의 이유 또는 특별한 사정으로 재판권을 행사할 수 없을 때

① 법률상의 이유 : 법관의 제척·기피·회피로 인하여 소송법상의 의미의 법원을 구성할 수 없는 경우

② 특별한 사정 : 천재지변 또는 법관의 질병·사망 등으로 장기간 재판할 수 없는 경우

(나) 범죄의 성질, 지방의 민심, 소송의 상황 기타사정으로 재판의 공평을 유지하기 어려울 염려가 있을 때 : 불공정한 재판을 할 염려가 있는 객관적 사정이 있는 경우

(3) 관할이전의 절차

(가) 관할이전은 검사 또는 피고인이 직근상급법원에 신청서를 제출함에 의한다(제15조). 검사의 관할이전신청은 의무적이지만, 피고인은 신청권이 인정된다.

(나) 검사의 신청은 공소제기의 전후를 불문함에 반하여, 피고인은 공소제기 후에 한하여 신청할 수 있을 뿐이다.

라. 관할의 창설

재정신청제도에 의하여 사건이 지방법원의 심판에 부하여지는 때에는(제262조 제1항 제2호), 법원은 원래 관할권 없는 경우에도 관할권이 창설된다(제319조 단서). 그러나 재정신청에 의해 고등법원이 불기소처분이 위법하다고 인정하는 경우 법원의 공소제기 결정으로 지검장 또는 지청장이 검사를 지정하여 지정받은 검사가 공소를 제기하므로(제262조 제5항, 제6항), 관할의 창설 규정(제319조 단서)은 큰 의미가 없다고 볼 수 있다.

4. 관할의 경합

가. 의 의

법원의 관할이 여러 가지 기준에 의하여 결정되는 결과, 동일사건에 대하여 2개 이상의 법원이 관할권을 가지는 경우가 있다. 이 경우 법원의 관할권에는 우열이 없으므로 검사는 어느 법원에나 공소를 제기할 수 있고, 검사가 어느 한 법원에 공소를 제기하였다고 하여 다른 법원의 관할권이 소멸하는 것도 아니다. 그러나 동일사건에 대하여 이중으로 심판하거나 이중판결을 하는 것은 소송경제에 반할 뿐만 아니라 모순된 판결을 초래할 위험이 있다. 형사소송법은 이러한 위험을 방지하기 위하여 다음과 같은 규정을 두고 있다.

나. 소송계속의 경합

(1) 동일사건이 사물관할을 달리하는 수개의 법원에 계속된 때 : 법원합의부가 심판한다(제12조).

(2) 동일사건이 사물관할을 같이하는 수개의 법원에 계속된 때

먼저 공소를 받은 법원이 심판한다(제13조 본문). 다만, 각 법원에 공통되는 직근상급법원은 검사 또는 피고인의 신청에 의하여 결정으로 뒤에 공소를 받은 법원으로 하여금 심판하게 할 수 있다(제13조 단서).

(3) 관할권 경합의 효과

(가) 심판을 하지 않게 된 법원은 공소기각결정을 해야 한다(제328조 제1항 제3호).

(나) 뒤에 공소가 제기된 사건이 먼저 확정된 때에는 먼저 공소가 제기된 사건에 대하여 면소판결을 해야 한다(제326조 제1호).

(다) 동일사건을 수개의 법원에서 판결하여 모두 확정된 때에는 뒤에 확정된 판결은 당연무효이다.

5. 관할권 부존재의 효과

가. 원칙(관할위반의 판결)

관할권의 존재는 소송조건의 하나이므로 법원은 직권으로 관할을 조사하여야 하는데(제1조), 관할권이 없음이 명백한 때에는 법원은 관할위반판결을 선고해야 한다(제319조 본문). 관할을 위반하여 선고한 판결은 항소이유가 된다(제361조의5 제3호).

법원이 관할위반사건에 대하여 소송절차를 진행시키는 경우 그 절차는 적법하다고 할 수 없으나, 그 절차를 조정하는 소송행위는 관할위반의 경우에도 효력에 영향이 없다(제2조). 다만, 이는 소송경제를 위하여 절차를 조성하는 개개의 소송행위가 유효하다는 의미에 지나지 않으며, 관할권이 없는 법원이 실체판결을 할 수 있다는 의미가 아니다.

관할권의 존재를 결정하는 시기는 토지관할에 있어서는 공소제기시를 기준으로 하나, 뒤에 관할권이 생기면 하자가 치유된다고 해야 함에 반하여, 사물관할은 공소제기시부터 재판종결에 이르기까지 전체 심리과정에 존재해야 하다.

나. 예 외

(1) 토지관할위반

토지관할에 관하여 법원은 피고인의 신청이 없으면 관할위반의 선고를 하지 못한다(제320조 제1항). 토지관할이 다르더라도 동등한 법원에서 심판한다면 사물관할에 영향이 없으므로, 실질적으로 피고인에게 불이익을 가져올 염려가 없기 때문이다. 피고인의 관할위반의 신청은 피고사건에 대한 진술 전에 하여야 한다(제320조 제2항).

(2) 재정신청의 경우

재정신청에 의하여 지방법원의 심판에 부하여진 경우에 착오로 관할권 없는 법원의 심판에 부하는 결정이 있더라도 그 결정에 의하여 법원에 관할권이 창설되므로, 법원은 관할위반의 선고를 할 수 없다(제319조 단서).

(3) 관할구역 외에서의 직무

법원 또는 법관은 원칙적으로 관할구역 안에서만 소송행위를 할 수 있으나, 필요하거나 긴급을 요하는 때에는 법원은 관할구역 외에서 직무를 행하거나 사실조사에 필요한 처분을 할 수 있다(제3조).

6. 사건의 이송

가. 필요적 이송

(1) 관련사건의 이송

합의부가 단독판사에게 계속된 사건에 대해 병합심리를 결정한 때에는 단독판사는 결정등본의 송부일로부터 5일 이내에 소송기록, 증거물을 합의부에 송부하여야 한다(단독판사의 관할사건이 공소장변경에 의하여 합의부관할로 된 경우에도 합의부에 이송함).

(2) 관할의 이전·지정에 의한 이송

공소제기된 사건에 대하여 관할의 지정·이전의 결정이 있는 때에는, 사건의 계속법원은 지체없이 소송기록과 증거물을 송부해야 한다(규칙 제6조 제3항).

(3) 군사법원에의 이송

(가) 일반법원과 군사법원의 재판권분배는 관할의 문제가 아니라 재판권에 관한 문제이다(대판 1970.5.26. 70도117). 그러나 공소가 제기된 사건에 대하여 군사법원이 재판권을 가지게 되었거나 재판권을 가졌음이 판명된 때에는 결정으로 이 사건을 재판권이 있는 같은 심급의 군사법원으로 이송하며, 이송 전에 행한 소송행위는 이송 후에도 그 효력에는 영향이 없다(제16조의2). 따라서 피고인이 군인이라는 사실이 인정되면 군사법원에 이송해야 하며, 공소기각의 판결을 선고해서는 아니된다(대판 1973.7.24. 73도1296).

(나) 공소가 제기된 사건에 관하여 군사법원이 재판권을 가졌음이 판명된 때라 함은, 공소제기당시에 이미 군사법원이 재판권을 가지고 있었던 경우를 포함한다(대판 1982.6.22. 82도1072).

(4) 소년부에의 송치

소년에 대한 피고사건의 심리결과, 벌금 이하 또는 보호처분사유가 있는 때에는 관할소년부로 송치하여야 한다.

(5) 파기이송

항소심이나 상고심에서 관할인정이 법률위반임을 이유로 원판결을 파기할 경우에 판결로 사건을 관할법원으로 이송하여야 한다(제367조, 제395조).

나. 임의적 이송

(1) 사건의 직권이송

법원은 피고인이 관할구역 내에 현재하지 아니하는 경우에 특별한 사정이 있으면, 결정으로 사건을 피고인의 현재지를 관할하는 동급법원에 이송할 수 있다(제8조).

(2) 관련사건의 분리이송

토지관할을 달리하는 수개의 관련사건이 동일법원에 계속된 경우에 병합심리의 필요가 없을 때는 관할권있는 다른 법원에 이송할 수 있다.

제2절 검 사

Ⅰ. 검사의 의의와 성격

1. 의 의

검사란 검찰권을 행사하는 국가기관을 말한다. 검사는 범죄수사로부터 재판의 집행에 이르기까지의 형사절차의 모든 단계에 관여하는 능동적이고 적극적인 국가기관이다. 수사절차에서는 수사의 주재자로서 사법경찰관리를 지휘·감독하며 수사의 결과, 공소제기 여부를 독점적으로 결정하고, 공판절차에서는 피고인에 대립되는 당사자로서 법원에 대하여 법령의 정당한 적용을 청구하고, 재판이 확정된 때에는 형의 집행을 지휘·감독하는 광범한 권한을 가진 국가기관이다.

2. 성 격

가. 준사법기관

검사는 행정기관이면서 동시에 사법기관인 이중성격을 가진 기관이며, 엄격히 볼 때에는 사법기관은 아니지만 진실과 정의에 따라야 할 의무를 가지고 있는 준사법기관이다.

나. 단독제의 관청

검찰사무를 처리하는 독립의 관청이다. 검찰사무란 검사의 직무로 정해져 있는 사무(검찰청법 제4조)를 말하며, 모든 검사가 단독으로 처리하는 것이다.[15)]

Ⅱ. 검사의 조직과 구조

1. 검사조직의 특수성

검사는 행정기관에 속하면서도 준사법기관으로서 독립성이 보장될 것이 요청된다. 또한 검사는 단독제의 관청으로 독립성이 보장되면서도 자의와 독선이 허용되어서는 아니된다는 서로 모순되는 요청의 충족을 조화하기 위한 법적 장치가 바로 검찰사무에 관한 지휘·감독권과 검사에 대한 법무부장관의 지휘·감독권이다.

2. 검찰사무에 관한 지휘·감독(구법 ; 검사동일체의 원칙)

종래 검사동일체의 원칙이나 상명하복관계는 폐지되었으나 각각 독립관청인 검사가 검찰총장을 정점으로 지휘·감독 하에 결합된 피라미드형의 기능상 구조를 가지고 있는 점, 소속검사의 직무를 자신이 처리하거나 다른 검사로 하여금 처리하게 할 수 있는 점, 하나의 관청이 행한 것과 동일한 소송법상 효과가 생긴다는 의미는 여전히 남아 있다. 이러한 특성에서 검사에게는 법관과 같은 제척·기피·회피 제도가 없다는 입장과 검사의 객관의무와 준 사법적인 지위에

---

15) 이런 의미에서 검사를 독임제 관청이라 한다. 노명선·이완규, 형사소송법, 2009, 86면.

서 제척·기피·회피가 허용된다는 견해가 있다. 검사의 사건처리에 관한 영향력이 절대적이라는 점에서 제척·기피·회피제도의 취지를 인정함이 상당하지만 명문의 근거가 없다는 점에서 실무상 사건의 재배당을 통해 해결하고 있다. 피고인의 입장에서는 공판관여 검사가 바뀌어도 소송법상 효과에 영향이 없기 때문에 변론의 갱신절차도 필요 없다.

검찰총장은 대검찰청 소속 검사의 검찰사무를 지휘·감독하고, 동시에 전국 고등검찰청의 검찰사무를 지휘·감독한다. 같은 형태로 고등검사장, 검사장, 부장검사도 각 청의 검사와 하급청의 검사의 각 검찰사무를 지휘·감독한다. 검사는 검찰권의 행사에 관하여 상사의 지휘·감독을 받을 지위에 있지만, 이것이 개개의 검사가 검찰권 행사의 의사결정기관이라고 하는 원칙을 부정하는 것은 아니다. 상사의 지휘·감독 하에 있더라도 개개 검사는 구체적 사건과 관련된 지휘·감독의 적법성 또는 정당성 여부에 대하여 이견이 있는 때에는 이의를 제기할 수 있도록 명문화 되어있다. 따라서 상사의 지휘·감독권도 검사의 독립성과 조화를 이루어야 한다. 상급자의 지휘·감독권은 내부적 효력을 가지는 데 지나지 않으므로, 상사의 명령에 위반한 검사의 처분이나 상사의 결재를 받지 아니한 검사의 처분도 대외적인 효력에는 아무런 영향을 미치지 않는다.

3. 법무부장관의 지휘·감독권

법무부장관은 검찰사무의 최고 감독자로서 일반적으로 검사를 지휘·감독할 뿐이고, 구체적 사건에 대하여는 검찰총장만을 지휘·감독한다. 여기서 구체적 지휘권의 발동은 선출된 권력이 민주적 정당성을 갖는 최소한의 견제장치로서 법무부장관의 행정적 책임과 검찰 총장의 정치적 중립성을 적절히 조화한 것이라고 평가한다. 다만 이를 행사[16]함에 있어서는 문서에 의해 신중히 행사되어야 한다.

---

16) 2005.10.12. 동국대 교수의 신병처리를 둘러싸고 법무부장관과 검찰총장사이에 견해 차이를 보이자 구속의 필요성을 역설하는 검찰총장에게 "법률에 규정한 구속 사유를 충족하였다고 단정하기 어렵다"는 이유로 불구속 수사를 지휘하도록 법무부장관의 지휘권이 발동된 바 있다.

Ⅲ. 검사의 소송법상 지위

1. 수사의 주재자

가. 수사의 주체

검사는 모든 범죄에 대하여 수사권·수사지휘권 및 수사종결권을 가지고 범죄를 수사하는 수사의 주체이다.

(1) 수 사 권

검사는 범죄의 혐의가 있다고 사료되는 때에는 범인·범죄사실과 증거를 수사하여야 한다. 피의자신문·참고인조사 등의 임의수사는 물론, 체포와 구속, 압수·수색·검증 등의 강제수사를 할 수 있고, 특히 영장청구권·증거보전청구권·증인신문청구권을 행사할 수 있다.

(2) 수사지휘권

검사의 수사지휘권에 의하여 사실상 대부분의 수사가 경찰에 의하여 실행되고 있음에도 불구하고, 검사는 수사의 주체로서 수사의 모든 책임을 지게 된다.

(3) 수사종결권

수사의 주된 목적은 공소제기의 여부를 결정하는 데 있는 바, 공소의 제기 여부를 결정하는 수사종결권은 검사만 가지고 있다(제246조, 제247조). 따라서 사법경찰관은 조사한 사건의 관련서류와 증거물을 신속히 검사에게 송부하여야만 한다(제238조).

나. 검사와 사법경찰관리의 관계

(1) 상명하복의 관계

수사기관에는 검사와 사법경찰관리가 있다. 그러나 검사는 수사의 주재자이고, 사법경찰관리는 검사의 보조기관에 불과하다. 즉 상명하복관계에 의해 검사는 범죄수사에 관하여 사법경찰관리를 지휘·감독한다(검찰청법 제4조). 사법경찰관리에 대한 검사의 상명하복관계를 제도적으로 보장하기 위하여, 검찰청법은 지방검찰청 검사장에게 교체임용요구권과 수사중지명령권을 인정하고 있다

(동법 제54조).

(2) 경찰수사권독립 논의[17)]

(가) 의 의

수사의 주체가 검사임에도 불구하고 실제상 수사의 대부분은 경찰에 의하여 행하여지고 있다. 신속한 수사기술의 필요로 인하여 경찰의 수사범위는 더욱 확대되고 있으며, 수사활동의 실효성을 담보하기 위하여는 경찰수사의 자유와 재량이 확보되어야 한다는 점에서 검사의 사법경찰관리에 대한 수사지휘권을 없애고, 경찰에 판사에 대한 영장청구권을 인정하여야 한다는 것이 경찰수사독립론의 핵심이다.

(나) 긍 정 설

범죄수사가 복잡·곤란한 사무임에도 소수에 불과한 검사에게 수사지휘권을 인정하는 것은 검사에게 과중한 책임이라 할 것이므로, 범죄수사는 사법경찰관에게 일임하고 공소제기만을 검사의 직무로 하는 것이 타당하다는 견해이다.

(다) 부 정 설

인권옹호의 관점에서 경찰의 지방분권화, 즉결심판청구권의 폐지와 함께 논의되어야 한다는 견해로서, 검사의 수사지휘권의 부정은 검사제도 자체를 무의미하게 한다는 점에 비추어 수사독립론을 부정하는 견해이다.

2. 공소권의 주체

검사는 공소를 제기·수행하는 공소권의 주체이다.

가. 공소제기의 독점자

공소는 검사가 제기한다(제246조). 범죄의 혐의가 충분히 인정된다고 하더라도 공소제기에 관하여 검사의 재량을 인정하는 기소편의주의(제247조)와 제1심

---

17) 하태훈, "수사지휘권의 정당성과 필요성 : 경찰 수사권 독립", 시민과 변호사 통권110호, 서울지방변호사회 2003, 42~47면; 송희춘 "경찰수사권 독립과 자치경찰", 지방자치법연구 통권 제10호, 한국지방자치법학회 2005, 281~299면 참고.

판결선고 전까지 공소를 취소할 수 있는 기소편의주의(제274조)를 채택하여 기소강제절차와 즉결심판의 경우를 제외하고는 공소제기의 권한을 검사에게 독점시키고 있다.

나. 공소수행의 담당자

검사는 공판절차에서 공익의 대표자로서 공소사실을 입증하고 공소를 유지하는 공소수행의 담당자가 된다.

다. 검사의 객관의무

검사는 피고인에 대립되는 당사자이면서도 단순한 당사자가 아니라 공익의 대표자로서 피고인의 정당한 이익을 옹호해야 할 의무가 있다. 따라서 검사는 피고인의 적이 아니라 피고인에게 이익되는 사실도 조사·제출하고, 피고인의 이익을 위하여 상소와 비상상고를 해야 할 객관적인 관청이라고 할 수 있다. 검사의 객관의무는 검사의 당사자지위와 모순되는 것이 아니라, 실질적으로 당사자주의를 실현하기 위한 것이라고 할 수 있다.

3. 법원에 대한 법령의 정당한 적용청구기관

형사사건의 보석, 구속취소, 구속집행정지, 체포·구속적부심사, 보증금납입조건부피의자 석방에 있어서 의견을 진술하고, 공판절차에 있어서 사실인정과 법률적용에 관한 의견진술을 하며, 위법 또는 부당한 재판에 대하여는 상소, 재심, 비상상고 등을 통해 그 시정을 구하고 있다.

4. 재판의 집행기관

재판의 집행은 검사가 지휘한다(제460조). 예외적으로 재판장·수명법관·수탁판사가 재판의 집행을 지휘할 수 있는 경우도 있다(제81조, 제115조). 검사는 사형 또는 자유형의 집행을 위하여 형집행장을 발부하여 구인하도록 하고 있으며(제473조), 검사가 발부한 형집행장은 구속영장과 동일한 효력이 있다.

제3절 피 고 인

Ⅰ. 피고인의 의의

1. 피고인의 개념

가. 개 념

피고인이란 검사에 의하여 형사책임을 져야 할 자로 공소가 제기된 자 또는 공소가 제기된 자로 취급되어 있는 자를 말한다. 따라서 검사로부터 공소가 제기된 자 외에도 약식명령이나 즉결심판이 청구된 자, 위장 출석한 피고인(부진정피고인)도 포함된다. 공소가 제기된 자이면 족하며, 진범인가의 여부와 당사자능력과 소송능력의 유무 및 공소제기가 유효한 것인가는 문제되지 않는다.

나. 구별개념

피고인은 공소가 제기된 자를 의미한다는 점에서 공소제기 전에 수사기관에 의하여 수사의 대상으로 되어 있는 피의자와 구별되며, 유죄판결이 확정된 수형자와도 구별된다. 즉, 피의자는 공소제기에 의하여 피고인이 되고, 피고인은 형의 확정에 의하여 수형자가 된다.

다. 공동피고인

수인의 피고인이 동일소송절차에서 공동으로 심판받는 경우를 말한다. 공동피고인의 한 사람에 대하여 다른 피고인을 상피고인이라고 한다. 공동피고인은 반드시 공범자임을 요하지 않으므로, 수개의 사건이 동일법원에 계속되어 있는 경우에 불과하다.

2. 피고인의 특정

가. 피고인 특정의 기준

공소장에는 피고인의 성명 기타 피고인을 특정할 수 있는 사항을 기재해야 한다. 따라서 통상의 경우에는 공소장에 기재되어 있는 자가 피고인이 된다. 문제는 갑이 을의 성명을 모용하여 공소장에 을이 피고인으로 기재된 경우와, 공소장에는 갑이 피고인으로 기재되어 있는데 을이 공판정에 출석하여 재판을 받은 경우에 피고인을 특정하는 기준에 관하여는 다음의 견해가 대립한다.

검사의 의사를 기준으로 한다는 의사설, 공소장의 표시에 따르는 표시설, 피고인으로 행동하거나 피고인으로 취급된 자를 피고인이라고 하는 행위설, 행위설과 표시설의 절충설,[18] 의사설을 기준으로 하면서 행위설과 표시설을 보충적으로 고려하자는 의사기준설 등의 대립이 있다. 일반적으로 표시설을 기준으로 하면서 의사설이나 행동설을 종합하여 실질적으로 판단하자는 실질적 표시설[19]이 통설의 입장이다. 판례도 성명모용소송에서 공소제기의 효력은 피모용자에게 미치지 않으므로 소송이 계류 중에는 피고인의 표시정정에 의하거나[20] 피모용자가 출석한 경우에는 공소기각판결을 하여야한다고 한다.

나. 성명모용의 경우(갑이 을의 성명을 모용하여 을의 이름으로 공소가 제기된 경우)

(1) 피고인은 갑이므로 검사가 모용관계를 바로잡아 피고인을 특정하기 위하여는 공소장정정절차에 의하여 피고인의 표시를 정정해야 할 것이다. 갑이 공판정에 출석하여 유죄판결이 확정된 때에도 판결의 효력은 을에게는 미치지 않는다.

(2) 을이 공판정에 출석하여 실체에 관한 재판을 받거나 약식명령에 대하여 정식재판을 청구한 때에는 을은 검사가 지정한 피고인은 아니지만 형식적으로 피고인의 지위에 있는 자이므로 을에 대하여는 공소기각의 판결을 하여야 한다.[21] 이 경우 을도 형식적 피고인이 될 수 있다고 해야 한다.

---

18) 백형구, 443면.

19) 신양균, 338면; 이재상, 105면; 임동규 58면.

20) (갑)이 수사기관에서 조사를 받을 때 (을)의 성명, 주소, 본적 등 인적 사항을 모용하였기 때문에 검사가 이를 오인하여 (을)의 표시로 공소를 제기한 경우, 이 공소장의 기재는 (갑)에 대한 공소로서는 동인을 특정할 수 있다고 볼 수 없으므로 달리 검사가 공소제기 후 위 (갑)을 특정하여 피고인표시정정을 함으로써 그 모용관계가 바로 잡혔다고 볼만한 사정이 없는 이상 이 공소는 형사소송법 제254조의 규정에 위반하여 무효라 할 것이다(대판 1985.6.11. 85도756).

(3) 판결 확정 후에 판명된 경우는 재심설, 비상상고설, 전과말소설 등이 대립하는 바 그 중 전과말소설이 타당하다고 보여지며, 다수의 견해라고도 할 수 있다.

다. 위장출석의 경우

공소장에는 갑이 피고인으로 기재되어 있음에도 불구하고 을이 출석하여 재판을 받는 경우에는 갑은 실질적 피고인(진정피고인), 을은 검사가 지정한 피고인 이외의 자가 소송에 관여한 형식적 피고인(부진정피고인)이 된다. 이 때 을을 절차에서 배제시키는 방법은 절차진행의 단계에 따라 차이가 있다.

(1) 인정신문단계

을을 퇴정시키고 갑을 소환하여 절차를 진행한다.

(2) 사실심리단계

을에게도 형식적 소송계속을 인정하여야 하므로, 공소기각의 판결을 선고하고 갑에 대한 절차를 진행하여야 한다.

(3) 을에게 판결이 선고된 때

을에게 판결이 선고 후 확정 전까지는 항소 또는 상고의 이유가 된다. 따라서 유죄판결의 효력은 을에게만 있으므로 을의 항소에 의하여 원심을 파기하고 공소기각판결을 선고받게 된다.

(4) 을에게 판결이 확정된 때

판결의 효력은 갑에게 미치지 아니한다. 따라서 갑을 소환하여 제1심부터 다시 진행하고 을에 대해서는 재심설과 비상상고설의 대립이 있다.

Ⅱ. 피고인의 소송법상 지위

1. 소송구조와 피고인의 지위

피고인의 소송법상의 지위는 소송구조와 밀접한 관계를 가지고 있다. 과거

---

21) 대판 1992.4.24. 92도490.

규문주의화하에서는 피고인은 단순한 조사의 객체가 되는 데 그쳤다. 피고인에 대하여 소송주체로서의 지위를 인정한 결정적 계기는 탄핵주의 소송구조에 접어들면서이다. 그러나 탄핵주의 형사소송구조에 있어서도 직권주의와 당사자주의에 따라 피고인의 지위가 같은 것은 아니다. 당사자주의 소송구조에 있어서는 피고인이 당사자의 지위를 가짐에 반하여, 직권주의에서 피고인은 소송의 주체가 될 수는 있어도 당사자가 될 수는 없기 때문이다.

2. 당사자로서의 지위

검사의 공소권에 대응하는 개념으로 피고인에게는 방어권이 보장되어 있다. 피고인은 능동적으로 증거조사를 청구하거나 증인신문을 하고, 이의신청과 모두진술, 최후진술 등 여러 가지 형태의 진술권을 통하여 방어권을 행사한다. 이를 구체적으로 보장하기 위하여 변호인 선임권, 선임 의뢰권, 변호인과의 접견교통권과 변호인의 피의자신문참여권이 보장되고, 법원구성, 공판절차의 진행, 증거조사 및 강제처분절차에의 참여 등 각종 절차에의 참여권을 보장하고 있다.

소극적인 면에서 진술거부권을 보장하고 있다, 단순히 부인하거나 반성하지 않는다고 하여 가중적 양형조건으로 삼는 것은 결과적으로 피고인에게 자백을 강요하는 것이지만, 객관적이고 명백한 증거가 있음에도 진실의 발견을 적극적으로 숨기거나 법원을 오도하려는 시도에 대하여는 가중적 양형조건으로 참작할 수 있다.[22)]

3. 증거방법으로서의 지위

인적증거방법으로서는 피고인에 대한 신문이 있는데 이는 피고인이 증거방법으로서 지위에 있음을 알게 해준다. 개정 법률에서는 피고인의 신문 순서를 증거조사가 끝난 다음으로 두고 있다. 피고인에게 진술거부권이 인정되는 한 증인적격은 부정되고, 공범인 공동피고인 또한 당해 소송절차에서는 피고인의 지위에 있으므로 다른 공동 피고인에 대한 공소사실에 관하여 증인이 될 수 없다.[23)] 이 경우 소송절차가 분리되어 피고인의 지위에서 벗어나게 되면 다른 공

22) 대판 2001.3.9. 2001도192.

동피고인에 대한 공소사실에 관하여 증인이 될 수 있다.[24] 피고인이 물적 증거방법으로서 신체검증, 감정의 대상이 됨은 물론이다.

4. 절차의 대상으로서의 지위(강제처분대상으로서의 지위)

피고인은 소환·체포·구속과 압수·수색의 대상이 된다. 따라서 피고인은 적법한 소환·체포·구속에 응하여야 하고, 일정한 요건을 갖춘 신체에 대한 압수·수색을 거부할 수 없다.

Ⅲ. 당사자능력과 소송능력

1. 당사자 능력

가. 의 의

당사자 능력은 소송의 당사자가 될 수 있는 능력으로, 일반적, 추상적으로 당사자가 될 수 있는 능력을 말하며, 당사자인 검사는 국가기관이므로 문제될 여지가 없고, 일반적으로 피고인의 당사자 능력이 문제된다.

나. 당사자능력의 유무

자연인은 연령이나 책임능력의 유무를 불문하고 당사자 능력이 인정된다. 법인의 경우 법인을 처벌하는 규정이 있으면 당사자 능력이 당연히 인정되지만 처벌하는 규정이 없는 경우 당사자 능력을 긍정하는 설,[25] 부정하는 설[26]이 있다. 당사자능력은 일반적 추상적인 능력이라는 점에서 처벌규정 유무를 불문하고 인정된다.

당사자능력은 피고인의 사망과 법인의 해산에 의해 비로소 당사자능력을 잃게 된다. 다만 법인의 해산의 경우 청산종료 등기가 경료되었다고 하더라도 형

---

23) 대판 2008.6.26. 2008도3300.

24) 대판 1983.10.25. 83도2295.

25) 백형구, 449면; 신동운, 614면; 이재상, 124면.

26) 신양균, 391면; 임동규, 62면.

사사건이 계류 중인 동안에는 청산사무는 종료된 것이 아니므로 당사자능력은 계속된다.[27]

다. 흠결효과

당사자 능력은 소송조건이므로 피고인에게 당사자 능력이 없게 된 때에는 공소기각 결정을 하여야한다.

2. 소송능력

가. 의 의

소송능력은 피고인으로서 유효하게 소송행위를 할 수 있는 능력 즉 소송행위능력을 말한다. 따라서 방어의 주체로서 피고인이 자신의 소송상의 지위와 소송행위를 이해하고, 다른 소송관계인 즉, 검사나 증인 등과 의사교환을 정상적으로 할 수 있는 능력을 말한다. 기본적으로 청각장애, 언어장애 등을 이유로 의사소통이 불가능한 경우에는 소송능력을 결하였다고 하여야 한다. 피고인 또는 피의자가 의사능력이 없게 된 때에는 법정대리인이 소송행위를 대리한다. 법정대리인이 없는 때에는 법원이 특별대리인을 선임하다. 법인 기타 단체는 의사능력이 없으므로 소송능력이 없고, 그 대표자가 소송행위를 대표한다.

나. 효 과

피고인이 소송능력을 결한 경우에는 법원은 검사와 변호인의 의견을 들어 직권으로 절차를 정지하도록 하고 있다. 피고사건에 대해 무죄, 면소, 형 면제, 공소기각 등을 할 것이 명백하여 피고인의 출정 없이 재판할 수 있는 경우에는 정지되지 않는다. 소송능력은 당사자능력과 달리 소송조건은 아니므로 소송능력이 없는 자가 기소되었다고 하여 공소제기절차가 무효가 되는 것은 아니다. 다만 이 경우 영구적인 소송능력의 장애가 생긴 때에는 제327조 제2호를 준용하여 공소기각 판결하여야 한다.

---

27) 대판 1982.3.23. 81도1450.

Ⅳ. 무죄추정의 원칙

1. 무죄추정의 의의

무죄의 추정 또는 무죄추정의 원칙이란 형사절차에서 피고인 또는 피의자는 유죄판결이 확정될 때까지는 무죄로 추정된다는 원칙을 말한다. 이 원칙은 무고한 사람을 처벌해서는 아니 된다는 인권보장사상에서 유래한 것이다. 헌법 제27조 제4항은 "형사피고인은 유죄의 판결이 확정될 때까지는 무죄로 추정된다."고 규정하여 무죄추정의 원칙을 기본권으로 보장하고 있다.

2. 무죄추정의 원칙과 내용

무죄추정의 원칙은 수사절차에서 공판절차에 이르기까지 형사절차의 전 과정을 지배하는 지도원리가 되고 있다. 불구속 수사, 불구속재판의 원칙이나 증명 단계에서 의심스러울 때는 피고인의 이익으로 판단하도록 하는 것, 예단을 배제하고 부당한 대우를 금지하는 것 등도 이 원칙의 발현이다.

Ⅴ. 피고인의 진술거부권(묵비권)

1. 진술거부권의 의의

가. 의 의

(1) 진술거부권이란 피고인 또는 피의자가 공판절차 또는 수사절차에서 법원 또는 수사기관의 신문에 대하여 진술을 거부할 수 있는 권리를 말한다.

(2) 미국헌법 수정 제5조가 "누구든지 형사사건에 있어서 자기의 증인이 되는 것을 강요받지 아니한다."고 규정한 자기부죄거부특권에서 유래하는 것이다.

나. 취지 및 근거

당사자주의의 전제인 무기평등의 원칙을 실질적으로 실현하기 위한 것이다. 피의자도 당사자는 아니지만 장차 당사자가 될 소송의 주체라는 점에서 피의자에 대하여도 진술거부권을 인정하고 있다. 헌법은 제12조 제2항에서 "모든 국민은 고문을 받지 아니하며, 형사상 자기에게 불리한 진술을 강요당하지 아니한다."라고 규정하여 진술거부권을 국민의 기본적 인권으로 보장하고 있다.

2. 진술거부권의 내용 및 효과

가. 주 체

진술거부권은 형벌 기타의 제재에 의한 진술강요의 금지를 본질적 내용으로 하며, 피고인 또는 피의자는 수사기관은 물론 법원에 대하여도 진술할 의무가 없다. 또한 변호인의 신문에 대해서도 진술을 거부할 수 있다. 피의자나 피고인이 진술거부권을 행사하기 위해서는 그 전제로 진술거부권의 고지가 선행되어야 한다.

진술거부권에 의하여 피고인 또는 피의자의 진술을 강요할 수 없으므로 진술거부권을 행사하였다는 이유로 형벌 기타 제재를 과할 수 없다는 것은 당연하다. 진술거부권을 침해하여 얻은 자백은 그 절차가 위법하므로 증거능력이 부정된다.

진술거부권의 행사를 피고인에게 불이익한 간접증거로 하거나 또는 이를 근거로 유죄의 추정을 하는 것은 허용되지 않는다. 진술거부권의 보장을 무의미하게 할 우려가 있기 때문이다. 이러한 의미에서 진술거부권의 행사는 자유심증주의에 대한 예외가 된다.

제4절 변 호 인

Ⅰ. 변호인제도의 의의

1. 변호인의 의의

변호인이란 피의자·피고인이 수사기관의 수사나 검사의 공판, 집행과정에서 대등한 방어권을 갖출 수 있도록 보충해 주는 보조자를 말한다. 따라서 변호인은 소송의 주체라기보다는 보조자로서 선임절차를 통해 당해 소송 관계인의 지위를 갖게 된다.

당사자주의를 채택하고 있는 우리나라에서는 당사자에 의한 실체진실 발견과 공정한 재판을 실현하기 위해 검사와 피고인 사이에 무기평등의 원칙을 보장하고 있다. 검사는 법률의 전문가이면서 국가공권력이라는 강제력을 배경으로 하기 때문에 법률의 문외한인 피고인에게도 법률전문가인 변호인으로 하여금 피고인의 방어력을 보충하게 할 필요가 있다. 피고인은 변호인의 실질적인 조력을 통해 비로소 당사자 지위가 구체적으로 실현될 수 있기 때문이다. 이를 위해 현행 헌법에서는 형사절차의 적법절차에 관하여 상세한 규정과 함께 변호인의 조력을 받을 권리를 규정하고 있다.

형사소송법의 역사를 변호권 확대의 역사라고 할 만큼 변호권의 중요성은 점점 커지고 있다.

Ⅱ. 변호인의 지위

1. 보호자적 지위

가. 피고인 또는 피의자의 보호자

변호인은 피고인 또는 피의자(이하 피고인이라 함)의 이익을 위하여 활동하는 보호자이다. 보호자적 지위는 변호인의 가장 기본적인 지위이며 변호인제도의 존재이유이다. 따라서 피고인에게 불이익하게 활동하여서는 아니된다.

나. 변호인과 피고인의 관계

변호인은 피고인의 대리인에 그치는 것이 아니라 피고인의 보호자이다. 변호인의 피고인에 대한 관계는 민사소송의 소송대리자와는 성질을 달리하며, 변호인은 피고인에 대하여 비밀유지의무를 지닌다.

2. 공익적 지위

가. 진실의무

(1) 변호인은 피고인의 이익을 보호하는 보호자이다. 그러나 변호인이 보호하는 피고인의 이익은 정당한 이익에 제한된다. 변호인은 진실과 정의에 구속

되고 피고인의 보호자인 변호인의 지위도 진실의무에 의하여 제한된다. 이를 변호인의 공익적 지위라고 한다.

(2) 변호인의 진술의무는 변호인이 검사나 법관과 같이 객관적 입장에서 실체진실의 발견에 기여해야 한다는 것을 의미하는 것은 아니다. 변호인이 피고인의 보호자라는 기본지위로 인하여 그 공익적 지위도 일방적인 것에 지나지 않는다. 따라서 그것은 변호인이 피고인에 대한 보호기능을 행사함에 있어서 진실에 구속되어야 한다는 소극적 의미를 갖는 데 그친다.

나. 보호자의 지위와의 조화

이러한 진실의무와의 조화문제로서 ① 유죄인 자에 대하여 무죄를 주장하기 위하여 적극적으로 진실에 반하는 위법성 조각사유나 책임조각 사유 등을 법적 조언하는 것은 불가능하다. 그러나 증거를 충분히 검토하더라도 증거불충분하다는 취지로 무죄 변론하는 것은 허용될 것이다.[28] ② 이와 반대로 피고인이 무죄임에도 죄를 뒤집어쓰려고 자백하는 경우에는 이를 그대로 묵인할 것이 아니고, 정당한 이익을 보호하기 위하여 무죄를 주장하는 것이 타당할 것이다. ③ 묵비권의 행사를 권하는 것은 도의적으로 바람직하지 않은 경우도 있을 수 있지만 묵비권은 헌법상의 권리인 만큼 법률전문가로서 묵비권을 권하는 취지의 법적 조언은 상당하다고 판단된다. ④ 또한, 증거인멸이나 도망을 권유하는 행위, 증인에게 위증을 교사하거나 증거인멸을 지시하는 행위, 피고인에게 불리한 증거를 제출하는 행위 등은 허용되지 않는다고 할 것이다.

Ⅲ. 변호인의 선임

1. 사선변호인

가. 의의와 방식

사선변호인이란 피고인 또는 피의자와 일정한 관계자가 선임한 변호인을 말한다. 선임권자는, 피의자·피고인과 피의자·피고인의 법정대리인, 배우자, 직계

---

28) 노명선·이완규, 103면.

친족과 형제자매는 독립하여 변호인을 선임할 수 있다. 「독립하여」 선임할 수 있기 때문에 본인의 명시 또는 묵시의 의사에 반하여 선임할 수 있다. 본인의 의사에 반하여 선임한 경우도 본인에게 유효하지만 본인은 당해 변호인을 해임할 수 있다.

변호인은 변호사 중에서 선임하여야 한다. 단, 대법원 이외의 법원은 특별한 사정이 있으면 변호사 아닌 자를 변호인으로 선임함을 허가할 수 있다. 이를 특별변호인이라고 한다.

변호인의 선임은 심급마다 변호인과 연명날인한 서면으로 제출하여야 한다. 수인의 변호인이 있는 때에는 재판장은 피고인·피의자 또는 변호인의 신청에 의하여 대표변호인을 지정할 수 있고 그 지정을 철회 또는 변경할 수 있다.

나. 선임의 효과

변호인의 선임은 당해심급까지 미치고 여기서 '심급까지'라 함은 상소에 의하여 2심의 효력이 발생한 때까지를 말한다.[29] 이론상 2심의 효력이 확정되기까지 소송계속은 원심에 있는 것이고, 실무상으로도 변호인의 공백기간이 생겨서는 안되기 때문이다. 다만, 공소제기전의 변호인 선임은 제1심에도 그 효력이 있다. 한편 환송에 의하여 원래의 심급으로 돌아가는 경우 원심에서 선임되었던 변호인이 효력을 갖게 되는가. 적극설,[30] 소극설[31]의 대립이 있으나 실무상 파기 환송 또는 파기이송 후에도 선임의 효과가 유지 된다는 명문의 규정을 두어 해결하고 있다.

하나의 사건에 대한 변호인 선임의 효력이 추가 기소되는 병합사건에도 미치는가에 대해서는 실무운영상 사건을 특정하여 계약을 하지 않는 한 병합사건에도 미치고, 그것이 당사자의 통상적인 의사에도 합치될 것이다.

---

29) 손동권, 92면.

30) 손동권, 92면; 신양균, 404면; 이재상, 131면.

31) 백형구, 457면.

2. 국선변호인

가. 의 의

법원에 의하여 선정된 변호인을 국선변호인이라고 한다. 헌법 제12조 제4항은 「누구든지 체포 또는 구속을 당한 때에는 즉시 변호인의 조력을 받을 권리를 가진다. 다만, 형사피고인이 스스로 변호인을 구할 수 없을 때에는 법률이 정하는 바에 의하여 국가가 변호인을 붙인다」고 하여 국선변호인 선임의뢰권을 인정하고 있고, 국선변호인 제도는 이를 구체화 한 것이다.

나. 선정사유

국선변호인을 선정하도록 법률로 정한 사유는 다음과 같다.

(1) 형사소송법 제33조

직권에 의한 선임과 청구에 의한 선임으로 나눌 수 있다. 먼저, 직권에 의한 선임은 필요적 변호사건으로 피고인이 구속된 때(제1호), 피고인이 미성년자 일 때(제2호), 피고인이 70세 이상인 때(제3호), 피고인이 농아자인 때(제4호), 피고인이 심신장애의 의심이 있는 때(제5호), 피고인이 사형, 무기 또는 단기 3년 이상의 징역이나 금고에 해당하는 사건으로 기소된 때(제6호)이다. 청구에 의한 선임으로 법원은 피고인이 빈곤 그 밖의 사유로 변호인을 선임할 수 없는 경우에 피고인의 청구가 있는 때에는 변호인을 선정하여야 한다. 기타 법원은 피고인의 연령·지능 및 교육정도 등을 참작하여 권리보호를 위하여 필요하다고 인정하는 때에는 피고인의 명시적 의사에 반하지 아니하는 범위 안에서 변호인을 선정하여야 한다.

위 제33조 제1항 각 호의 어느 하나에 해당하는 사건 및 같은 조 제2항·제3항의 규정에 따라 변호인이 선정된 사건에 관하여는 변호인 없이 개정하지 못한다. 단, 판결만을 선고할 경우에는 예외로 한다.

변호인의 출석이 개정요건인 경우 변호인이 출석하지 아니한 때에는 법원은 직권으로 변호인을 선정하여야 한다.

(2) 체포·구속적부심사

체포 또는 구속된 피의자에게 변호인이 없는 때에는 제33조의 규정을 준용하여 국선변호인을 선정하여야 한다. 다만 구속된 피의자는 이미 제33조에 의하여 국선변호인이 선정되어 있으므로 체포된 피의자가 적부심을 청구하는 경우를 의미한다.

(3) 구속전 피의자신문

구속영장을 청구받은 지방법원 판사는 심문할 피의자에게 변호인이 없는 때에는 직권으로 변호인을 선정하여야한다. 이 경우 변호인의 선정은 피의자에 대한 구속영장 청구가 기각되어 효력이 소멸한 경우를 제외하고는 제1심까지 효력이 있다. 법원은 변호인의 사정이나 그 밖의 사유로 변호인 선정결정이 취소되어 변호인이 없게 된 때에는 직권으로 변호인을 다시 선정할 수 있도록 하였다.

(4) 재심사건

재심개시의 결정이 확정된 사건에 대하여는 ① 사망자 또는 회복할 수 없는 심신장애자를 위하여 재심의 청구가 있는 때, ② 유죄의 선고를 받은 자가 재심의 판결 전에 사망하거나 회복할 수 없는 심신장애자로 된 때에는 변호인이 출정하지 아니하면 개정하지 못한다(제438조 제3항). 이 경우 재심을 청구한 자가 변호인을 선임하지 아니한 때에는 재판장은 직권으로 변호인을 선임하여야 한다(동 제4항).

(5) 치료감호사건

형법 제10조 제1항에 따라 벌할 수 없거나 같은 조 제2항에 따라 형이 감경되는 심신장애자로서 금고 이상의 형에 해당하는 죄를 지은 자 등 치료감호대상자에 대한 치료감호청구사건에 관하여는 국선변호인을 선임하여야 한다(치료감호법 제15조2). 따라서 필요적 변호사건으로서 변호인의 출석이 개정요건이 된다.

다. 선정절차

국선변호인은 원칙적으로 사선변호인이 없는 때에만 선정할 수 있다. 공소제기전 구속전 피의자심문의 경우와 체포·구속적부심의 경우 피의자에게 변호인이 없는 때에는 법원 또는 지방법원 판사는 지체 없이 국선변호인을 선정하고 피의자와 변호인에게 그 뜻을 고지하여야 한다(규칙 제16조 제1항). 공소제기 후에는 국선변호인의 선정을 청구할 수 있다는 취지를 고지하여야 한다(규칙 제17조 제1항, 제2항). 피고인이 탄원서에서 경제적 어려움으로 인하여 변호인을 선임할 수 없고, 증인의 위증을 밝히기 위해 은행구좌 및 자금경로의 조사와 증인신문 및 감정신청 등을 위하여 형사소송법 제33조 제5호에 의한 국선변호인 선임신청을 법원에 하였음에도 법원이 피고인의 위 신청에 대하여 아무런 결정을 하지 아니한 것은 위법하다.[32] 피고인이 변호인을 선임하지 아니하거나 제33조 제2항, 제3항에 의하여 국선변호인을 선정하여야 할 때에는 지체 없이 국선변호인을 선정하고 피고인, 변호인에게 그 뜻을 고지하여야 한다(규칙 제17조 제3항, 제4항).

라. 선정의 법적 성질

변호인의 선정은 법원의 선임결정에 의한다. 선임결정에 대해서는 재판장 또는 법원이 소송법에 의하여 행하는 단독의 의사표시인 명령이라는 재판설이 다수설[33]이다.

Ⅳ. 변호인의 권한

변호인의 권한에는 변호인이 피고인 또는 피의자의 소송행위를 대리하는 권한(대리권)과 변호인에게 인정되는 고유한 권한(고유권)이 있다. 사선변호인과 국선변호인, 변호사인 변호인과 특별변호인은 그 권한에 있어서 차이가 없다.

1. 대 리 권

변호인은 대리가 허용될 수 있는 모든 소송행위에 대하여 포괄적 대리권을 가진다. 변호인의 대리권에는 본인의 의사에 종속하여 하는 종속대리권[34]과 본

32) 대판 1995.2.28. 94도2880.

33) 손동권, 98면.

인의 의사에 반하여 행사할 수 있는 독립대리권이 있다. 독립대리권에는 본인의 명시의 의사에 반하여 행사할 수 있는 것[35]과 묵시의 의사에 반하여 행사할 수 있는 것[36]이 있다.

2. 고 유 권

고유권이란 변호인의 권리로 특별히 규정된 것 중에서 성질상 대리권이라고 볼 수 없는 것을 말한다. 고유권에는 변호인이 피고인 또는 피의자와 중복하여 가지고 있는 고유권과 변호인만 가지고 있는 고유권이 있다.

가. 의의와 종류

고유권이란 성질상 대리권이라 할 수 없는 권리로 특별히 규정된 변호인의 권리를 말한다. 고유권에는 피고인 또는 피의자와 중복하여 가지고 있는 권리와 변호인만 가지는 권리[37]가 있다. 고유한 권리[38] 중 가장 중요한 것은 접견교통권과 기록열람·등사권, 피의자신문 참여권 등이다.

나. 접견교통권

변호인 또는 변호인이 되려는 자는 신체구속을 당한 피고인 또는 피의자와 접견하고 서류 또는 물건을 수수할 수 있으며 의사로 하여금 진료하게 할 수 있다. 피의자는 구속 전후 언제든지 변호인의 조력을 받을 권리가 있다. 따라서 구속 후 상당기간이 경과된 시기 또는 장기 구금 끝에 변호인의 접견을 인정하는 것은 피의자의 방어권행사의 실효성을 보장하는데 미흡하다고 하지

---

34) 관할이전의 신청(제15조), 관할위반의 신청(제320조), 증거동의(제318조), 상소취하(제349조), 정식재판의 청구(제453조) 등이 있다.

35) 구속취소의 청구(제93조), 보석의 청구(제94조), 증거보전의 청구(제184조), 공판기일변경신청(제270조 제1항), 증거조사에 대한 이의신청(제296조 제1항)이 있다.

36) 기피신청(제18조 제2항), 상소제기(제341조)가 있다.

37) 공판기일 출석권(제275조), 증인신문에의 참여권(제162조), 증인신문권(제161조의2), 증거보전처분에 관한 서류 및 증거물의 열람등사권(제185조), 압수·수색영장집행에의 참여권(제121조, 제145조), 감정에의 참여권(제176조), 최종의견진술권(제303조)에 있다.

38) 접견교통권(제34조)과피고인에 대한 신문권(제287조)이 있다.

않을 수 없다.

또한 언제든지 자유롭게 변호인을 만날 수 있어야 하므로 조사 중에도 가능함은 물론이다. 그 실효성을 확보하기 위해서는 접견은 자유로워야 하고, 비밀이 보장[39]되어야 한다. 따라서 접견시 교도관의 참여, 변호인과의 서신을 검열[40]하는 것은 안된다.

다. 변호인의 기록·열람등사권

변호인은 소송계속 중의 관계서류 또는 증거물을 열람 또는 등사할 수 있다(제35조).

변호인의 기록열람·등사권은 변호인이 피고인에 대한 혐의 내용과 수사결과 및 증거를 파악하여 효율적인 변론활동을 준비할 수 있게 함으로써 공판절차의 원활한 진행을 촉진한다. 이는 변호인뿐만 아니라 피고인에게도 인정된다.

공소제기 후 검사가 보관하고 있는 수사서류에 대하여 변호인 또는 피고인은 검사에게 공소제기된 사건에 관한 서류 또는 물건의 목록과 공소 사실의 인정, 양형에 영향을 미칠 수 있는 서류, 물건의 열람, 등사 또는 서면의 교부를 신청할 수 있다. 이를 증거개시제도라 한다.

라. 변호인의 피의자신문참여권

(1) 법적근거

형사소송법 개정 법률은 종래 학설과 판례가 인정하여 오던 변호인의 피의자에 대한 신문에 변호인의 참여권을 명문으로 규정하면서 이의제기 및 의견진술권을 인정하고 있다. 즉, 검사 또는 사법경찰관은 피의자 또는 그 변호인의 신청에 따라 변호인을 피의자와 접견하게 하거나 정당한 사유가 없는 한 피의자에 대한 신문에 참여하게 하여야 한다고 하고, 또한 신청권자를 피의자의 법정대리인, 배우자, 직계친족, 형제자매에게까지 확대하고 있다.

종래 실무와 학설에서는, 변호인의 피의자신문에 대한 참여권에 대하여 명문의 규정이 없고, 수사의 밀행성과 신속성이라는 본질적인 요청과, 진술증거의

---

39) 헌재결 1992.1.28. 91헌마111 전원재판부

40) 헌재결 1995.7.21. 92헌마144 전원재판부

확보의 어려움 등을 이유로 부정하는 입장이 대세를 이루고 있었다. 그러나 헌법재판소와 대법원이 구속된 피의자[41]는 물론 불구속 피의자[42]에게도 피의자 신문 참여권이 보장된다고 한 이래 형사소송법상의 명문의 근거를 마련하기에 이르렀다.

(2) 법적성질

이러한 변호인의 절차적 참여권은 현행법상 체포·구속된 피의자에 한하지 않고 불구속 피의자에게도 보장되어 있다.

이러한 변호인의 피의자신문참여권은 피의자의 권리로서의 성질과 변호인으로서의 권리로서의 양면성을 갖는 것이고, 여기서 변호인이 갖는 피의자신문참여권은 피의자의 대리권으로서 성질이 아닌 변호인의 고유권의 일종이다.

(3) 변호인 참여권의 내용과 제한

신문에 참여한 변호인의 활동범위에 대하여 진술의 임의성과 절차의 적법성의 확보를 위한 조치라고 이해하여 변호인은 신문과정에 입회하여 위법을 감시할 뿐이라는 의견도 있을 수 있지만, 변호인의 조력을 받을 권리에서 도출하는 절차적 권리라고 한다면 피의자 신문이 적법하게 진행되는가를 감시하는 것은 물론이고, 피의자와 함께 하면서 실질적인 방어권을 확보할 수 있도록 법적인 조언 등 변호인의 조력이 허용된다고 해석된다.

현행 법률도 신문참여 변호인에게 이러한 실질적인 조력을 허용하면서도 피의자 신문제도의 본질을 침해하지 않도록 일정한 제한을 가하고 있다. 즉, 이러한 조언은 원칙적으로 ① 신문 후 의견을 진술할 수 있도록 하면서 예외적으로 ② 신문중이라도 부당한 신문방법에 대하여 이의를 제기할 수 있고, 검사 또는 사법경찰관의 승인을 얻어 의견을 진술할 수 있도록 하고 있다.

---

41) 대결 2003.11.11. 2003모402. 다만 동결정은 구속된 피의자의 경우 피의자신문시 변호인 참여권의 근거를 형사소송법 제209조, 제89조, 제34조의 유추적용에서 찾고 있다.

42) 헌재결 2004.9.23. 선고 2000헌마138 전원재판부

제5절 피 해 자

대부분의 형사사건은 범죄자와 피해자가 존재하는데 기존의 형사절차에서는 범죄자의 처벌 쪽에 무게를 두어 왔다. 그러다 보니 피고인은 소송의 주체로서 일정한 지위와 권리가 보장되고 있으나 상대적으로 피해자는 단순한 소송의 객체로 전락하여 그의 인격권과 소송상의 지위 또는 권리가 제대로 보호되지 않았다. 그러나 20세기 중반 이후 피해자에 대한 관심이 지대해지고 이른바 피해자학이 발전함에 따라 피해자의 지위와 권리보호에 관심이 증대되고 소송주체로서 피해자를 재인식하게 되었다.

일반적으로 피해자란 범죄행위로 인하여 법익을 침해받거나 침해받을 위험에 처했던 자로서 보호법익의 객체 외에 공격의 객체를 포함하는 개념이다.[43)]이러한 피해자에 대하여 현행법은 수사단계와 공판단계 나아가 피해자구제제도 등을 통하여 피해자의 소송참여를 가능케 하고 있으며, 헌법, 형사소송법, 소송촉진 등에 관한 특례법, 범죄피해자 구조법 등에서 일정한 내용을 규정하고 있다. 또 피해자는 국가소추주의와 기소독점주의에 따라 소추권이 인정되지 않지만, 예외적으로 친고죄와 반의사불벌죄의 경우에는 피해자의 의사에 따라 소추가 좌우되는 경우가 있다.

피해자의 형사절차상의 지위는 먼저 수사단계에서 볼 때 피해자는 수사기관에 대하여 자신에게 피해를 가한 범죄자의 수사와 소추를 요구하는 고소권을 가지며, 고소의 취소권도 갖는다. 또 검사의 불기소처분에 대한 통제권으로서 검찰청법상의 항고와 재정신청도 가능하다.

다음으로 공판단계에서 피해자는 증인으로서 진술할 수 있는 권한을 갖는다. 이것은 형사소송법뿐만 아니라 헌법에 의해서도 보장되어 있는데, 즉 헌법 제27조 제5항은 "형사피해자는 법률이 정하는 바에 의하여 당해 사건의 재판절차에서 진수할 수 있다."고 규정하고 있으며, 이에 따라 형사소송법은 피해자의 진술에 관한 규정을 마련해 놓고 있다. 피해자를 증인으로 신문할 때에는 필요한 경우 신뢰관계자를 동석하게 할 수 있으며, 경우에 따라서는 비디오 등의

---

43) 피해자의 범위에 대하여는 박미숙, "현행법상의 형사피해자의 범위", 피해자학 연구 제12권 제12호, 한국피해자 학회, 2004, 10면 이하 참조.

중계시설이나 차폐시설을 통한 신문을 할 수도 있다. 또 피해자에게는 이와 같은 진술권 이외에도 소송기록의 열람·등사권이 인정되고 있으며, 피해자나 그 법정대리인이 신청한 경우에는 검사는 재판결과나 피의자의 구속·석방 등을 포함한 재판의 진행상황을 피해자에게 신속하게 통지해 주어야 한다.44)

제6절 배 심 원

2007년 「국민의 형사재판 참여에 관한 법률」이 국회를 통과함에 따라 2008년부터 우리나라에서도 배심제도가 시행되고 있다. 배심제도란 일반국민 가운데에서 무작위로 선정된 몇 사람이 형사재판에 참여하여 유·무죄 여부 및 형의 양정에 대한 의견을 제시할 수 있는 제도로써 일반시민의 재판참여를 통해 사법에 대한 이해를 높이고 그 민주적 정당성 및 신뢰성을 증가시키는 것을 목적으로 하고 있다.

배심원은 만 20세 이상의 국민 가운데 무작위의 방법으로 선정된다(제16조). 그러나 법률이 정한 결격사유에 해당하는 사람 등 은 배심원으로 선정될 수 없다.

한편, 배심원이 참여하는 국민참여재판의 대상사건은 살인죄와 사망의 결과가 발생한 결과적 가중범, 강도강간죄, 감도 또는 강간치사상죄, 기타 특별형법을 위반한 범죄 가운데 결과가 무거운 중범죄 사건들이다. 그리고 이 경우에도 피고인이 국민참여재판을 원하지 않으면 대상사건에서 제외된다.

이러한 재판에 참여하게 된 배심원은 사실의 인정과 법령의 적용 및 형의 양정에 관해 의견을 제가할 권한이 있다. 이에 따라 배심원은 변론이 끝난 후 재판장으로부터 증거 등에 관해 일정한 설명을 들은 다음 유·무죄에 대한 평의를 하게 된다. 배심원 전원의 의견이 일치하면 그대로 평결하고 그렇지 않을 때에는 다시 판사의 의견을 들은 후 다수결에 의해 결정한다. 평결의 결과가 유죄일 때에는 배심원들은 다시 판사와 함께 양형에 대해 토의하고 의견을 제시할 수 있다. 그러나 이와 같은 배심원의 평결과 의견은 법원을 구속하지 못한다. 하지

44) 피해자 보호를 위한 입법론으로 피해자에게도 변호인의 조력을 받을 권리를 부여해야 한다는 점에 대하여 김재중, 형사소송법 지도이념으로서의 피해자보호주의, 충북대학교 법학연구 제19권 제2호, 2008, 151면 이하 참조.

만 법원이 배심원의 평결과 다른 판결을 할 때에는 판결서에 그 이유를 기재하고 피고인에게도 이를 설명하여야 한다.

배심원의 수는 재판에 따라 달라진다. 즉 법정형이 사형·무기징역 또는 무기금고에 해당하는 사건에 대해서는 9인의 배심원이 참여하고, 그 의외의 사건에 대해서는 7인이 참여한다. 다만 피고인 또는 변호인이 공판준비절차에서 공소사실이 주요 내용을 인정한 때에는 5인 이내의 예비배심원을 둘 수 있다.

배심원 등의 개인정보는 공개가 금지된다. 또 재판장은 배심원 등이 위해를 받거나 받을 염려가 있을 때에는 신변보호조치를 취할 수 있으며, 누구든지 배심원에게 부당한 영향을 미치거나 그 직무상의 비밀을 알아낼 목적으로 배심원과 접촉해서는 안 된다.

제2장 소송행위와 소송서류, 소송조건

제1절 소송행위와 소송서류

Ⅰ. 소송행위의 의의

소송행위란 소송절차를 조성하는 행위로서 소송법상의 효과가 인정되는 것을 말한다. 소송은 판결과 그 집행을 목적으로 진행·발전하는 동적인 절차이다. 이러한 소송절차를 형성하는 개개의 행위를 소송행위라 한다.

소송행위는 원칙적으로 법률이 각 소송행위마다 규정해 놓은 일정한 방식에 따라 행하게 함으로써 법적 안정성을 확보하고 피고인의 기본권을 보호할 수 있도록 하고 있다.

소송행위의 방식은 개개의 소송행위에 관하여 각각 규정되어 있으나 그 중 중요한 것으로 구두방식(구두주의)과 서면방식(서면주의)이 있다. 일반적으로 피고사건에 관한 법원의 심증형성에 직접 영향을 미치는 소송행위(실체형성 소송행위)의 경우는 구두주의에 의하고, 절차형성 소송행위는 서면주의에 의하는 것을 원칙으로 한다. 그러나 실체형성 소송행위일지라도 소송경제를 도모하거나 심리자료를 활용하기 위해 서면주의를 적용하는 예외도 가능하다. 여기서 소송행위의 서면방식에 관련된 사항으로서 서류 일반에 관한 문제를 살펴볼 필요가 있다.

Ⅱ. 소송서류의 의의

소송서류(訴訟書類)란 형사소송법상 그 작성이 인정되는 서류로서 소송에 관하여 또는 소송에 사용하기 위하여 작성된 서류를 말한다. 형사소송은 구두주의를 원칙으로 하나 일정한 소송행위에 대하여는 형식적인 확실성을 기하기 위하여 서면에 의할 것을 요구한다. 이에는 법원에서 작선된 것 및 소송관계인이 작성하여 법원에 제출한 서류를 포함한다. 여기서 소송서류와 구별해야 할 개념으로 소송기록(訴訟記錄)이 있는데, 이는 소송서류를 소송절차에 따라 법원이 편철한 것을 의미한다.

소송서류는 원칙적으로 공판개정 전에는 공개하지 못한다. 다만, 공익상 필요하거나 기타 상당한 이유가 있는 경우에는 공개할 수 있다. 이처럼 비공개원칙을 둔 것은 피고인, 기타 소송관계인의 명예 등을 보호하고 아울러 재판에 대한 외부로부터의 부당한 압력이나 영향을 방지하는 데 있다고 할 수 있다. 여기서 공판개정 전이라 함은 제1회 공판개정 전뿐만 아니라 제2회 공판기일에도 적용된다.

Ⅲ. 소송서류의 종류

1. 성질에 의한 분류

소송서류는 성질에 따라 의사표시적 문서와 보고적 문서로 구분할 수 있다. 의사표시적 문서는 일정한 소송법적 효과의 발생을 의사표시의 내용으로 하는 문서로서 공소장, 고소장, 고발장, 상소장, 변호인선임계 등이 있으며, 의사표시적 문서는 당해 형사절차에서 증거능력이 인정되지 않는다. 한편, 보고적 문서는 단순히 일정한 사실의 보고만을 내용으로 하는 문서로서 공판조서, 검증조서 또는 각종의 신문조서 등이 있다.

2. 작성자에 따른 분류

소송서류를 작성자에 따라 구분하면 공무원의 서류와 비공무원의 서류로 나눌 수 있다.

공무원의 서류는 법원이 작성하는 서류와 법원 외의 기관이 작성하는 서류를 말하며, 공무원이 작성하는 서류는 법률에 다른 규정이 없으면 작성연월일과 소속공무소를 기재하고 기명날인 또는 서명해야 하고, 서류는 간인(間印)하거나 이에 준하는 조치를 해야 한다. 또 공무원이 아닌 자가 작성하는 서류는 연월일을 기재하고, 서명날인하거나 지장을 찍어야 한다.

3. 조 서

조서(調書)란 보고적 문서 중 일정한 절차나 사실을 인증하기 위하여 작성된 공권적 문서를 말한다. 이에는 예컨대, 공판조서, 진술조서, 압수·수색·검증의 결과를 기재한 조서 등이 있다.

가. 조서의 작성방법과 기재요건

피고인, 피의자, 증인, 감정인, 통역인 또는 번역인을 신문하는 때에는 참여한 법원사무관 등이 조서를 작성해야 한다. 조서에는 피고인, 피의자, 증인, 감정인 등의 진술과 증인, 감정인, 번역인 또는 통역인이 선서를 하지 아니한 때에는 그 사유를 기재해야 한다. 조사는 진술자에게 읽어주거나 열람하게 하여 기재내용의 정확성 여부를 물어야 한다. 진술자가 증감변경의 청구를 한 때에는 그 진술을 조서에 기재해야 한다. 심문에 참여한 검사, 피고인, 피의자 또는 변호인이 조서기재의 정확성에 대해 이의를 제기한 때에는 그 진술을 조서에 기재해야 한다. 이 경우에는 재판장 또는 신문한 법관은 그 진술에 대한 의견을 기재하게 할 수 있다. 조서에는 진술자로 하여금 간인한 후 서명날인하게 해야 한다. 다만, 진술자가 서명날인을 거부한 때에는 그 사유를 기재해야 한다.

검증·압수·수색에 관해서는 조서를 작성해야 한다. 검증조서에는 검증 목적물의 현상을 명확하게 하기 위하여 도화나 사진을 첨부할 수 있다. 압수조서에는 품종, 외형상의 특징과 수량을 기재해야 한다.

이러한 각 조서의 기재요건으로는 조사 또는 처분의 연월일시와 장소를 기재해야 하며, 그 조사 또는 처분을 행한 자와 참여한 법원사무관 등이 기명날인 또는 서명해야 한다. 다만, 공판기일 외에 법원이 조사 또는 처분을 행한 때에는 재판장 또는 법관과 참여한 법원사무관 등이 기명날인 또는 서명해야 한다.

나. 공판조서

(1) 의의와 작성주체

공판조서는 공판기일의 소송절차가 법정의 방식에 따라 적법하게 행하여졌는지의 여부를 확인하기 위하여 공판기일의 소송절차에 참여한 법원사무관 등이 작성하는 조서이다.

(2) 공판조서의 기재사항

공판조서에는 공판을 행한 일시와 법원, 법관·검사·법원사무관 등이 관직·성명, 피고인·대리인·대표자·변호인·보조인과 통역인의 성명, 피고인의 출석 여부, 판결 기타의 재판을 선고 또는 고지한 사실 등을 기재한다.

공판조서에는 진술인의 간인, 서명날인 등 조서작성의 정확성을 담보하기 위한절차가 적용되지 않는다. 다만, 진술자의 청구가 있는 때에는 그 진술에 관한 부분을 읽어주고 증감변경의 청구가 있는 때에는 그 진술을 기재해야 한다.

(3) 서명날인

공판조서에는 재판장과 참여한 법원사무관 등이 기명날인 또는 서명해야 한다. 재판장이 기명날인 또는 서명할 수 없는 때에는 다른 법관이 그 사유를 부기하고 기명날인 또는 서명해야 하며, 법관 전원이 기명날인 또는 서명할 수 없는 때에는 참여한 법원사무관 등이 그 사유를 부기하고 기명날인 또는 서명해야 한다. 법원사무관 등이 기명날인 또는 서명할 수 없을 때에는 재판장 또는 다른 법관이 그 사유를 부기하고 기명날인 또는 서명해야 한다.

(4) 공판조서의 정리

공판조서는 각 공판기의 후 신속히 정리되어야 하며, 다음 회의 공판기일에는 전회의 공판심리에 관한 주요사항의 요지를 조서로 고지해야 한다. 다만, 다음 회의 공판기일까지 전회의 공판조서가 정리되지 않은 때에는 조서에 의하지 않고 고지할 수 있다. 검사·피고인 또는 변호인은 공판조서의 기재에 대하여 변경을 청구하거나 이의를 제기할 수 있고, 이때에는 그 취지와 이에 대한 재판장의 의견을 기재한 조서를 당해 공판조서에 첨부하여야 한다.

(5) 피고인, 변호인 등의 열람·등사권

피고인은 공판조서의 열람 또는 등사를 청구할 수 있다. 피고인이 공판조서를 읽지 못할 때에는 공판조서의 낭독을 청구할 수 있다. 이에 응하지 않은 때에는 그 공판조서를 유죄의 증거로 사용할 수 없다. 변호인은 소송계속중의 관계서류 또는 증거물을 열람 또는 등사할 수 있다.

또 누구든지 권리구제·학술연구 또는 공익적 목적으로 재판이 확정된 사건의 소송기록의 열람·등사를 신청할 수 있고, 이에 대해 검사는 일정한 사유가 있는 경우에 한해서 기록의 전부 또는 일부의 열람·등사를 제한할 수 있다. 이러한 검사의 처분에 대해서 신청인은 다시 법원에 처분의 취소나 변경을 신청할 수 있다.

(6) 공판조서의 증명력

공판기일의 소송절차로서 공판조서에 기재된 것은 그 조서만으로써 증명한다. '그 조서만으로써 증명한다'는 말의 뜻은 공판조서 이외의 자료에 의한 반증이 허용되지 않는다는 것이다.

(7) 공판정에서의 속기·녹음 및 영상녹화

법원은 피고인, 변호인 또는 검사의 신청이 있는 때에는 특별한 사유가 없는 한 공판정에서의 심리의 전부 또는 일부를 속기자로 하여금 속기하게 하거나 녹음장치 또는 영상녹화장치를 사용하여 녹음 또는 영상녹화하여야 한다. 법원은 필요하다고 인정하는 때에는 직권으로도 이를 명할 수 있다.

(8)조서작성방식 위반의 효과

이상에서 설명한 각종의 조서작성방법을 위반하면 그 조서는 원칙적으로 무효가 된다.

Ⅳ. 송 달

1. 송달의 의의

송달(送達)은 법원 또는 법관이 검사·피고인·변호인·기타 소송관계인에 대해 법률에 정한 방식에 따라 소송서류의 내용을 알리는 직권적 소송행위를 말한다. 송달에는 소송법상 일정한 효과가 강제적으로 부여된다. 송달은 법률에 정한 방식에 따르므로 그렇지 않은 통지와 구별되고, 특정인에게 송달된다는 점에서 불특정인을 대상으로 하는 공시 또는 공고와 구별된다.

2. 송달의 방식

서류의 송달은 법률에 다른 규정이 없으면 민사소송법이 준용된다.

가. 송달수령인의 신고

송달을 받을 자의 주소, 거소, 영업소 또는 사무소에서 하는 것이 원칙이다. 그러나 피고인, 대리인, 대표자, 변호인 또는 보조인이 법원소재지에 서류의 송달을 받을 수 있는 주거 또는 사무소를 두지 아니한 때에는 법원소재지에 주거 또는 사무소가 있는 자를 송달수령인으로 선임하여 연명한 서면으로 신고해야 한다.

나. 교부송달과 유편송달

송달방법은 특별한 규정이 없으면 송달받을 자에게 서류를 교부하는 교부송달에 의한다. 그러나 주거, 사무소 또는 송달수령인의 선임을 신고해야 할 자가 그 신고를 하지 아니한 때에는 법원의 법원사무관 등은 서류를 우편으로 부치거나 기타 적정한 방법에 의하여 송달할 수 있다. 서류를 우편송달 한 경우에는 도달된 때에 송달된 것으로 간주한다. 검사에 대한 송달은 소속검찰청으로 해야 한다. 교도소 또는 구치소에 구속된 자에 대한 송달은 그 소장에게 한다.

다. 공시송달

피고인의 주거·사무소와 현재지를 알 수 없거나 또는 피고인이 재판권이 미치지 않는 장소에 있기 때문에 다른 방법으로 송달할 수 없는 때에는 공시송달을 할 수 있다. 공시송달은 법원사무관 등이 송달할 서류를 보관하고 그 사유를 법원게시장에 공시하는 방법으로 송달한다.

공시송달은 대법원규칙이 정하는 바에 따라 법원이 명하는 때에 한하여 할 수 있다. 법원은 공시송달사유가 있다고 인정할 때에는 직권으로 결정에 의하여 공시송달을 명한다. 법원은 공시송달사유를 관보나 신문지상에 공고할 것을 명할 수 있다. 최초의 공시송달은 공시한 날로부터 2주일이 경과하면 그 효력이 발생한다. 다만, 제2회 이후의 공시송달은 5일을 경과하면 효력이 발생한다.

제2절 소송조건

Ⅰ. 소송조건의 의의

1. 개 념

소송조건이란 사건의 실체에 대하여 심판할 수 있는 실체심판의 전제조건, 즉 형벌권의 존부를 심판하는 데 구비되어야 할 전체로서의 소송에 공통된 조건을 말한다. 실체에 대한 심판은 형사소송의 목적일 뿐만 아니라 공소제기의 본래적 효력이라는 점에서 소송조건은 공소제기의 유효조건이며, 소송조건이 없는 때에는 형식재판으로 소송을 종결시키고 절차의 존속과 발전이 허용되지 않는다는 점에서 소송의 존속과 발전을 위한 조건이라고도 할 수 있다.

2. 구별개념

가. 처벌조건과의 구별

소송조건은 실체심판의 전제조건인 점에서 실체법상의 형벌권발생 조건인 처벌조건과 구별되며, 처벌조건을 결한 경우에는 형면제의 실체판결을 해야 함에 반하여, 소송조건이 없는 때에는 형식재판에 의하여 소송을 종결시켜야 한다.

나. 공판절차정지조건과의 구별

소송조건은 소송의 존속을 배제시키는 조건이라는 점에서, 절차를 정지시키는 데 불과한 공판절차정지조건과 구별된다.

Ⅱ. 소송조건 흠결의 효과

소송조건이 구비되지 않은 때에는 형식재판에 의하여 소송을 종결해야 하며, 실체재판을 할 수 없다. 따라서 소송조건을 결한 사건에 대하여 무죄판결을 하는 것은 허용되지 않는다. 하나의 사건에서 여러 개의 소송조건 흠결사유가 나타나는 경우 하자가 중한 것을 이유로 형식재판을 해야 한다. 따라서 실체재판과 형식재판이 경합하는 경우는 형식재판을 하며, 형식적 소송조건의 흠결이 경합된 경우 관할위반사유보다는 공소기각사유가 중하며 공소기각판결사유보다는 공소기각결정사유가 실체적 소송조건 위반보다는 형식적 소송의 하자가 더욱 중하다.

- 공소기각결정 > 공소기각판결 > 관할위반판결 > 면소판결

Ⅲ. 소송조건의 추완

소송조건의 추완이란 공소제기시에는 소송조건이 구비되지 않았으나 소송계속 중에 그것이 보완된 경우에 공소제기의 하자가 치유되는가의 문제를 말한다. 소송조건의 추완은 주로 친고죄에 있어서 고소의 추완을 인정할 것인가를 중심으로 논의되는 것이다. 그러나 전술한 것과 같이 검사의 공소제기를 규제하고 피고인의 절차로부터의 해방을 보장한다는 점에서는 소송조건의 추완은 허용되지 않는다고 해석하는 것이 다수설·판례의 입장이다.

제2편

공 판

제1장 공판절차

제1절 공판절차의 기본원칙

Ⅰ. 공판절차의 의의

공판 또는 공판절차란 공소가 제기되어 사건이 법원에 계속된 이후 그 소송절차가 종결될 때까지의 전(全)절차, 즉 법원이 피고사건에 대하여 심리·재판하고 또 당사자가 변론을 행하는 절차단계를 말한다. 사건에 대한 법원의 심리는 모두 공판절차에서 행하여진다. 특히 형사소송법은 공소장일본주의를 채택하여 법원의 심리를 공판절차에 집중함으로써 공판중심주의를 확립하고 있다. 공판중심주의는 공판기일 외에서 수집된 증거를 공판기일의 심리에 집중시키고 피고사건의 실체에 대한 심증형성도 공판심리에 의할 것을 요구한다.

Ⅱ. 공판절차상의 기본원칙

공판절차는 공판기일에 양 당사자의 공격과 방어를 중심으로 전개되므로, 여기에는 당사자주의가 지배되고 구조에 있어서는 소송의 형태를 취하게 된다. 공판절차에서의 법률관계의 공정을 유지하기 위하여는 여러 가지 기본원칙이 필요하게 된다. 공판절차의 기본원칙으로는 공개주의·구두변론주의·직접주의·집중심리주의가 있다.

1. 공개주의

가. 공개주의의 의의

공개주의란 일반국민에게 심리의 방청을 허용하는 주의를 말한다. 헌법은 공개재판을 받을 권리를 국민의 기본권으로 보장하고 있을 뿐만 아니라, 이에 따라 법원조직법 제57조도 “재판의 심리와 판결은 공개한다.”하여 공개주의를 명백히 규정하고 있다. 법원의 심판절차를 국민의 감시하에 둠으로써 재판의 공정을 보장하고 재판에 대한 국민의 신뢰를 유지하는 데 목적이 있다.

나. 공개주의의 내용

공개주의는 누구나 방청인으로서 공판절차에 참여할 수 있다는 추상적 가능성이 보장된다는 것을 내용으로 한다. 따라서 공개주의가 누구든지 언제나 공판에 출석할 수 있을 것을 요구하는 것은 아니다. 공판기일과 장소에 대한 충분한 정보가능성과 관심 있는 사람의 공판정에의 출입이 보장되어야 한다는 것이 바로 공개주의의 내용이다.

다. 공개주의의 한계

공개주의도 절대적으로 보장될 것을 요하는 원칙은 아니다. 헌법 제109조 단서와 법원조직법 제57조 제1항 단서는 "심리는 국가의 안전보장 또는 안녕질서를 방해하거나 선량한 풍속을 해할 염려가 있을 때에 법원의 결정으로 공개하지 아니할 수 있다."고 규정하고 있다. 다만 판결은 반드시 공개해야 한다.

라. 법정에서의 사진촬영과 녹음

공개주의가 보도를 위한 법정에서의 사진촬영과 녹음을 허용하는 것은 아니다. 법원조직법 제59조는 "누구든지 법정 안에서는 재판장의 허가없이 녹화·촬영·중계방송 등의 행위를 하지 못한다."하고 규정하고 있다.

2. 구두변론주의

구두변론주의란 법원이 당사자의 구두에 의한 공격·방어를 근거로 하여 심리·재판하는 주의를 말한다. 공판기일에서의 절차는 구두에 의하여 행하여지고, 특히 판결은 법률에 다른 규정이 없으면 구두변론에 의하여야 한다(제37조 제1항). 구두변론주의는 구두주의와 변론주의를 그 내용으로 한다. 실체형성행위는 구두주의를 원칙으로 한다. 나아가 당사자주의가 강화될수록 당사자의 변론주의도 발전한다고 할 수 있다.

3. 직접주의

직접주의란 공판정에서 직접 조사한 증거만을 재판의 기초를 삼을 수 있다는 주의를 말한다. 직접주의에는 법관이 직접 증거를 조사하여야 한다는 형식적 직접주의와 원본증거를 재판의 기초로 삼아야 한다는 실질적 직접주의가 포함된다. 직접주의는 구두주의와 함께 법관에게 정확한 심증을 형성할 수 있게 할 뿐만 아니라, 피고인에게 증거에 관하여 직접 변명의 기회를 주기 위하여 요구되는 원칙이다. 형사소송법이 공판개정 후에 판사의 경질이 있으면 공판절차를 갱신하도록 한 것(제301조)은 직접주의의 요청이다.

4. 집중심리주의

공판기일의 심리는 집중되어야 하고(제267조의2 제1항) 심리에 2일 이상이 필요한 경우에는 부득이한 사정이 없는 한 매일 계속 개정하여야 한다는 원칙이다. 집중심리주의는 법관이 신선하고 확실한 심증에 의하여 재판을 할 수 있을 뿐만 아니라, 소송의 촉진과 신속한 재판을 실현하고자 하는 데 그 취지가 있다. 따라서 형사소송법에 그 근거를 둔다(제267조의2). 재판장은 부득이한 사정으로 매일 계속 개정하지 못하는 경우에도 특별한 사정이 없는 한 전회의 공판기일로부터 14일 이내로 다음 공판기일을 지정하여야 한다(제267의조2 제4항).

제2절 공판심리의 범위

Ⅰ. 심판의 대상

1. 의 의

가. 심판의 대상과 불고불리의 원칙

(1) 검사가 공소를 제기함에는 법원에 공소장을 제출하여야 하고, 공소장에 기재된 공소사실은 범죄의 시일·장소와 방법을 명시하여 사실을 특정할 수 있어야 한다(제254조 제1항, 제4항).

(2) 법원의 심판의 대상이 공소장에 기재된 피고인과 공소사실에 제한되어야 한다는 것은 불고불리의 원칙의 당연한 결과이다.

(3) 공소장에 공소사실을 특정하도록 하고 법원의 심판의 대상을 공소장에 기재된 공소사실에 제한하는 것은 피고인의 방어권행사를 보장하여 당사자주의의 실효성을 확보하기 위한 것이다.

나. 심판대상의 확정기능

공소제기의 효력은 공소장에 기재된 공소사실과 동일성이 있는 사실의 전부에 미치므로(제327조 제3호), 판결의 기판력도 동일성이 인정되는 사건의 전부에 미치므로, 확정판결이 있는 때에는 비록 경범죄처벌법위반으로 즉결심판이 확정된 때에도 그것과 동일성이 인정되는 강간사건에 대하여까지 면소판결을 해야 한다(제326조 제1호 : 대판 1984.10.10. 83도1790). 이러한 불합리한 결과를 피하기 위하여 형사소송법은 공소장에 수개의 범죄사실과 적용 법조를 예비적·택일적으로 기재할 수 있도록 하고 있다(제254조 제5항).

다. 공소장변경

동적·발전적 성격을 가지고 있는 형사소송에 있어서는 공소장에 기재된 공소사실과 적용법조가 공판의 진행에 따라 사실적·법률적으로 변경되는 때가 있다. 이 경우에도 공소사실과 동일성이 인정되는 범위에서 변경된 사실을 심판의 대상으로 할 필요가 있다. 그러나 공소사실과 동일성이 인정된다고 하여 모든 경우에 법원이 공소장변경 없이 공소장에 기재된 공소사실과 다른 사실을 판단하는 것은 피고인의 방어에 현저한 불이익을 주게 되고, 이는 당사자주의 소송구조와 근본적으로 배치된다. 따라서 형사소송법은 공소장변경제도를 인정하여 공소장에 기재된 공소사실과 동일성이 인정되는 사실이라 할지라도, 피고인에게 불이익을 주는 경우에는 공소장을 변경하지 않으면 법원에서 심판할 수 없도록 하여 피고인의 방어권을 철저히 보호하고 있다.

2. 학설과 판례의 입장

형사소송법의 해석상 심판의 대상이 무엇인가에 대하여는 공소장에 공소사실이 현실적 심판의 대상이고, 공소사실과 동일성이 인정되는 사실이 잠재적 심판의 대상이라는 이원설이 다수설이자 판례(대판 1989.2.14. 85도1435 외 다수)의 태도이다. 따라서 불고불리의 원칙에 법원의 현실적 심판의 대상은 어디까지나 공소장에 기재된 공소사실이고, 그 공소사실과 동일성이 인정되는 사실은 공소장변경이 있을 때에 비로소 심판의 대상이 된다는 의미에서 잠재적 심판의 대상에 불과하며, 공소장변경에 의하여 잠재적 심판의 대상이 현실적 심판의 대상이 된다.

Ⅱ. 공소장변경

1. 공소장변경의 의의

가. 공소장변경의 개념

검사가 공소사실의 동일성을 해하지 않는 한도에서 법원의 허가를 얻어 공소장에 기재된 공소사실 또는 적용 법조를 추가·철회·변경하는 것을 공소장변경이라고 한다(제298조 제1항).

나. 구별개념

(1) 추가기소·공소취소와 구별

공소장변경은 공소사실의 동일성이 인정되어야 허용되는 제도인 점에서 공소사실의 추가는 추가기소와 구별되고, 철회는 공소취소와 다른 뜻을 가지게 된다.

(2) 공소장정정과의 구별

공소장변경은 법원의 심판의 대상에 변경을 가져온다는 점에서 공소장에 기재된 일시나 피고인의 성명 등에 명백한 오기가 있는 경우(대판 1984.9.25. 84도1610)에 이를 고치는 공소장정정과 구별된다.

다. 공소장변경제도의 가치

법원의 심판의 대상은 검사의 공소장에 기재된 공소사실이다. 따라서 공소사실과 동일성이 인정되는 사실이라 할지라도 공소장변경절차에 의하여 변경되지 않은 사실을 법원은 심판할 수 없다. 공소장변경제도는 공소제기의 효력과 판결의 기판력이 동일성이 인정되는 사건의 전부에 미친다는 점에 비추어, 공소장에 기재된 공소사실과 동일성이 인정되는 사건의 전부에 대상이 될 수 있는 길을 열어 적정한 형벌권의 발동을 가능하게 한다. 한편으로 법원은 동일성이 인정되는 사실일지라도 공소장변경이 있는 경우에만 이를 심판할 수 있도록 함으로써 피고인의 방어권을 보장하는 데 그 제도적 가치가 있다.

2. 공소장변경의 한계

공소장변경은 공소사실의 동일성을 해하지 않는 범위에서 허용된다(제298조 제1항). 이러한 의미에서 공소사실의 동일성은 공소제기의 효력과 기판력이 미치는 범위를 결정할 뿐만 아니라, 공소장변경의 한계를 결정하는 기능을 가진다.

가. 공소사실의 동일성의 의의

공소사실의 동일성이란 공소사실의 단일성과 협의의 동일성을 포함하는 개념을 말한다(다수설).

(1) 공소사실의 단일성

소송의 어느 한 시점에서 볼 때 사건이 1개인 것을 말한다.

(2) 공소사실의 동일성

소송절차의 비교되는 두 시점에서 사건을 비교하였을 때, 사건의 전·후가 동일한 경우를 말한다(동일성은 단일성을 전제로 하는 개념임).

나. 공소사실의 동일성의 기준

공소사실의 동일성은 소송의 발전에 따른 시간적 전·후의 동일성을 말한다. 그러나 어느 정도 동일하면 이를 인정할 수 있는가에 대하여는 견해가 대립되고 있다.

(1) 기본적 사실동일설(다수설·판례)

공소사실을 그 기초가 되는 사회적 사실로 환원하여 그러한 사실 사이에 다소의 차이가 있더라도, 기본적인 점에서 동일하면 동일성을 인정해야 한다는 견해이다. 대법원도 일관하여 공소사실의 동일성은 그 사실의 기초가 되는 사회적 사실관계가 기본적인 점에서 동일한 것인가에 따라서 판단해야 한다고 하여 이 견해를 따르고 있다(대판 1990.5.8. 89도1450 외 다수). 단, 피고인의 행위와 그 사회적인 사실관계를 기본으로 하면서 규범적 요소 또한 아울러 고려하여 판단하여야 한다(대판 2005.1.13. 2004도6390).

(2) 죄질동일설

죄질의 동일성이 인정되어야 공소사실의 동일성을 인정할 수 있다는 견해이다.

(3) 구성요건공통설

죄질동일설의 결함을 시정하여 구성요건에도 상당한 정도에 부합하는 때에는 공소사실의 동일성이 인정된다는 견해이다.

(4) 소인(訴因)공통설

소인(訴因)의 기본적 부분을 공통으로 할 때에 공소사실의 동일성이 인정된다는 견해이다.

3. 공소장변경의 필요성

가. 공소장변경의 요부

공소장에 기재된 공소사실과 동일성이 인정되는 사실은 공소장변경에 의하여 비로소 심판의 대상이 된다고 하여, 공소사실이나 적용법조에 조금이라도 변경이 생기면 언제나 공소장변경을 해야 하는 것이 아니다. 여기서 법원이 어떤 범위에서 공소장변경 없이 공소장에 기재된 공소사실과 다른 사실을 인정할 수 있는가가 바로 공소장변경의 필요성 또는 요부의 문제이다.

나. 견해의 대립

공소장변경의 필요성을 결정하는 기준에 대하여는 동일법조설과 법률구성설 및 사실기재설이 대립되고 있다. 이 중 통설·판례인 사실기재설은 공소사실을 구성요건에 해당하는 구체적 사실의 주장이라고 파악하여 그 사실적 측면을 강조함으로써, 공소장에 기재되어 있는 사실과 실질적으로 다른 사실을 인정할 때에는 공소장변경을 필요로 한다는 견해이다. 사실기재설이라 하여 조금이라도 사실의 변경이 있으면 언제나 공소장변경을 요한다는 것이 아니라, 사실 사이에 실질적 차이가 있을 때에만 공소장변경을 필요로 한다고 본다. 사실 사이에 실질적 차이가 있느냐의 여부는 결국 심판의 대상으로서의 기본적 성격, 즉 형식적으로는 사실의 변화가 사회적·법률적으로 의미를 달리하고, 실질적으로 피고인의 방어권행사에 불이익을 초래하느냐를 기준으로 판단해야 한다는 것이다.

다. 필요성판단의 기준

사실기재설에 의하여 공소장변경의 필요성을 판단하는 경우에도 피고인의 방어권행사에 불이익을 초래한다는 추상적 기준을 구체화할 필요가 있다. 공소장에 기재된 공소사실과 법원에서 인정할 사실이 같은 구성요건에 속하는 경우와 다른 경우를 나누어, 공소장변경의 필요성의 유무를 살펴보기로 한다.

(1) 구성요건이 같은 경우

소장에 기재된 공소사실과 인정되는 범죄사실이 같은 구성요건에 속하는 경우에는 공소사실을, 심판의 대상을 특정하기 위하여 필요불가결한 사실과 기타의 사실로 나누어 필요불가결한 경우에는 공소장변경을 요하지만, 기타의 사실의 경우는 요하지 않는다고 할 수 있다. 그러나 이 경우에도 그것이 피고인의 방어에 중요한 의의를 가지는가를 함께 고려해야 한다.

(가) 범죄의 일시·장소의 변경

① 원 칙

범죄의 일시와 장소의 변경은 원칙적으로 공소장변경을 요한다. 범죄의 일시·장소는 공소사실의 특정을 위한 불가결한 요소이며, 피고인의 방어권행사에 직접 영향을 미치는 것이기 때문이다.

② 예 외

범죄의 일시의 기재가 명백한 오기(誤記)인 때에는 공소장변경을 요하지 않는다.

(나) 범죄의 수단과 방법의 변경

범죄의 수단 또는 방법이 변경된 경우에도 원칙적으로 공소장변경을 요한다. 범죄의 수단도 공소사실을 특정하기 위한 요소이기 때문이다. 따라서 살인죄에 있어서 살해방법이나 강도죄에 있어서 폭행·협박의 수단을 변경한 때에는 공소장변경이 있어야 한다.

(다) 범죄의 객체의 변경

① 원 칙

범죄의 객체도 범죄의 일시·장소 또는 수단에 준하여 원칙적으로 공소장변경을 요한다. 그것은 피고인의 방어권행사에 영향을 미치는 사실이기 때문이다.

② 예 외

객체가 달라진 경우에도 피고인이 시인하여 방어권에 불이익을 주지 않을 때에는 공소장변경을 요하지 않는다. 범죄의 객체 가운데 일부만을 인정하는 때에도 같다.

(2) 구성요건이 다른 경우

공소사실과 법원이 인정할 범죄사실 사이에 구성요건을 달리하는 때에는 사실도 변경되며, 또 그 사실의 변경은 피고인의 방어에 영향을 미친다고 할 것이므로 원칙적으로 공소장변경이 필요하다.

(가) 공소장변경을 요하지 않는 경우

① 축소사실의 인정

구성요건을 달리하는 사실이 공소사실에 포함되어 있는 경우에는 "大는 小를 포함하다."는 이론에 의하여 공소장변경을 요하지 않는다.[1]

---

1) ㉮ 강간치상죄 → 강간죄(대판 1980.7.8. 80도1227).

(나) 법률평가만을 달리하는 경우

① 공소장변경이 필요 없는 경우

사실의 변화 없이 법적 평가만을 달리하는 경우에는 원칙적으로 공소장변경을 요하지 않는다. 대법원은 피고인의 방어에 실질적 불이익을 초래하지 아니한 경우에도 공소장변경을 요하지 않는다고 판시하고 있다.

② 공소장변경이 필요한 경우

공소장에 기재된 공소사실보다 법정형이 무거운 사실을 인정하는 경우에는 공소장변경을 요한다고 해야 한다. 그것이 피고인의 방어에 실질적인 불이익을 줄 수 있기 때문이다.

4. 공소장변경의 절차

가. 검사의 신청에 의한 공소장변경

(1) 공소장변경신청

공소장변경은 검사의 신청에 의한다(제298조 제1항). 검사는 공소사실 등을 예비적·택일적으로 변경할 수 있다. 이때에는 법원의 판단순서도 검사의 기소순위에 제한된다. 검사의 공소장변경신청은 서면에 의하여야 한다. 즉 검사는 공소장변경허가신청서를 법원에 제출하여야 한다. 공소장변경을 허가한 때에는

㉯ 강간치사죄 → 강간미수죄(대판 1969.2.18. 68도106).
㉰ 강제추행치상죄 → 강제추행죄(대판 1999.4.15. 96도1922 〈전·합〉).
㉱ 특수강도강간미수죄 → 특수강도죄(대판 1996.6.28. 96도1232).
㉲ 강도 강간죄 → 강간죄(대판 1987.5.12. 87도792).
㉳ 수뢰 후 부정처사죄 → 뇌물수수죄(대판 1999.11.9. 99도2530).
㉴ 항소심에서의 강제추행치상죄 → 강제추행죄(대판 1999.4.15. 96도1922 전원합의체).
㉵ 재물편취의 사기죄 → 이익편취의 사기죄(대판 2004.4.9. 2003도7828).
㉶ 허위사실적시 명예훼손죄 → 사실적시 명예훼손죄(대판 2003.9.5. 2002도7055).
㉷ 특수절도죄 → 절도죄(대판 1973.7.24. 73도1256).
㉸ 강도상해죄 → 절도죄와 상해죄(대판 1965.10.26. 65도599).
㉹ 강도상해 → 주거침입 및 상해죄(대판 1996.5.10. 96도755)
㉺ 중실화죄 → 실화죄(대판 1980.10.14. 79도305)
㉻ 기수 → 미수

재판장은 공판기일에 검사로 하여금 공소장변경허가신청서에 의하여 공소장변경의 요지를 진술하게 할 수 있다(규칙 제142조 제4항). 다만, 피고인이 재정하는 공판정에서는 피고인에게 이익이 되거나 피고인이 동의하는 경우 구술에 의한 공소장변경을 허가할 수 있다(규칙 제142조 제5항).

(2) 공소장변경허가

검사의 공소장변경신청이 공소사실의 동일성을 해하지 않는 때에는 법원은 이를 허가하여야 한다.

- 법원의 허가는 의무적이다.[2] 다만, 검사의 공소장변경허가신청이 현저히 시기에 늦거나 부적법한 공소사실로 변경하는 때에는 그 예외를 인정해야 할 것이다. 공소사실의 동일성이 인정되지 않는 등의 사유로 공소장변경허가결정에 위법사유가 있는 경우에는 공소장변경허가를 한 법원이 스스로 이를 취소할 수 있다. 공소장변경이 피고인의 방어에 불이익을 증가할 염려가 있다고 인정될 때에는 법원은 결정으로 필요한 기간 공판절차를 정지할 수 있다(제298조 제4항).

나. 법원의 공소장변경의 요구

(1) 공소장변경요구의 의의

- 법원은 심리의 경과에 비추어 상당하다고 인정할 때에는 공소사실 또는 적용법조의 추가 또는 변경을 요구하여야 한다(제298조 제2항). 이와 같이 법원이 검사에 대하여 공소사실 또는 적용법조의 추가 또는 변경을 요구하는 것을 '공소장변경요구'라고 한다. 검사가 공소장을 변경하지 않기 때문에 명백히 죄를 범한 자를 무죄로 하는 일이 없도록 함으로써 적정한 형사사법을 실현하기 위한 제도이다. 공소장변경요구는 법원이 행하는 소송지휘에 관한 결정의 성질을 가지므로, 공소장변경요구는 공판정에서 구두에 의하여 고지하는 것이 통례이다. 공소장변경요구에 있어서는 법원에 공소장변경요구의 의무가 있는가와 법원의 공소장변경요구에 형성력이 인정되는가가 문제된다.

---

2) 대판 1975.10.23. 75도2712.

(2) 공소장변경요구의 의무성

공소장변경요구가 법원의 의무라고 할 수 있는가에 관하여는 의무설과 재량설 및 예외적 의무설이 대립되고 있으나, 대법원은 재량설의 입장이다. 공소장변경요구는 법원의 권리일 뿐이며 법원에서 요구해야 할 의무가 있는 것은 아니라는 견해를 말한다.

(3) 공소장변경요구의 형성력

- 법원의 공소장변경요구가 있는 경우에 공소장변경요구의 형성력에 의하여 공소장이 자동적으로 변경되는가의 문제에서 공소사실의 설정과 변경은 검사의 권한에 속하며 공소장변경의 효과를 의제하는 규정이 없다는 점 등에서 부정설이 타당하다.

다. 심급에 따른 공소장변경허용 여부

항소심에서 공소장변경이 허용되느냐는 항소심의 구조와 관련된다. 항소심에서도 당연히 공소장변경이 허용된다고 해석하는 것이 다수설·판례 입장이다. 상고심은 법률심이고, 사후심이므로 공소장변경이 허용되지 아니한다.

제3절 공판준비절차

Ⅰ. 공판준비절차의 의의

공판준비절차란 공판기일에서의 심리를 준비하기 위하여 수소법원에 의하여 행하여지는 절차를 말한다. 제1회 공판기일 전인가 또는 제2회 이후의 공판기일 전인가를 묻지 않는다. 수소법원과 관계없이 행하여지는 증거보전이나 각종의 영장의 발부는 공판준비에 포함되지 않는다. 공판절차의 중점은 공판기일의 심리에 있다. 공판준비절차는 바로 공판기일의 심리를 신속하고 능률적으로 하기 위한 준비절차이다. 이러한 의미에서 공판준비절차는 공판중심주의와 모순이 되는 것이 아니라 이를 실현하기 위한 수단이라고 할 수 있다.

1. 공판준비절차의 개요

공판준비절차는 공판기일의 심리준비를 위하여 법원이 행하는 일련의 절차를 말한다. 공소가 제기된 사건은 피고인이 자백하는 사건과 쟁점이 복잡하고 다투는 사건 등 다양한데, 당해사건의 특성에 따라 기일을 지정하고 절차를 진행할 필요가 있고, 이를 위해서는 사전에 준비절차를 거칠 필요가 있다. 따라서 효율적이고 집중적인 심리를 도모하기 위하여 사건을 공판준비절차에 부칠 수 있도록 하였다(제266조의5). 공판준비절차는 임의적 절차인 반면, 「국민의 형사재판참여에 관한 법률」에 따른 참여재판에서는 사건을 반드시 공판준비절차에 부쳐야 하는 필수적 절차로 규정하고 있다. 법원은 공판준비절차에서 검사나 피고인, 변호인의 주장 및 입증계획 등을 서면으로 준비하게 할 수 있고, 쟁점의 정리와 검사나 피고인, 변호인의 주장 및 입증계획의 협의 등을 위해 공판준비기일을 열 수 있다(제266조의5 제2항). 이러한 공판준비절차가 제대로 이행되어야만 집중심리와 효율적인 재판진행을 도모할 수 있으므로, 그 실효성 확보를 위해 검사, 피고인 또는 변호인은 증거를 미리 수집·정리하는 등 공판준비절차가 원활하게 진행될 수 있도록 협력하여야 할 의무를 규정하였다(제266조의5 제3항).

2. 공판준비를 위한 서면의 제출

검사나 피고인 또는 변호인은 공판준비절차에서 법률상·사실상 주장의 요지 및 입증취지 등이 기재된 서면을 법원에 제출할 수 있고(제266조의6 제1항), 재판장은 이러한 서면의 제출을 명할 수 있다(제266조의6 제2항). 쌍방이 법원에 제출한 서면의 부본은 상대방에게 송달하여야 한다(제266조의6 제3항). 기소된 사건의 쟁점을 파악하고 향후 쌍방의 입증계획 등을 미리 받아 심리의 집중을 도모하기 위해서 재판장은 공소장 등 법원에 제출된 서면의 내용에 대한 설명을 요구하거나 공판준비에 관한 필요한 명령을 할 수 있다(제266조의6 제4항).

3. 공판준비기일

가. 공판준비기일

법원은 사건의 쟁점을 파악하고 효율적이고 집중심리를 위하여 공판준비기일을 열 수 있으나, 효율적인 공판준비기일의 운영을 위해서는 당사자의 협력이 필수적으로 요청된다.

법원이 공판준비기일을 지정할 때에 검사·피고인 또는 변호인의 의견을 듣도록 하고, 검사·피고인 또는 변호인은 법원에 대하여 공판준비기일의 지정을 신청할 수 있다(제266조의7 제1항, 제2항). 한편, 공판준비기일은 공개하되, 만일 이를 공개하면 절차의 진행이 방해될 우려가 있는 때에는 공개하지 아니할 수 있다(제266조의7 제4항).

나. 공판준비 기일에서의 출석

공판준비기일은 검사와 변호인이 출석하여야 진행할 수 있도록 하되, 피고인의 출석은 필수적인 요건은 아니다(제266조의8 제1항, 제5항). 다만 법원은 필요하다고 인정하는 때에는 피고인을 소환할 수 있으며, 피고인은 법원의 소환이 없는 때에도 공판준비기일에 출석할 수 있도록 하였다(제266조의8 제5항).

4. 공판준비에 관한 사항

가. 공소장의 보완과 변경

법원은 검사에 대하여 공소사실 또는 적용법조를 명확하게 하고(제1호), 공소사실 또는 적용법조의 추가·철회 또는 변경을 허가할 수 있다(제2호).

나. 쟁점의 정리

법원은 피고인 또는 변호인에 대하여 공소사실과 관련하여 주장할 내용을 명확히 하여 사건의 쟁점을 정리할 수 있고(제3호), 법원은 검사에 대하여도 서면으로 쟁점 정리를 하도록 명할 수 있다(제266조의6 제2항). 그 밖에 공소사실에 포함된 수치의 계산 내용이나 복잡한 내용에 관하여 설명하도록 할 수 있다(제4호).

다. 증거의 신청 및 채부

법원은 공판준비절차에서 검사, 피고인 또는 변호인으로 하여금 증거신청을 하도록 하거나(제5호), 신청된 증거와 관련하여 입증 취지 및 내용 등을 명확하게 하고(제6호), 일방의 증거신청에 관하여 상대방의 의견을 확인한 다음(제7호) 및 증거조사의 순서와 방법을 정할 수 있다(제9호).

5. 공판준비절차의 종결 사유

쟁점 및 증거의 정리가 완료된 때(제1호)에는 공판준비절차를 종결하여야 한다. 또한 사건을 공판준비절차에 부친 뒤 3개월이 지난 때(제2호), 검사·변호인 또는 소환 받은 피고인이 출석하지 아니한 때(제3호)에도 원칙적으로 공판준비절차를 종결하여야 한다. 하지만 공판의 준비를 계속하여야 할 상당한 이유가 있는 때에는 공판준비절차를 계속할 수 있도록 한다(제266조의12 단서).

6. 공판준비기일 종결의 효과

공판준비기일에서 신청하지 못한 증거는 그 신청으로 인하여 소송을 현저히 지연시키지 아니하는 때, 또는 중대한 과실 없이 공판준비기일에 제출하지 못하는 등 부득이한 사유를 소명한 때의 어느 하나에 해당하는 경우에 한하여 공판기일에 신청할 수 있다. 다만 법원은 실체적 진실발견을 위하여 이에 구애받지 않은 채 직권으로 증거조사를 할 수 있다(제266조의13). 법원은 필요하다고 인정한 때에는 직권 또는 검사, 피고인이나 변호인의 신청에 의하여 결정으로 종결한 공판준비기일을 재개할 수 있다(제266조의14, 제305조). 한편 법원은 제1회 공판기일 이후에도 쟁점 및 증거의 정리를 위하여 필요한 경우에는 사건을 공판준비절차에 부칠 수 있다(제266조의15).

Ⅱ. 공판기일 전의 절차

공판기일 전의 절차에는 공소장부본의 송달(제296조), 공판기일의 지정·변경(제267조, 제270조)과 같이 사건의 실체심리와 관계없는 절차적인 것과 공판기일

전의 증거조사(제272조, 제273조)와 같은 실체심리와 밀접한 관계가 있는 것이 포함된다.

1. 공소장부본의 송달 및 의견서제출 제도

가. 공소장부본의 송달

법원은 공소의 제기가 있는 때에는 지체 없이 공소장의 부본을 피고인 또는 변호인에게 송달하여야 한다. 단, 제1회 공판기일 전 5일까지 송달하여야 한다(제266조). 피고인에 대한 충분한 방어기회를 보장하기 위한 것이다.

나. 의견서 제출

공소사실에 대한 피고인의 입장을 조기에 확인함으로써 심리계획의 수립을 용이하게 하고, 피고인으로서도 공소장에 대응하는 의사표시를 할 기회로 활용함으로써 방어에 도움이 되도록 하기 위하여 의견서제출제도를 인정한다(제266조의2). 즉, 피고인 또는 변호인은 공소장 부본을 송달받은 날로부터 7일 이내에 공소사실에 대한 인정여부 등을 기재한 의견서를 법원에 제출하도록 하였고, 다만 피고인이 진술을 거부하는 경우에는 그 취지를 기재한 의견서를 제출할 수 있다고 규정하였다(제266조의2 제1항).

2. 공판기일의 지정과 변경

가. 공판기일의 지정·변경

재판장은 공판기일을 정하여야 한다(제267조 제1항). 이는 재판장의 명령이다. 재판장은 직권 또는 검사·피고인이나 변호인의 신청에 의하여 공판기일을 변경할 수 있다(제270조 제1항). 공판기일변경신청에는 공판기일의 변경을 필요로 하는 사유와 그 사유가 계속되리라고 예상되는 기간을 명시하여야 하며, 진단서 기타의 자료로써 이를 소명하여야 한다(규칙 제125조).

나. 공판기일의 통지와 소환

공판기일은 검사·변호인과 보조인에게 통지하여야 한다(제267조 제3항). 공판기일에는 피고인·대표자 또는 대리인을 소환하여야 한다(제267조 제2항). 다만, 법원의 구내에 있는 피고인에 대하여 공판기일을 통지한 때에는 소환장송달의 효력이 있다(제268조).

3. 공판기일 전의 증거조사

가. 증거조사의 범위

(1) 공무소 등에의 조회

법원 또는 소송관계인은 공판기일 전에 증거를 수집·정리하여 공판기일에 신속한 심리가 이루어지도록 할 필요가 있다. 따라서 법원은 직권 또는 검사·피고인이나 변호인의 신청에 의하여 공무소 또는 공사단체에 조회하여 필요한 사항의 보고 또는 그 보관서류의 송부를 요구할 수 있다(제272조).

(2) 증거조사 및 증거제출

법원은 검사·피고인 또는 변호인의 신청에 의하여 공판준비에 필요하다고 인정한 때에는 판기일 전에 피고인 또는 증인을 신문할 수 있고, 검증·감정 또는 번역을 명할 수 있다(제237조 제1항). 즉 증거조사는 당사자의 신청이 있는 때에만 할 수 있다. 검사·피고인 또는 변호인은 공판기일 전에 서류나 물건을 증거로 법원에 제출할 수 있다(제274조).

나. 공소장일본주의와의 관계

공판기일 전의 증거조사는 제1회 공판기일 이전에 법원의 예단을 금지하는 공소장일본주의의 정신에 반할 우려가 있다. 따라서 공판기일 전의 증거조사가 가능한 공판기일이란 제1회 공판기일 이후의 공판기일을 의미한다고 본다.

제4절 증거개시제도(검사·피고인의 열람등사권)

Ⅰ. 의 의

피고인의 방어권을 충실히 보장하고 신속한 재판을 가능하도록 하기 위하여 피고인 또는 변호인이 공소제기된 사건과 관련된 서류나 물건을 열람·등사할 수 있다.

Ⅱ. 증거개시의 대상

1. 검사의 증거개시 범위(공소제기 후 검사가 보관하고 있는 서류 등의 열람·등사)

검사가 신청할 예정인 증거 이외에 피고인에게 유리한 증거까지를 포함한 전면적 개시를 원칙으로 한다.

가. 피고인 또는 변호인은 검사에게 공소제기된 사건에 관한 서류 또는 물건(이하 "서류 등"이라 한다)의 목록과 공소사실의 인정 또는 양형에 영향을 미칠 수 있는 아래 ①에서 ④에 해당하는 서류 등의 열람·등사 또는 서면의 교부를 신청할 수 있다.

① 검사가 증거로 신청할 서류 등

② 검사가 증인으로 신청할 사람의 성명·사건과의 관계 등을 기재한 서면 또는 그 사람이 공판 기일 전에 행한 진술을 기재한 서류 등

③ 위 ①, ② 서류 등의 증명력에 관련된 서류 등

④ 피고인 또는 변호인이 행한 법률상·사실상 주장과 관련된 서류 등(관련 형사재판확정기록, 불기소처분기록 등을 포함한다)

나. 피고인에게 변호인이 있는 경우에는 피고인은 열람만을 신청할 수 있다. 이는 피고인에게 변호인이 있으면 변호인이 기록을 열람·등사할 수 있는데, 굳이 피고인에게까지 등사를 허용할 필요가 없기 때문이다. 증거개시 대상인 서류 등에는 도면·사진·녹음테이프·비디오테이프·컴퓨터용 디스크 그 밖에 정보를 담기 위하여 만들어진 물건으로서 문서가 아닌 특수매체를 포함한다.

2. 피고인의 증거개시대상(피고인 또는 변호인이 보관하고 있는 서류 등의 열람·등사)

검사와 피고인측의 상호 균형을 갖추도록 검사의 증거개시범위에 맞추어 피

고인측 증거범위를 규정하였다. 즉, 검사는 피고인 또는 변호인이 공판기일 또는 공판준비절차에 현장부재·심신상실 또는 심신미약 등 법률상·사실상의 주장을 한 때에는 피고인 또는 변호인에게 서류 등의 열람·등사 또는 서면의 교부를 요구할 수 있다.

Ⅲ. 증거개시의 제한

1. 검사의 제한

검사는 국가안보, 증인보호의 필요성, 증거인멸의 염려, 관련사건의 수사에 장애를 가져올 것으로 예상되는 구체적인 사유 등 열람·등사 또는 서면의 교부를 허용하지 아니할 상당한 이유가 있다고 인정하는 때에는 열람·등사 또는 서면의 교부를 거부하거나 그 범위를 제한할 수 있다. 그러나 검사는 서류 등의 목록에 대하여는 열람·등사를 거부할 수 없도록 함으로써 증거개시제도가 실효성을 확보할 수 있도록 하였다.

2. 피고인의 제한

검사가 증거개시 의무를 이행하지 아니한 경우에는 피고인측도 증거개시를 거부할 수 있다. 피고인 또는 변호인이 검사의 열람·등사요구를 거부한 때에는 검사는 법원에 그 서류 등의 열람·등사 또는 서면의 교부를 허용할 것을 신청할 수 있다.

Ⅳ. 법원의 열람·등사에 관한 결정

1. 열람·등사신청

가. 피고인 또는 변호인의 신청

피고인 또는 변호인은 검사가 서류 등의 열람·등사 또는 서면의 교부를 거부하거나 그 범위를 제한한 때에는 법원에 그 서류 등의 열람·등사 또는 서면의 교부를 허용하도록 할 것을 신청할 수 있다.

나. 검사의 신청

검사도 피고인 또는 변호인의 증거서류에 대한 개시를 신청하였으나 피고인이 또는 변호인이 이를 거부한 때에는 법원에 그 서류 등의 열람·등사 또는 서면의 교부를 신청할 수 있다.

2. 법원의 결정

(1) 법원은 피고인 또는 변호인의 서류 등에 대한 열람·등사 또는 서면의 교부 신청이 있는 때에는 열람·등사 또는 서면의 교부를 허용하는 경우에 생길 폐해의 유형·정도, 피고인의 방어 또는 재판의 신속한 진행을 위한 필요성 및 해당 서류 등의 중요성 등을 고려하여 검사에게 열람·등사 또는 서면의 교부를 허용할 것을 명할 수 있고, 이 경우 열람 또는 등사의 시기·방법을 지정하거나 조건·의무를 부과할 수 있다. 법원은 이 결정을 하기 전에 검사에게 의견을 제시할 수 있는 기회를 부여하여야 한다. 법원은 필요하다고 인정하는 때에는 검사에게 해당 서류 등의 제시를 요구할 수 있고, 피고인 그 밖의 이해관계인을 심문할 수 있다.

(2) 법원의 증거개시결정의 실효성을 담보하기 위하여 검사가 열람·등사 또는 서면의 교부에 관한 법원의 결정을 지체 없이 이행하지 아니하는 때에는 해당 증인 및 서류 등에 대한 증거신청을 할 수 없다고 규정하였다.

V. 열람·등사된 서류의 남용 금지

개시된 증거의 남용을 막기 위해 피고인 또는 변호인(피고인 또는 변호인이었던 자를 포함)은 검사가 열람 또는 등사하도록 한 서류 등의 사본을 당해 사건 또는 관련소송의 준비에 사용할 목적이 아닌 다른 목적으로 다른 사람에게 교부 또는 제시하여서는 아니된다.

제5절 공판정의 심리

Ⅰ. 공판정의 구성

1. 판사·검사 및 변호인의 출석

가. 검사의 출석

검사의 출석은 공판개정의 요건이다. 따라서 검사의 출석이 없을 때에는 개정하지 못하며, 검사의 출석 없이 개정한 때에는 소송절차에 관한 법령에 위반한 경우에 해당한다. 다만, 검사가 공판기일의 통지를 2회 이상 받고도 출석하지 아니하거나 판결만을 선고하는 때에는 검사의 출석 없이 개정할 수 있다. 여기의 2회 이상이란 검사가 2회에 걸쳐 출석하지 아니한 때에는 그 기일에 바로 개정할 수 있다는 의미[3]이다.

나. 변호인의 출석

변호인은 당사자가 아니므로 변호인의 출석은 공판개정의 요건이 아니다. 따라서 변호인이 공판기일의 통지를 받고도 출석하지 아니한 때에는 변호인의 출석 없이 개정할 수 있다. 다만, 필요적 변호사건과 국선변호사건에 관하여는 변호인 없이 개정하지 못한다. 다만, 판결만을 선고하는 경우에는 예외로 한다. 또한 필요적 변호사건에 있어서 변호인이 임의로 퇴정하거나 피고인과 합세하여 법정질서를 문란케 하여 재판장의 퇴정명령을 받은 경우와 같이 변호인의 재정의무위반이 피고인측의 방어권의 남용 또는 변호권의 포기로 보여지는 때에는 개정할 수 있다.

2. 피고인의 출석

가. 원 칙

피고인이 공판기일에 출석하지 아니한 때에는 특별한 규정이 없으면 개정하

---

3) 대판 1967.2.21. 66도1710.

지 못한다. 즉 피고인은 출석권을 가지고 있으므로 피고인의 출석은 공판개정의 요건이다. 공판정에서는 피고인의 신체를 구속하지 못한다. 다만, 재판장은 피고인이 폭력을 행사하거나 도망할 염려가 있다고 인정한 때에는 피고인의 신체구속을 명하거나 기타 필요한 조치를 할 수 있다. 피고인의 공판정출석은 피고인의 권리인 동시에 의무가 되기도 한다. 피고인에게는 출석의 의무가 있을 뿐만 아니라 재정(在廷)의 의무까지 있다. 출석한 피고인은 재판장의 허가 없이 퇴정하지 못한다.

나. 예 외

예외적으로 피고인의 출석 없이 심판할 수 있는 경우가 있다. 피고인의 출석을 요하지 않는 경우는 다음과 같다.

(1) 소송무능력자의 소송행위의 대리·대표

㈎ 피고인이 의사무능력자인 경우

형법의 책임능력에 관한 규정이 적용되지 않는 범죄사건의 피고인이 의사무능력자인 경우에 법정대리인 또는 특별대리인이 출석한 때에는 피고인의 출석을 요하지 않는다. 다만, 이때에는 법정대리인 또는 특별대리인의 출석이 공판개정의 요건이 된다.

㈏ 피고인이 법인인 경우

피고인이 법인인 때에는 법인이 소송행위를 할 수 없으므로 대표자가 출석하면 족하다. 이 경우에 대표자가 반드시 출석할 것을 요하지 않고, 대리인을 출석하게 할 수 있다.

(2) 경미한 사건

㈎ 벌금 또는 과료에 해당하는 사건

① 다액 500만 원 이하의 벌금 또는 과료에 해당하는 사건에 관하여는 피고인의 출석을 요하지 않는다.

② 피고인의 출석을 요하지 않을 뿐이지 출석의 권리까지 상실하는 것은 아니므로, 이 경우 피고인을 소환하여야 하며 피고인은 대리인을 출석하게

할 수 있다.

(나) 즉결심판사건

즉결심판에 의하여 피고인에게 벌금 또는 과료를 선고하는 경우에도 피고인의 출석을 요하지 않는다(즉결심판에관한절차법 제8조의2).

(다) 장기 3년 이하의 징역 또는 금고, 다액 500만원 초과하는 벌금 또는 구류에 해당하는 사건 중에서 피고인의 불출석허가신청이 있고 법원이 피고인의 불출석이 그의 권리를 보호함에 지장이 없다고 인정하여 이를 허가한 사건은 피고인 출석 없이 재판할 수 있다. 단, 피고인은 대리인을 출석하게 할 수 있으나, 판결선고시는 직접 출석하여야 한다.

(3) 피고인에게 유리한 재판을 하는 경우

의사무능력자인 피고인에 대하여 무죄 등을 선고할 경우 또한, 피고사건에 대하여 무죄·면소·형의 면제 또는 공소기각의 재판을 할 것이 명백한 때에는 피고인의 출정 없이 재판할 수 있다. 피고인에게 유리한 재판을 할 경우이기 때문이다.

(4) 피고인이 퇴정하거나 퇴정명령을 받은 경우

피고인이 재판장의 허가 없이 퇴정하거나, 재판장의 질서유지를 위한 퇴정명령을 받은 때에는 피고인의 진술 없이 판결할 수 있다. 피고인의 책임 있는 사유로 당사자로서의 출석권을 포기 또는 상실한 것이기 때문이다. 재판장은 증인 또는 감정인이 피고인 또는 어떤 재정인(在廷人)의 면전에서 충분한 진술을 할 수 없다고 인정한 때에는 그를 일시 퇴정하게 하고 진술하게 할 수 있다. 피고인이 다른 피고인의 면전에서 충분한 진술을 할 수 없다고 인정한 때에도 같다.

(5) 피고인이 불출석하는 경우

(가) 구속피고인의 출석거부

피고인이 출석하지 아니하면 개정하지 못하는 경우에 구속된 피고인이 정당한 사유 없이 출석을 거부하고, 교도관에 의한 인치가 불가능하거나 현저히 곤란하다고 인정되는 때에는 피고인의 출석 없이 공판절차를 진행할 수 있다. 이 경우 출석한 검사 및 변호인의 의견을 들어야 한다.

㈏ 피고인의 소재불명

소송촉진등에관한특례법[4]에 피고인의 소재불명인 경우 피고인 진술 없이 재판할 수 있다. 단, 사형, 무기 또는 3년 이상의 징역이나 금고에 해당하는 사건의 경우에는 예외로 한다고 규정되어 있던 것이 헌재결정에 의해 장기 10년 이상으로 변경되었다.

㈐ 항소심에서의 특칙

항소심에서 피고인이 공판기일에 출정하지 아니한 때에는 다시 기일을 정하여야 하며, 피고인이 다시 정한 기일에 출석하지 아니한 때에는 피고인의 진술 없이 판결할 수 있다. 이 경우에도 판결뿐만 아니라 심리도 할 수 있다.

(6) 정식재판청구의 경우

약식명령에 대하여 피고인만 정식재판의 청구를 하여 판결을 선고하는 사건에서는 피고인의 출석 없이도 판결을 선고할 수 있다. 피고인만 약식명령에 대하여 정식재판을 청구하였는데 법원이 심리 후 판결선고기일을 따로 잡을 경우에 피고인의 출석 부담을 경감하기 위해 판결선고기일에는 피고인의 출석 없이도 개정하여 판결을 선고할 수 있다.

(7) 피고인의 출석이 부적당한 경우

㈎ 상 고 심

상고심의 공판기일에는 피고인의 소환을 요하지 않는다. 상고심은 법률심이므로 변호인이 아니면 변론할 수 없기 때문이다.

---

4) 종전에 "피고인이 소재불명인 경우에도 피고인의 진술 없이 재판할 수 있다."고 규정하고 있었다. 헌법재판소는 이 규정이 피고인의 공정한 재판을 받을 권리를 침해하고 적정절차의 원칙에 반한다는 이유로 위헌결정을 하였으며(헌재 1998.7.16. 97헌바22), 대법원은 이에 따라 특례법에 의해 피고인의 진술 없이 이루어진 재판에 대하여는 다시 적법한 절차에 따라 소송절차를 진행해야 한다고 판시하였다(대판 1998.10.15. 98도1759 전원합의체).

(나) 치료감호

법원은 피치료감호청구인이 심신장애로 공판기일에의 출석이 불가능한 경우에는 피치료감호청구인의 출석 없이 개정할 수 있다.

Ⅱ. 소송지휘권

1. 소송지휘권의 의의

가. 의 의

소송지휘권이란 소송 진행의 질서유지와 심리를 원활하게 하기 위한 법원의 합목적적 활동을 말한다. 형사소송법은 "공판기일의 소송지휘는 재판장이 한다."고 하여 재판장의 소송지휘권을 규정하고 있다. 그러나 소송지휘권은 법률에 의하여 재판장에게 부여된 권한이 아니라 사법권에 내재하는 본질적 권한이며, 법원의 고유한 권한이라고 할 수 있다.

나. 재판장의 소송지휘권

재판장의 소송지휘권은 공판기일에 있어서의 신속·적절한 소송지휘를 가능하게 하기 위하여 법원의 소송지휘권을 포괄적으로 재판장에게 맡긴 것에 불과하다. 따라서 소송지휘권은 법률의 규정이나 소송의 기본구조에 반하지 않는 한, 명문의 근거가 없는 경우에도 행사할 수 있는 사법권의 고유권이다.

다. 법정경찰권과의 구별

법정경찰권도 법원이 본질적으로 가지고 있는 소송의 운영관리권능이라는 점에서 소송지휘권에 속한다고 할 수 있다. 그러나 법정경찰권은 사법권에 부수하는 사법행정권의 작용으로서, 사건의 내용과 직접 관계가 없다는 점에서 소송의 심리에 실질적인 관련을 가지고 있는 협의의 소송지휘권과 구별된다.

2. 소송지휘권의 행사

가. 소송지휘권의 행사방법

(1) 재판장의 소송지휘권

재판장의 소송지휘권은 법률에 명문의 규정이 있는 때에는 이에 따라 행사하여야 하며, 이에 반한 소송지휘는 허용되지 않는다. 뿐만 아니라 소송지휘권의 행사는 법원(합의부)의 의사에 반하지 않는 범위에서 행사할 것을 요한다. 소송지휘권은 원래 법원의 권한이기 때문이다.

(2) 행사의 형식

법원의 소송지휘권은 결정의 형식을 취하며, 재판장의 소송지휘권은 명령의 형식에 의하는 것이 일반적이다. 그러나 재판장이 결정에 의하여 소송지휘권을 행사하는 것이 금지되는 것은 아니다.

나. 소송지휘권에 대한 불복

당사자 등 소송관계인은 재판장 또는 법원의 소송지휘권에 대하여 복종할 의무가 있다.

(1) 재판장의 소송지휘권

재판장의 소송지휘권에 대하여는 이의신청을 할 수 있다. 다만, 이의신청은 법령의 위반이 있는 경우에만 허용된다.

(2) 법원의 소송지휘권

법원의 소송지휘권의 행사에 대한 불복방법은 없다.

Ⅲ. 법정경찰권

1. 법정경찰권의 의의

법정의 기능을 확보하기 위하여는 법정의 질서가 유지되지 않으면 아니된다. 법정경찰권이란 법정의 질서를 유지하고 심판의 방해를 제지·배제하기 위하여 법원이 행하는 권력작용을 말한다. 법정경찰권도 원래 법원의 권한에 속하는 것이지만, 질서유지의 신속성과 기동성을 고려하여 재판장의 권한으로 하고 있다. 즉, 법정의 질서유지는 재판장이 행한다.

2. 법정경찰권의 내용

법정경찰권의 내용에는 예방작용과 방해배제작용 및 제재작용이 있다. 재판장은 질서유지를 위해 필요한 예방조치를 취할 수 있고 법정질서회복을 위해 방해행위를 배제할 수 있고 법원 및 재판장은 법정 내외에서 법정의 질서를 유지하기 위하여 법원이 발한 명령에 위배되는 행위를 하거나 또는 폭언·소란 등의 행위로 법원의 심리를 방해하거나 재판의 위신을 현저히 훼손한 자에 대하여 20일 이내의 감치 또는 100만 원 이하의 과태료에 처하거나 이를 병과할 수 있다.

제6절 공판기일의 절차

Ⅰ. 모두절차

1. 진술거부권의 고지

피고인은 진술하지 아니하거나 개개의 질문에 대해 진술을 거부할 수 있다. 따라서 재판장은 피고인에게 진술을 거부할 수 있음을 고지하여야 한다(제283조의2).

2. 인정신문

재판장은 피고인의 성명·연령·등록기준지·주거와 직업을 물어서 피고인임에 틀림없음을 확인하여야 한다(제284조). 이와 같이 공판기일에 실질적인 심리에 들어가기 전에 피고인으로 출석한 자가 공소장에 기재된 피고인과 동일인인가를 확인하는 절차를 인정신문이라고 한다. 재판장은 피고인에 대한 인정신문 이전에 피고인에게 진술거부권이 있음을 고지하여야 하므로, 피고인이 재판장의 인정신문에 대하여도 진술거부권을 행사할 수 있다.

3. 검사의 모두진술

검사는 공소장에 의하여 '공소사실, 죄명 및 적용법조'를 낭독하여야 한다(제285조). 다만, 사안에 따라 굳이 검사가 공소사실과 죄명 및 적용 법조를 공소장에 의하여 낭독할 필요가 없는 사건의 경우에는 재판장은 검사에게 '공소의 요지'를 진술하게 할 수 있다(제285조 단서).

4. 피고인의 모두진술

검사의 진술이 끝난 뒤 피고인이 진술거부권을 행사하지 않는 이상 피고인은 공소사실의 인정여부를 진술하여야 한다(제286조 제1항). 신속하게 사건의 쟁점과 피고인이 공소사실을 다투는지 여부를 확인함으로써 심리의 효율을 도모하기 위함이며 피고인 및 변호인은 이 모두절차에서 공소사실의 인정 여부뿐 아니라 자신에게 이익이 되는 사실 등을 진술할 수 있다(제286조 제1항). 피고인은 모두진술을 통하여 관할이전신청(제15조), 기피신청(제18조), 국선변호인의 선정청구(제33조 제5호), 공판기일변경신청(제270조) 등을 할 수 있다. 관할위반의 신청(제320조), 공소장부본송달에 대한 이의신청(제266조 단서), 제1회 공판기일의 유예기간에 대한 이의신청(제269조)은 늦어도 이 단계까지는 하여야 한다. 이의신청을 하지 않을 경우에는 피고인은 이러한 절차의 하자를 다툴 수 없게 된다.

Ⅱ. 사실심리절차

1. 재판장의 쟁점정리 및 검사·변호인의 증거관계에 대한 진술

가. 재판장의 쟁점정리

재판장이 증거조사 이전에 사건의 쟁점을 정리하여 이어지는 증거조사절차에서 효율적인 심리를 할 수 있도록 하기 위해서 재판장은 피고인의 모두진술이 끝난 다음 피고인 또는 변호인에게 쟁점정리를 위한 질문을 할 수 있다(제287조 제1항).

나. 검사·변호인의 증거관계에 대한 진술

재판장은 증거조사를 하기에 앞서 검사 및 변호인으로 하여금 공소사실 등의 증명과 관련된 주장 및 입증계획 등을 진술하게 할 수 있다. 다만, 증거조사에 들어가기 전에 법원이 증거능력이 없는 자료에 의하여 심증이 형성되는 것을 방지하기 위해서 증거로 할 수 없거나 증거로 신청할 의사가 없는 자료에 기초하여 법원으로 하여금 사건에 대한 예단 또는 편견을 발생하게 할 염려가 있는 사항은 진술할 수 없다(제287조 제2항).

2. 증거조사

가. 증거조사의 의의

(1) 의 의

증거조사란 법원이 피고사건의 사실인정과 형의 양정에 관한 심증을 얻기 위하여 인증·서증·물증 등 각종의 증거방법을 조사하여 그 내용을 감지하는 소송행위를 말한다. 증거조사는 피고사건에 대한 법원의 심증을 얻기 위하여 행하는 것이지만, 당사자에 대하여는 증거의 내용을 알게 하여 공격·방어의 기회를 주는 기능을 가진다.

(2) 시 기

증거조사는 재판장의 쟁점정리 및 검사·변호인의 증거관계 등에 대한 진술 후 피고인에 대한 신문 전에 하여야 한다(제290조).

(3) 장 소

증거조사는 공판기일에 공판정에서 법원이 직접 행하는 것이 원칙이나, 공판정 외에서의 증거조사도 허용된다.

(4) 주 체

증거조사의 주체는 법원이다. 비록 검사와 피고인이 증인을 신문하는 경우에도 그 주체는 법원이 된다. 증거조사는 주로 수소법원이 공판기일에서 행하는 증인신문·검증·감정·통역·번역 등을 말한다. 그러나 수소법원 이외의 수명법관이나 수탁판사가 행하는 증인신문·검증·감정, 공판절차 외에서 수임판사가 증거보전을 위해 행하는 증인신문·검증·감정 및 수사절차에서의 수임판사의 참고인에 대한 증인신문도 이에 해당한다.

나. 증거조사의 절차

증거조사에는 당사자의 신청에 의한 증거조사와 직권에 의한 증거조사가 있다. 당사자주의가 강화된 형사소송법에 있어서는 당사자의 신청에 의한 증거조사가 원칙이다.

(1) 당사자신청에 의한 증거조사

(가) 증거조사의 신청

검사·피고인 또는 변호인은 서류나 물건을 현실적으로 증거로 제출할 수 있다. 이 경우 입증취지를 명시하여야 한다. 증인·감정인·통역인 또는 번역인의 신문도 신청할 수 있다. 또한 법원은 검사, 피고인 또는 변호인이 고의로 증거를 뒤늦게 신청함으로써 공판의 완결을 지연하는 것으로 인정할 때에는 직권 또는 상대방의 신청에 따라 결정으로 이를 각하할 수 있다(제294조).

(나) 증거결정

법원은 증거신청에 대하여 결정을 하여야 한다(제295조). 또한 법원이 직권으로 증거조사의 절차를 개시하는 때에도 증거조사개시결정이 필요하다. 법원의 증거결정에는 신청된 증거를 조사하기로 하는 채택결정과 신청을 기각하는 기각결정 그리고 직권으로 증거조사를 하기로 하는 직권결정 등이 있다. 증거결정을 함에 있어서 필요하다고 인정할 때에는 그 증거에 대한 검사·피고인 또는 변호인의 의견을 들을 수 있다. 법원은 서류 또는 물건이 증거로 제출된 경우에 이에 관한 증거결정을 함에 있어서는 제출한 자로 하여금 그 서류 또는 물건을 상대방에게 제시하게 하여 상대방으로 하여금 그 서류 또는 물건의 증거능력 유무에 관한 의견을 진술하게 하여야 한다(규칙 제134조). 증거의 결정은 법원의 재량에 속한다고 보아야 한다.

(2) 직권에 의한 증거조사

법원은 직권으로 증거조사를 할 수 있다(제295조 후단). 그러나 실체진실주의와 공장한 재판이 형사소송의 최고의 이념임에 비추어 직권에 의한 증거조사는 법원의 권한임과 동시에 의무이므로, 법원이 직권에 의한 증거조사를 다하지 않은 때에는 심리미진의 위법이 있다고 해야 한다.[5)]

다. 증거조사의 방법

증거서류의 내용을 법정에 현출하는 주체를 원칙적으로 당해 증거내용을 잘 알고 있는 증거신청인으로 규정하고, 증거조사의 방법도 원칙적으로 증거신청인이 이를 낭독하는 방식으로 한다(제292조 제1항). 법원이 직권으로 증거서류를 조사하는 때에는 소지인 또는 재판장이 이를 낭독하여야 한다(제292조 제2항). 재판장은 필요하다고 인정하는 때에는 증거신청인으로 하여금 증거서류의 내용을 고지하게 하거나 직접 내용을 고지하는 방법을 조사할 수 있고(제292조 제3항) 법원사무관 등으로 하여금 낭독이나 고지를 하게 할 수 있다(제292조 제4항). 그러나 낭독이나 내용의 고지보다 열람이 더욱 효과적인 증거조사방법이 되는 경우 재판장은 증거서류를 제시하여 열람하게 하는 방법으로 증거서류를 조사할 수 있도록 하였다(제292조 제5항). 또한 검사, 피고인 또는 변호인의 신청에 따라 증거물을 조사하는 때에는 신청인이 이를 제시하여야 한다(제292조의2 제1항). 법원이 직권으로 증거물을 조사하는 때에는 소지인 또는 재판장이 이를 제시하여야 한다(제292조의2 제2항). 재판장은 법원사무관 등으로 하여금 위에 따른 제시를 하게 할 수 있다(제292조의2 제3항).

라. 증거조사에 대한 이의신청

검사·피고인 또는 변호인은 증거조사에 관하여 이의신청을 할 수 있다. 법원은 이의신청에 대하여 결정을 하여야 한다(제296조). '증거조사에 관하여'란 증거조사의 절차뿐만 아니라 증거조사단계에서 행하여지는 모든 처분을 포함한다. 이의신청은 법령의 위반이 있는 경우뿐만 아니라 상당하지 아니함을 이유

5) 대판 1974.1.15. 73도2522.

로 하는 경우에도 허용된다. 다만, 재판장의 증거결정에 대한 이의신청은 법령의 위반이 있음을 이유로 한 때에만 할 수 있다(규칙 제136조).

마. 증거조사결과와 피고인의 의견

재판장은 피고인에게 각 증거조사의 결과에 대한 의견을 묻고 권리를 보호함에 필요한 증거조사를 실청할 수 있음을 고지하여야 한다(제293조). 증거조사의 결과 법원이 피고인에게 불리한 심증을 형성할 수 있는 경우 피고인으로 하여금 심증형성을 움직일 수 있도록 변론의 기회를 주려는 것이다. 그러나 간이공판절차에서의 증거조사에는 그러하지 않다.

3. 피고인신문

가. 피고인신문의 의의

피고인신문이란 피고인에 대하여 공소사실과 그 정상에 관한 필요한 사항을 신문하는 절차이다. 피고인은 당사자의 지위뿐만 아니라 증거방법으로서의 지위를 가지고 있으나, 증거방법으로서의 지위로 인하여 피고인의 당사자적 지위가 침해되어서는 아니 된다. 여기서 형사소송법은 피고인신문제도를 인정하면서 피고인에게 각개의 신문에 대하여 진술거부권을 인정하고(제283조의2), 피고인신문을 증인신문의 방법에 의하여 행하도록 규정하고 있다.

나. 피고인신문의 순서

피고인신문의 순서는 증인신문과 마찬가지로 검사, 변호인이 신문하고 재판장은 그 신문이 끝난 위에 신문하는 것이 원칙이다. 재판장은 필요하다고 인정하면 어느 때나 신문하거나 신문순서를 변경할 수 있으며, 합의부원은 재판장에게 고하고 신문할 수 있다(제296조의2 제3항, 제161조의2 제1항~제5항).

다. 피고인신문의 방법

피고인은 각개의 신문뿐만 아니라 전체신문에 대하여서도 진술을 거부할 수 있으며, 재판장은 소송지휘권에 의해 불필요한 신문·진술을 제한할 수 있다. 피고인신문의 범위는 공소사실과 정상에 관한 필요한 사항이다. 피고인신문에 있어서는 진술의 강요와 유도신문이 금지된다. 재판장은 피고인이 어떤 재정인의 면전에서 충분한 진술을 할 수 없다고 인정한 때에는 그 재정인을 퇴정하게 하고 진술하게 할 수 있다.

원래 피고인신문은 ① 공소사실에 대한 피고인의 답변과 쟁점을 정리하는 기능과 ② 피고인의 법정진술도 증거로 사용되므로 증거조사의 기능을 함께 갖고 있다. 그런데 공소사실에 대한 피고인의 답변과 쟁점정리 기능, 피고인의 변소기능은 유지·강화되어야 하겠지만, 피고인신문의 증거조사기능이 중시되다 보면 자칫 피고인의 진술거부권이 유명무실해지고, 재판절차가 피고인의 자백을 얻기 위한 절차로 변질할 우려가 있다. 원래 당사자주의적 관점에서 보면 피고인신문제도는 피고인의 당사자지위와 상충되므로, 피고인신문절차는 피고인에게 충분한 진술의 기회를 부여하는 방향으로 운영되어야 할 것이지, 공판정에서 피고인의 자백을 받아 내기 위한 기회로 이용되어서는 안 된다.

4. 최후진술

증거조사가 끝나면 당사자의 의견진술이 행하여진다. 다만, 재판장은 필요하다고 인정하는 경우 검사·피고인 또는 변호인의 본질적인 권리를 해치지 아니하는 범위 내에서 의견진술의 시간을 제한할 수 있다. 의견진술은 검사의 의견진술과 변호인의 최후진술의 순서로 진행된다. 검사는 사실과 법률적용에 관하여 의견을 진술하여야 한다. 이를 검사의 논고라고 하며, 특히 검사의 양형에 대한 의견을 구형이라고 한다. 법원은 검사의 구형에 구속되지 않는다. 따라서 법원은 구형을 초과하는 형을 선고할 수 있다.[6] 재판장은 검사의 의견을 들은 후 피고인과 변호인에게 최종의 의견을 진술할 기회를 주어야 한다(제303조). 피고인의 최종진술을 끝으로 변론을 종결하면 판결만을 기다리는 상태에 있게 된다. 그러나 법원은 필요하다고 인정하는 때에는 직권 또는 검사·피고인이나 변호인의 신청에 의하여 결정으로 종결한 변론을 재개할 수 있다(제305조).

---

6) 대판 1984.4.24. 83도1789.

Ⅲ. 판결의 선고

1. 판결 선고의 기일

판결의 선고도 원칙적으로 변론을 종결한 기일에 하여야 하되, 다만 특별한 사정이 있는 때에는 따로 선고일을 지정할 수 있고, 이 경우에도 변론종결 후 14일 이내로 지정하여야 한다고 규정하고 있다(제318조의4). 이는 해석상 훈시규정이다.

2. 판결 선고의 방법

변론을 종결한 기일에 판결을 선고하는 경우에는 판결의 선고 후에 판결서를 작성할 수 있도록 함으로써(제318조의4 제2항), 특히 약식명령에 대한 정식재판 청구사건이나 피고인이 자백하는 등 사건의 쟁점이 간단한 사건에 대해서는 판결서 원본 없이 변론종결 직후에 판결을 선고하고, 그 후에 판결서를 작성할 수 있다. 판결은 공판정에서 재판서에 의하여 선고한다(제42조 본문). 판결의 선고는 재판장이 하며, 주문을 낭독하고 이유의 요지를 설명하여야 한다(제43조). 형을 선고하는 경우에는 재판장은 피고인에게 상소할 기간과 상소할 법원을 고지하여야 한다(제324조). 판결의 선고는 반드시 공개하여야 한다.

3. 피고인의 출석

판결을 선고하는 공판기일에도 피고인이 출석하여야 한다. 다만, 피고인이 진술하지 아니하거나 재판장의 허가 없이 퇴정하거나, 재판장의 질서유지를 위한 퇴정명령을 받은 때에는 피고인의 출석 없이 판결할 수 있다(제330조).

4. 판결 선고 후의 조치

판결을 선고한 때에는 선고일로부터 14일 이내에 피고인에게 그 판결서등본을 송부하여야 한다. 그러나 판례는 피고인이 제1심의 판결서등본을 송부 받지 못하였다는 논지는 판결에 영향을 미친 절차위반의 사유가 될 수 없다고 판시하였다.

5. 판결 선고의 효력

판결의 선고에 의하여 당해 심급의 공판절차는 종결되고, 상소기간이 진행된다. 판결을 선고한 사실은 공판조서에 기재하여야 한다.

제7절 증인신문, 감정, 검증

Ⅰ. 증인신문

1. 증인신문의 의의

증인신문이란 증인이 실험한 사실을 내용으로 하는 진술을 얻는 증거조사, 즉 증인에 대한 증거조사를 말한다. 증인신문은 증거방법인 증인에 대한 증거조사이므로 피고인에 대한 신문이 끝난 후에 증거조사의 절차에 따라 행하여진다. 따라서 증인신문도 검사·피고인 또는 변호인의 신청에 대하여 법원이 증거조사결정을 하거나 법원이 직권으로 증인을 신문하는 때에 비로소 행하여지는 절차이다(제294조, 제295조). 다만, 범죄로 인한 피해자의 신청에 의하여 신문할 증인의 신문(제294조의2)은 피해자의 신청에 의한다. 형사소송법은 증인신문에 관하여 증인에게 출석·선서 및 증언의 의무를 지우고, 이 의무를 이행하지 않을 때에는 직접·간접으로 강제를 기하고 있다. 이러한 의미에서 증인신문은 강제처분으로서의 성질을 가진다.

2. 증인의 의의와 증인적격

가. 증인의 의의

증인이란 법원 또는 법관에 대하여 자기가 과거에 실험한 사실을 진술하는 제3자를 말한다. 법원 또는 법관에 대하여 진술하는 자임을 요하므로, 수사기관에 대하여 진술하는 참고인은 증인이 아니다.

나. 증인적격

(1) 증인적격의 의의

증인적격이란 누가 증인될 자격이 있는가, 즉 법원이 누구를 증인으로 신문할 수 있는가의 문제를 말한다. 형사소송법 제146조는 "법원은 법률에 다른 규정이 없으면 누구든지 증인으로 신문할 수 있다"고 규정하고 있으므로, 원칙적으로 누구든지 증인적격이 있다고 할 수 있다.

(2) 법관·검사·변호인의 증인적격

(가) 법 관

당해 사건을 심판하는 법관이 그 사건의 증인으로 될 수 없다. 물론 법관도 그 직무에서 떠났을 때에는 증인이 될 수 있으나, 증인으로 된 후에는 그 사건에 관하여 제척사유가 된다. 또한 피고사건의 공판절차에 관여하고 있는 법원사무관 등도 그 사건의 증인이 될 수 없다(제17조 제4호).

(나) 검 사

당해 사건의 공판에 관여하고 있는 검사는 그 소송에서 제3자가 될 수 없으며, 검사를 공판관여 검사의 지위에서 물러나게 할 강제적 방법이 없다는 이유로 검사의 증인적격을 부정한다.

(다) 변 호 인

변호인은 피고인의 보호자이므로 당해 소송에서 제3자가 아니어서 증인적격을 부정해야 한다.

(3) 피고인의 증인적격

피고인은 당사자로서의 지위를 가지고 있으므로 제3자임을 요하는 증인이 될 수는 없다. 피고인을 증인으로 하여 증언의무를 과하는 것은 피고인에게 보장된 진술거부권을 무의미하게 한다는 점에 비추어, 피고인의 증인적격을 부정하는 것이 통설이다.

(4) 공무원의 증인적격(증인거부권)

공무원 또는 공무원이었던 자가 그 직무에 관하여 알게 된 사실에 관하여 본인 또는 당해 공무소가 직무상 비밀에 속한 사항임을 신고한 때에는 그 소속공무소 또는 감독관공서의 승낙 없이는 증인으로 신문하지 못한다(제147조 제1항). 다만, 그 소속공무소 또는 당해 감독관공서는 국가의 중대한 이익을 해하는 경우를 제외하고는 승낙을 거부하지 못한다(제147조 제2항).

3. 증인의 소송법상 의무와 권리

가. 증인의 소송법상 의무

(1) 출석의 의무

증인에게는 출석의 의무가 있다. 출석의 의무는 공판기일의 증인신문에 소환받은 증인뿐만 아니라 공판준비절차(제273조)·증거보전절차(제184조)의 증인신문에 소환받은 증인에게도 인정된다. 증인의 출석은 소환의 방법에 의한다. 증인의 출석 확보를 위하여 소환장의 송달 이외에 전화나 전자우편 그 밖에 상당한 방법으로 증인을 소환할 수 있다(제150조의2 제1항). 그 밖에 상당한 방법으로는 모사전송기, 휴대전화 문자전송 등이 될 수 있을 것이다. 증인신청인은 증인이 출석하도록 합리적인 노력을 할 의무가 있다(제150조의2 제2항). 증인의 출석의무는 소환이 적법한 경우에 한하여 인정된다. 법원은 소환장을 송달받은 증인이 정당한 사유 없이 출석하지 아니한 때에는 결정으로 당해 불출석으로 인한 소송비용을 증인이 부담하도록 명하고, 500만 원 이하의 과태료를 부과할 수 있다(제151조 제1항). 법원은 증인이 과태료의 재판을 받고도 정당한 사유 없이 다시 출석하지 아니한 때에는 결정으로 증인을 7일 이내의 감치에 처한다(제151조 제2항). 정당한 사유없이 소환에 응하지 않은 증인은 구인할 수 있다.

(2) 선서의 의무

출석한 증인은 신문 전에 선서를 하여야 한다. 선서란 증인 또는 감정인이 법원에 대하여 진실을 말할 것을 맹세하는 것을 말한다. 선서 후에 거짓증언을 하면 위증죄로 처벌받게 함으로써 선서는 위증의 벌에 의한 심리적 강제에 의하여 증언의 진실성과 확실성을 담보하기 위한 것이라 할 수 있다. 따라서 선서능력이 있는 증인이 선서없이 증언한 때에는 그 증언은 증거능력이 없다(대판 1989.3.27. 78도1031). 선서는 신문 전에 하여야 하며(제156조), 선서는 선서서에 의하여 하여야 한다(제157조). 재판장은 증인으로 하여금 선서서를 낭독하고 기명날인 또는 서명하게 하여야 한다. 재판장은 선서할 증인에 대하여 선서 전에 위증의 벌을 경고해야 한다(제158조). 선서무능력자에게는 선서의 의무가 없다. 즉 16세 미만의 자와 선서의 취지를 이해하지 못하는 자에 대하여는 선서를 하게 하지 아니하고 신문하여야 한다(제159조). 증인이 정당한 이유없이 선서를 거부한 때에는 결정으로 50만 원 이하의 과태료에 처할 수 있다.

(3) 증언의 의무

증인은 신문받은 사항에 대하여 증언할 의무가 있다. 법원 또는 법관의 신문뿐만 아니라 검사와 변호인·피고인의 신문에 대하여도 증언하여야 하고, 주신문뿐만 아니라 반대신문에 대하여도 같다. 증인이 주신문에 대하여만 증언하고 반대신문에 대하여는 증언을 거부한 때에는 반대신문의 기회가 없기 때문에 증거능력이 없다고 본다. 증인이 증인적격이 있는 자라 할지라도 증언능력(증인능력)이 없는 때에는 그 증언을 증거로 할 수 없다. 여기서 증언능력이란 자기의 경험을 진술·표현할 수 있는 정신적 능력을 의미한다. 증인이 정당한 이유없이 증언을 거부한 경우에는 50만 원 이하의 과태료에 처할 수 있다(제161조).

나. 증인의 소송법상 권리

(1) 증언거부권

증언거부권은 증언의무의 존재를 전제로 하여 증언의무의 이행을 거절할 수 거절할 수 있는 권리를 말한다. 증인거부권이 인정되는 때에는 증인신문자체를 거부할 수 있으나, 증언거부권에 의하여 증인이 출석을 거부할 수는 없다. 형사소송법은 공무원 또는 공무원이었던 자가 직무상 알게 된 공무상 비밀에 대하여 증인거부권을 인정하고 있다(제147조). 증언거부권이 인정되는 경우는 다음과 같다. 누구든지 자기나 친족 또는 이러한 관계가 있던 자, 법정대리인·후견감독인의 어느 하나에 해당하는 관계있는 자가 형사소추 또는 공소제기를 당하거나 유죄판결을 받을 사실이 발로될 염려있는 증언을 거부할 수 있다(제148조). 변호사·변리사·공증인·공인회계사·세무사·대서업자·의사·한의사·치과의사·약사·약종상·조산사·간호사·종교의 직에 있는 자 또는 이러한 직에 있던 자가 그 업무상 위탁을 받은 관계로 알게 된 사실로서 타인의 비밀에 관한 것은 증언을 거부할 수 있다. 단, 본인의 승낙이 있거나 중대한 공익상 필요있는 때에는 예외로 한다(제149조). 증인이 증언거부권자(제148조, 제149조)에 해당하는 경우에는 재판장은 신문 전에 증언을 거부할 수 있음을 설명하여야 한다(제160조). 단, 증언거부권자에 대한 증언거부권을 고지하지 아니한 경우 증언의 증거능력에 대해 문제가 된다. 증언거부권자에게 증언거부권을 고지하지 않고 신문한 경우 증언의 증거능력에 대하여, 대법원은 증언의 효력에는 영향이 없다는 태도를 취하고 있다.[7] 증언거부권은 증인의 권리이지 의무는 아니므로, 증언거부권자도 증언거부권을 포기하고 증언을 할 수 있다. 이 경우 비밀누설죄(형법 제317조)는 성립하지 않는다.

(2) 비용청구권

소환 받은 증인은 법률의 규정한 바에 의하여 여비·일당과 숙박료를 청구할 수 있다. 단, 정당한 사유 없이 선서 또는 증언을 거부한 자는 예외로 한다(제168조).

4. 증인신문의 방법

가. 당사자의 참여권

검사·피고인 또는 변호인은 증인신문에 참여할 권리를 가진다. 따라서 증인신문의 시일과 장소는 검사·피고인 또는 변호인에게 미리 통지하여야 한다. 다만, 참여하지 않는다는 의사를 명시한 때에는 예외로 한다(제163조).

(1) 참여권위반의 효력

당사자가 참여하여 적법하게 작성된 증인신문조서는 당연히 증거능력이 있지만, 참여권이 인정되지 아니한 상태에서의 증인신문은 그 위법이 중대하므로 하자가 치유되지 않는 한 그 증인신문조서의 증거능력은 인정되지 않는다.

(2) 검사·피고인·변호인이 증인신문에 참여하지 아니할 경우에는 법원에 대하

---

7) 대판 1957.3.8. 4290형상23.

여 필요한 사항의 신문을 청구할 수 있고, 법원은 피고인에게 불이익한 증언이 진술된 때에 그 내용을 피고인 또는 변호인에게 알려주어야 한다(제164조 제2항).

나. 증인에 대한 신문방법

(1) 개별신문과 대질

증인신문은 개별신문을 원칙으로 한다. 즉 증인신문은 각 증인에 대하여 신문하여야 하며, 신문하지 아니한 증인이 재정한 때에는 퇴정을 명하여야 한다. 그러나 필요한 때에는 다른 증인 또는 피고인과 대질하게 할 수 있다(제162조). 다른 증인을 퇴정시키느냐 않느냐는 법원의 자유재량에 속한다.

(2) 증인의 신문방법

증인에 대한 반대신문을 가능하게 하기 위해서 증인에 대한 신문은 원칙적으로 구두로 해야 한다. 그러나 증인이 들을 수 없는 때에는 서면으로 답하게 할 수 있다.

다. 교호신문제도

(1) 교호신문제도의 의의

증인을 신청하는 측과 그 상대방이 서로 교차하여 증인을 신문하는 방식, 즉 주신문 ⇒ 반대신문 ⇒ 재주신문 ⇒ 재반대신문의 순서로 행하는 제도를 교호신문(상호신문)제도라고 한다. 교호신문제도는 증인신문에 관하여 당사자에게 주도적 지위를 인정하는 당사자주의적 증인신문방식이라 할 수 있다.

(2) 교호신문제도의 방식

증인신문도 인정신문과 사실에 대한 신문으로 나눌 수 있다. 인정신문은 재판장이 행한다. 그러나 사실에 대한 신문은 증인을 신청한 당사자, 즉 검사·변호인 또는 피고인이 먼저 신문하고, 다음에 다른 당사자가 신문한다. 법원은 당사자의 신문이 끝난 뒤에 신문을 할 수 있다(제161조의2 제1항 제3항).

(3) 교호신문제도의 수정

형사소송법은 증인신문에 관하여 교호신문제도를 원칙으로 하여 법원은 당사자의 신문이 끝난 후에 보충신문을 하도록 하고 있다. 그러나 무기평등의 원칙을 고려하여 증인신문에 대하여도 직권주의에 의해 이를 수정하고 있다. 재판장은 필요하다고 인정하면 어느 때나 증인을 신문할 수 있고 신문의 순서를 변경할 수 있다(제161조의2 제3항). 법원이 직권으로 신문할 증인이나 범죄로 인한 피해자의 신청에 의하여 신문할 증인의 신문방식은 재판장이 정하는 바에 의한다(제161조의2 제4항). 따라서 직권에 의하여 증인을 신문할 때에는 당사자의 신문을 반대신문의 예에 의하도록 하고 있다(규칙 제81조).

라. 공판정 외의 증인신문

피고인에게 충분한 증인신문의 기회를 보장하기 위하여 증인신문은 원칙적으로 공판기일에 공판정에서 행하여야 한다. 그러나 부득이한 경우에는 범죄의 현장이나 기타의 장소에서 증인을 신문할 수 있게 할 필요가 있다. 법원은 증인의 연령·직업·건강상태 기타의 사정을 고려하여 검사·피고인 또는 변호인의 의견을 묻고, 증인을 공판정에 소환하거나 현재지에서 신문할 수 있다(제165조). 법원은 필요한 때에는 결정으로 지정한 장소에 증인의 동행을 명할 수 있다. 증인이 정당한 사유 없이 동행을 거부하는 때에는 구인할 수 있다(제166조).

Ⅱ. 감정·통역·번역

1. 감정의 의의

감정이란 특수한 지식·경험을 가진 제3자가 그 지식·경험에 의하여 알 수 있는 법칙 또는 그 법칙을 적용하여 얻은 판단을 법원에 보고하는 것을 말한다. 감정인의 신문은 증거조사의 성질을 가진다. 따라서 증인신문에 관한 규정은 구인에 관한 규정을 제외하고는 감정에 대하여 준용된다(제177조).

2. 감정의 절차

가. 감정의 방법

법원은 학식·경험 있는 자에게 감정을 명할 수 있다(제169조). 감정인에게는 감정 전에 선서하게 하여야 한다. 선서는 선서서에 의하여야 한다(제170조). 감정인은 반드시 선서하여야 한다. 감정인에 대하여는 증인신문의 경우와 같은 예외가 인정되지 않는다. 선서의 취지를 이해할 수 없는 감정인이란 있을 수 없기 때문에 선서하지 않고 한 감정은 증거능력이 없다.

나. 감정유치

피고인의 정신 또는 신체의 감정이 필요한 때에는 법원은 기간을 정하여 병원 기타 적당한 장소에 피고인을 유치하게 할 수 있고, 감정이 완료되면 즉시 유치를 해제하여야 한다(제172조 제3항). 이를 감정유치라고 한다. 감정유치를 함에는 감정유치장을 발부하여야 한다(제172조 제4항). 구속에 관한 규정은 특별한 규정이 없는 경우에는 유치에 관하여 준용한다. 단, 보석에 관한 규정은 그러하지 아니하다(제172조 제7항). 유치는 미결구금일수의 산입에 있어서는 구속으로 간주한다(제172조 제8항). 구속중인 피고인에 대하여 감정유치장이 집행되었을 때에는 피고인이 유치되어 있는 기간의 구속은 그 집행이 정지된 것으로 간주한다(제172조의2 제1항).

다. 감정에 필요한 처분

감정인은 감정에 관하여 필요한 때에는 법원의 허가를 얻어 타인의 주거·간수자 있는 가옥·건조물·항공기·선차 내에 들어갈 수 있고 신체의 검사, 사체의 해부, 분묘의 발굴, 물건의 파괴를 할 수 있다. 감정에 필요한 처분의 허가에는 허가장을 발부하여야 하며, 감정인은 처분을 받는 자에게 허가장을 제시하여야 한다(제173조 제1항 제3항).

라. 감정인의 참여권·신문권과 당사자의 참여권

감정인은 감정에 관하여 필요한 경우에는 재판장의 허가를 얻어 서류와 증거물을 열람 또는 등사하고 피고인 또는 증인의 신문에 참여할 수 있다. 검사·피고인 또는 변호인은 감정에 참여할 수 있고, 법원은 위 참여권자들에게 미리 감정의 일시와 장소를 통지하여야 한다(제176조 제1항 제2항).

3. 통역과 번역

법정에서는 국어를 사용한다(법원조직법 제62조). 그러나 이는 외국어에 의한 진술이나 서류가 법정에 제출되는 것을 금지하는 의미는 아니다. 여기에 통역과 번역이 필요하며, 법원으로부터 통역과 번역의 명을 받은 자를 통역인 또는 번역인이라고 한다.

Ⅲ. 검 증

1. 검증의 의의

가. 개 념

검증이란 법관이 오관(五官)의 작용에 의하여 사물의 존재와 상태를 직접 실험·인식하는 증거조사를 말한다. 특히 범죄현장 또는 법원 이외의 일정한 장소에서 행하는 검증을 임검 또는 현장검증이라고 한다.

나. 검증의 대상

검증의 목적물에는 제한이 없다. 오관(五官)의 작용에 의하여 실험·인식할 수 있는 것이면 유체물이건 무체물이건, 동산이건 부동산이건, 생물이건 무생물이건 묻지 않는다. 사체는 물론 살아있는 사람의 신체도 검증의 대상이다.

2. 검증의 절차

가. 검증의 방법

법원은 사실을 발견함에 필요한 때에는 검증을 할 수 있다(제139조). 검증의 장소에도 제한이 없다. 법원의 검증에는 영장을 요하지 않는다. 수사기관의 강제처분인 검증에 대하여 영장을 요하는 것과 구별된다(제215조).

나. 검증과 필요한 처분

검증을 함에는 신체의 검사, 사체의 해부, 분묘의 발굴, 물건의 파괴 기타 필요한 처분을 할 수 있다(제140조). 검증 중에는 그 장소에 출입을 금하고(제145조, 제119조), 검증을 중지한 때에는 그 장소를 폐쇄하거나 간수자를 둘 수 있다(제145조, 제127조). 사체의 해부 또는 분묘의 발굴을 하는 때에는 예를 잃지 않도록 주의하고, 미리 유족에게 통지하여야 한다(제141조 제4항).

다. 검증시각의 제한

검증에는 시각의 제한이 있다. 즉 일출 전·일몰 후에는 가주(家主)·간수자 또는 이에 준하는 자의 승낙이 없으면 검증을 하기 위하여 타인의 주거, 간수자 있는 가옥·건조물·항공기·선차 내에 들어가지 못한다. 단, 일출 후에는 검증의 목적을 달성할 수 없을 염려가 있는 경우에는 예외로 한다. 일몰 전에 검증에 착수한 때에는 일몰 후라도 검증을 계속할 수 있다(제143조 제1항, 제2항).

3. 검증조서

검증에 관하여는 검증의 결과에 기재한 검증조서를 작성하여야 한다(제49조 제1항). 특히 검증조서에는 검증목적물의 현상을 명확하게 하기 위하여 도면이나 사진을 첨부할 수 있다(제49조 제2항). 법원 또는 법관의 검증의 결과를 기재한 검증조서는 무조건 증거능력이 있다(제311조).

제8절 피해자 보호제도

Ⅰ. 신뢰 관계자의 동석(제163조의2, 제221조 제3항)

증인신문과정에서 피해자의 심리적 안정을 유지하는 등으로 제2차적인 정신적 피해를 막기 위하여 종래 성폭력 피해자 등에게만 인정되었던 "신뢰관계 있는 자의 동석 제도"를 일반 범죄의 경우까지 확장하여 형사소송법에 규정하였다. 체포·구속적부심사의 청구권자인 '변호인, 법정대리인, 배우자, 직계친족, 형제자매, 동거인 또는 고용주'가 신뢰관계에 있는 자에 해당할 수 있고, 그 밖에 피해자의 심리적 안정과 원활한 의사소통에 도움을 줄 수 있는 사람 등이다.

법원은 범죄로 인한 피해자를 증인으로 신문하는 경우 증인의 연령, 심신상태 그 밖의 사정을 고려하여 증인이 현저하게 불안 또는 긴장을 느낄 우려가 있다고 인정하는 경우 직권 또는 피해자·법정대리인·검사의 신청에 따라 피해자와 신뢰관계에 있는 자를 동석하게 하여야 한다(제163조의2 제1항). 법원은 범죄로 인한 피해자가 13세 미만이거나 신체적 또는 정신적인 장애로 인하여 의사 결정력이 미약한 경우에는 재판에 지장을 초래할 우려가 있는 등 부득이한 경우가 아닌 한 신뢰관계자를 동석하게 하여야 한다.

Ⅱ. 비디오중계방식에 의한 신문(제165조의2)

성폭력 범죄의 피해자 이외의 범죄피해자도 경우에 따라서는 피고인의 면전에서 증언한 경우 심리적·정신적 압박에 고통을 받을 수 있으므로, 이러한 문제점을 개선하기 위하여 비디오 중계방식에 의한 증인신문을 도입하였다. 법원은 아래 ①, ②, ③의 경우 중 하나에 해당하는 자를 증인으로 신문하는 경우 상당하다고 인정하는 때에는 검사·피고인 또는 변호인의 의견을 들어 비디오 등 중계장치에 의한 중계시설을 통해 신문할 수 있다.(제165조의2)

① 「아동복지법」 제40조 제1호 내지 제3호(아동에 대한 신체손상·성폭행·정신건강해침·아동유기·매매·음행매개·공중관람·구걸강도·양육알선 후 금품취득·금품유용 등 행위)에 해당하는 죄의 피해자(제165조의2 제1호)

② 「청소년의 성보호에 관한 법률」 제5조 내지 제10조(청소년성매수·청소년에 대한 강요·알선영업·청소년이용음란물제작·배포·청소년매매·청소년강간·강제추행)에 해당하는 죄의 대상이 되는 청소년 또는 피해자(제165의2 제2호)

③ 그 밖에 범죄의 성질, 증인의 연령, 심신의 상태, 피고인과의 관계 그 밖의 사정에 의하여 피고인 등과 대면하여 진술하는 경우 심리적인 부담으로 정신의 평온을 현저하게 행할 우려가 있다고 인정되는 자(제165조의2 제3호)

Ⅲ. 피해자 통지제도(제259조의2)

피해자에게 형사절차의 진행에 관한 내용을 통지하는 대검찰청 범죄피해자 보호지침에 피해자 등이 원하는 경우에 사건처리결과, 공판개시, 재판결과, 출소사실 등을 통지하였다. 따라서 형사소송법에서도 이러한 실무지침을 법제화하게 되었다. 검사는 범죄로 인한 피해자 또는 그 법정대리인(피해자가 사망한 경우에는 그 배우자·직계친족·형제자매를 포함한다)의 신청이 있는 때에는 당해 사건의 공소제기 여부, 공판의 일시·장소, 재판결과, 피의자·피고인의 구속·석방 등 구금에 관한 사실 등을 신속하게 통지하여야 한다.

Ⅳ. 피해자의 법정진술권 강화(제259조의2, 제294조의3)

1. 피해자의 진술권

가. 피해자의 진술권의 의의

법원은 범죄로 인한 피해자 또는 그 법정대리인(피해자가 사망한 경우에는 배우자·직계친족, 형제자매를 포함)의 신청이 있는 경우에는 그 피해자를 증인으로 신문하여야 한다(제294조의2 제1항). 이를 피해자의 진술권이라고 한다. 헌법 제27조 제5항은 형사피해자의 진술권을 재판청구권의 내용으로 보장하고 있다. 따라서 법원은 범죄로 인한 피해자 등을 신문하는 경우에 당해 사건에 관한 의견을 진술할 기회를 주어야 한다(제294조의2 제2항).

나. 피해자의 진술방법과 그 제한

피해자의 진술도 증인신문의 절차에 의하여 행하여진다. 따라서 피해자의 신청이 있을 때에는 법원의 결정이 있을 것을 요한다(제295조). 피해자에 대한 증인의 신문방식은 재판장이 정하는 바에 의하며(제161조의2 제4항), 신청인의 출석통지를 받고도 정당한 이유 없이 출석하지 아니한 때에는 그 신청을 철회한 것으로 본다(제294조의2 4항). 다만 피해자의 진술을 무제한 허용할 경우 신속한 재판의 이념에 반함은 물론, 피해자의 개인적 감정에 의하여 재판이 좌우될 위험이 있다. 따라서 다음과 같은 제한을 두고 있다.

(1) 피해자를 증인으로 신문할 것을 요하지 않는 경우(제294조의2 제1항 단서)

㈎ 피해자 등이 이미 당해 사건에 관하여 공판절차에서 충분히 진술하여 다시 진술할 필요가 없다고 인정되는 경우

(나) 피해자 등의 진술로 인하여 공판절차가 현저하게 지연될 우려가 있는 경우

(2) 동일한 범죄사실에 대하여 신청인이 여러 명인 경우에는 진술할 자의 수를 제한할 수 있다(제294조의2 제3항).

2. 피해자 진술의 비공개(제294조의3)

피해자의 사생활의 비밀이나 신변보호를 위하여 필요한 경우 심리를 공개하지 않음으로써 피해자의 진술을 제약하는 요소를 제거하고, 이를 통해 피해자의 법정진술권을 실질적으로 보장한다는 것에 의의가 있다. 법원은 범죄로 인한 피해자를 증인으로 신문하는 경우 당해 피해자·법정대리인 또는 검사의 신청에 따라 피해자의 사생활의 비밀이나 신변보호를 위하여 필요하다고 인정하는 때에는 결정으로 심리를 공개하지 아니할 수 있다(제294조의3 제1항).

V. 피해자의 기록 열람·등사(제294조의4)

피해자 등의 소송기록에 대한 열람 또는 등사신청권을 인정하되, 재판장은 피해자 등의 권리구제를 위하여 필요하다고 인정되거나 그 밖에 정당한 이유가 있는 경우에 범죄의 성질, 심리의 상황 기타 사정을 고려하여 상당하다고 인정하는 때에는 열람 또는 등사를 허가할 수 있도록 하였다(제294의4 제1항, 제3항). 신청권자는 피해자나 그 법정대리인 또는 이들로부터 위임을 받은 피해자 본인의 배우자, 직계친족, 형제자매, 변호사이며, 피해자가 사망한 경우나 그 심신에 중대한 장애가 있는 경우에는 그 배우자, 직계친족, 형제자매가 신청권자가 된다(제294의4 제1항). 재판장은 피해자 등의 기록 열람 또는 등사신청이 있는 때에는 지체없이 검사, 피고인 또는 변호인에게 그 취지를 통지하여야 한다(제294의4 제2항). 다만 재판장이 피해자 등에게 소송기록의 등사를 허가한 경우에도 등사한 소송기록의 사용목적을 제한하거나 기타 적당하다고 인정하는 조건을 붙일 수 있다(제294조의4 제4항). 소송기록을 열람 또는 등사한 피해자 등은 열람 또는 등사에 의해 알게 된 사항을 사용함에 있어 부당히 관계인의 명예나 생활의 평온을 해하거나 수사와 재판에 지장을 주지 않도록 하여야 한다(제294조의4 제5항).

제9절 공판절차의 특칙

Ⅰ. 간이공판절차

1. 간이공판절차의 의의와 특색

간이공판절차란 피고인이 공판정에서 자백하는 때에 형사소송법이 규정하는 증거조사절차를 간이화하고 증거능력의 제한을 완화하여 심리를 신속하게 하기 위하여 마련된 공판절차를 말한다. 형사소송법의 간이공판절차는 피고인이 자백한 사건에 대하여 증거능력의 제한을 완화하고 증거조사를 간이화하는 데 그 특색이 있다.

2. 간이공판절차개시의 요건

간이공판절차는 형사소송법 제286조의2가 규정하고 있는 다음의 요건을 갖춘 때에 개시한다.

가. 제1심 관할사건

간이공판절차는 지방법원 또는 지방법원지원의 제1심 관할사건에 대하여만 인정된다, 따라서 상고심의 공판절차에서는 물론, 항소심의 공판절차에서도 간이공판절차는 인정될 여지가 없다. 제1심 관할사건인 때에는 단독사건은 물론 합의부관할사건, 즉 사형·무기 또는 단기 1년 이상의 징역이나 금고에 해당하는 사건과 이와 동시에 심판할 공범사건 또는 합의부에서 심판할 것을 스스로 결정한 사건에 대하여도 간이공판절차를 할 수 있다.

나. 피고인의 공판정에서의 자백

자백은 피고인이 하여야 한다. 피고인이 법인인 경우에는 법인의 대표자가 자백을 할 수 있다. 의사무능력자인 피고인의 법정대리인(제26조)이나 특별대리인(제28조)도 자백의 주체가 될 수 있다. 자백의 주체는 피고인에 한하므로 변호인이 자백하거나, 피고인의 출석없이 개정할 수 있는 사건에 대하여는 간이공판절차를 개시할 수 없다. 간이공판절차는 공소사실에 대하여 자백한 때에 한하여 허용된다. 공소사실에 대한 자백이란 공소장에 기재된 사실을 전부 인정하고 위법성조각사유나 책임조각사유의 원인이 되는 사실의 부존재를 인정하는 것을 말한다.[8)]

자백은 공판정, 즉 공판절차에서 할 것을 요한다. 따라서 수사절차나 공판준비절차에서의 자백을 이유로 간이공판절차를 개시할 수는 없다. 자백은 신빙성이 있어야 하며, 신빙성이 없는 자백을 이유로 간이공판을 개시해서는 아니된다. 자백에 신빙성이 없는 때에는 간이공판절차의 취소사유에 해당되기 때문이다(제286조의3).

3. 간이공판절차의 개시결정

가. 결정의 성질

간이공판절차개시의 요건이 구비된 때에는 법원은 간이공판절차에 의하여 심판할 것을 결정할 수 있다(제286의2). 따라서 피고인이 자백한 제1심 관할사건에 대하여도 법원은 간이공판절차에 의하여 심판하지 않을 수 있다.

나. 결정의 방법

법원이 간이공판절차의 결정을 하고자 할 때에는 재판장은 미리 피고인에게 간이공판절차의 취지를 설명해야 한다(규칙 제131조). 결정은 공판정에서 구술로 고지하면 족하다. 이 경우에 결정의 취지를 공판조서에 기재하여야 한다.

---

8) 공소사실에 대한 자백에 해당하지 않는 경우에 대한 판례로는
㉮ 위법성조각사유나 책임조각사유를 주장하는 경우의 자백
㉯ 피고인이 범의를 부인하는 경우 (대판 1981.6.9. 81도775)
㉰ 상상적 경합의 관계에 있거나 예비적·택일적으로 기재된 공소사실의 일부를 자백한 경우
㉱ 피고인이 법정에서 "공소사실은 모두 사실과 다름없다."고 하면서 술이 만취되어 기억이 없다는 취지로 진술한 경우(대판 2004.7.9. 2004도2116)
㉲ 피고인이 공소사실에 대하여 검사가 신문을 할 때에는 공소사실을 모두 사실이나 다름없다고 진술하였으나 변호인이 신문을 할 때에는 범의나 공소사실을 부인하였다면 그 공소사실은 간이 공판절차에 의하여 심판할 대상이 아니라는 것이다(대판 1998.2.27. 97도3421).

다. 결정에 대한 불복방법

간이공판절차의 개시결정은 판결 전 소송절차에 대한 결정이므로 항고할 수 없다(제404조 제1항). 그러나 간이공판절차에 의할 수 없는 경우인데도 이에 의하여 심리한 경우에는 소송절차의 법령위반에 해당하여 항소이유가 된다(제361조의5 제1호).

4. 간이공판절차의 특칙

가. 증거능력에 대한 특칙

(1) 간이공판절차의 증거에 관하여는 전문법칙이 적용되는 증거(제310조의2, 제312조 내지 제314조, 제310조의 규정에 의한 증거)에 대하여 형사소송법 제318조 제1항의 동의가 있는 것으로 간주한다. 다만, 검사·피고인 또는 변호인이 증거로 함에 이의가 있는 때에는 그러하지 아니하다(제318의3).

(2) 간이공판절차에서 증거능력의 제한이 완화되는 것은 전문법칙에 한한다. 따라서 전문법칙 이외의 증거법칙은 간이공판절차에서도 배제되지 않는다. 예컨대 임의성 없는 자백, 위법수집증거, 당해 사건에 관한 의사표시적 문서나 부적법하여 무효로 된 진술조서 등은 증거로 할 수 없다. 증명력의 제한도 완화되는 것이 아니므로, 간이공판절차에서도 자백의 보강법칙이 적용된다.

나. 증거조사에 대한 특칙

(1) 간이공판절차에서도 증거조사를 생략할 수는 없다. 그러나 이 경우에는 정식의 증거조사 방식에 의할 필요는 없고, 법원이 상당하다고 인정하는 방법으로 증거조사를 하면 족하다.[9](제297조의2)

(2) 증거서류 또는 증거물인 서류의 증거조사방법에 있어서는 요지의 고지와 제시는 요하지 않아도, 최소한 서면의 내용을 구두로 알려주는 것은 필요하다고 해석한다.

---

9) 판례는 공판조서의 일부인 증거목록에 증거방법을 표시하고 증거조사내용을 증거조사함이라고 표시한 경우에도, 상당한 증거조사방법이라고 판시하고 있다(대판 1980.4.22. 80도333).

다. 공판절차에 관한 규정의 적용

간이공판절차에서는 증거능력과 증거조사에 대한 특칙이 인정되는 것 외에는 공판절차에 대한 일반규정이 그대로 적용된다. 따라서 간이공판절차에서도 공소장변경이 가능하며, 재판서의 작성에 있어서도 간이한 방식은 인정되지 아니한다. 간이공판절차에 의하여 유죄판결 이외에 공소기각이나 관할위반의 재판은 물론, 무죄판결도 선고할 수 있다는 것이 다수설이다.

5. 간이공판절차의 취소

가. 취소의 사유

법원은 간이공판절차에 의하여 심판할 것을 결정한 사건에 관하여 피고인의 자백이 신빙할 수 없다고 인정되거나, 간이공판절차로 심판하는 것이 현저히 부당하다고 인정할 때에는 그 결정을 취소하여야 한다(제286조의3). 피고인이 진의에 의하여 자백한 것이 아니라고 의심되는 때를 말한다. 임의성 없는 자백으로 인정되는 경우도 해당한다. 보강증거가 없는 때에는 간이공판절차에 의하여도 무죄판결을 할 수 있는 경우이므로, 간이공판절차를 취소할 필요가 없다는 것이 다수설이다.

나. 취소의 절차

간이공판절차의 취소는 법원의 직권에 의하여 한다. 다만, 취소하기 전에는 검사의 의견을 들어야 한다(제286조의3). 검사의 의견을 들으면 족하며, 여기에 구속되는 것은 아니다. 취소도 결정에 의하여 해야 하며, 취소사유가 있는 때에는 법원은 반드시 취소해야 한다.

다. 취소의 효과

간이공판절차의 결정이 취소된 때에는 공판절차를 갱신해야 한다(제301의2). 공판절차를 갱신하면 통상의 절차에 의하여 다시 심판해야 하므로, 원칙적으로 증거조사절차를 다시 해야 한다. 그러나 검사·피고인 또는 변호인이 이의가 없는 때에는 갱신을 필요로 하지 않는다(제301의2 단서). 이 경우에는 간이공판절차에 의하여 행한 증거조사는 그대로 효력을 유지하고 이미 조사된 전문증거도 증거능력이 인정된다.

Ⅱ. 공판절차의 정지와 갱신

1. 공판절차의 정지

가. 공판절차정지의 의의

공판절차의 정지라 함은 심리의 진행을 방해할 중대한 사유가 발생한 경우에 그 사유가 없어질 때까지 공판절차를 법률상 진행할 수 없게 하는 것을 말한다. 공판절차의 정지는 주로 피고인의 방어권을 보호하기 위한 제도이다.

나. 공판절차정지의 사유

(1) 피고인의 심신상실과 질병

피고인이 사물의 변별 또는 의사결정을 할 능력이 없는 상태에 있는 때에는 법원은 검사와 변호인의 의견을 들어서 결정으로 그 상태가 계속되는 기간 공판절차를 정지하여야 한다(제306조 제1항). 피고인이 질병으로 인하여 출정할 수 없는 때에도 법원은 검사와 변호인의 의견을 들어서 결정으로 출정할 수 있을 때까지 공판절차를 정지하여야 한다(제306조 제2항). 피고사건에 대하여 무죄·면소·형의 면제 또는 공소기각의 재판을 할 것이 명백한 때에는 피고인의 출정없이 재판할 수 있다(제306조 제4항).

(2) 공소장의 변경

법원은 공소사실 또는 적용법조의 추가·철회 또는 변경이 피고인의 불이익을 증가할 염려가 있다고 인정한 때에는 직권 또는 피고인이나 변호인의 청구에 의하여 피고인으로 하여금 필요한 방어의 준비를 하도록 하기 위하여 결정으로 필요한 기간 공판절차를 정지할 수 있다(제306조 제5항).

(3) 소송절차의 정지

소송절차를 정지해야 하는 때에도 공판절차를 정지해야 한다. 소송절차를 정지해야 하는 경우는 다음과 같다.

(가) 기피신청

기피신청이 있는 때에는 기피신청이 부적법하여 기각하는 경우 이외에는 소송진행을 정지하여야 한다. 단, 급속을 요하는 경우에는 예외로 한다(제22조).

(나) 병합심리신청 등이 있는 경우

법원은 계속 중인 사건에 관하여 토지관할의 병합심리신청, 관할지정신청 또는 관할이전신청이 제기된 경우에는 그 신청에 대한 결정이 있기까지 소송절차를 정지하여야 한다. 다만, 급속을 요하는 경우에는 그러하지 아니한다.

다. 공판절차정지의 절차와 효과

(1) 공판절차의 정지는 법원의 결정으로 한다. 공소장변경의 경우에는 법원의 직권 또는 피고인이나 변호인의 청구에 의하여 공판절차를 정지할 수 있으나, 그 이외의 경우에는 법원의 직권에 의하여 정지한다. 피고인의 심신상실 또는 질병을 이유로 공판절차를 정지함에는 의사의 의견을 들어야 한다(제306조 제3항). 공판절차를 정지하는 기간에는 제한이 없다. 법원은 일정한 기간을 정하여 정지할 수도 있다.

(2) 공판절차정지의 효과

공판절차의 정지결정이 있으면 취소될 때까지 공판절차를 진행할 수 없다. 다만, 정지기간이 정하여진 때에는 기간의 경과로 인하여 공판절차의 정지는 당연히 효력을 잃는다. 정지되는 것은 협의의 공판절차, 즉 공판기일의 절차에 한한다. 따라서 구속 또는 보석에 관한 재판이나 공판준비는 정지기간 동안에도 할 수 있다. 공판절차정지의 결정을 취소하거나 정지기간이 경과한 경우에는 법원은 공판절차를 다시 진행해야 한다. 이 경우에 공판절차의 갱신을 요하는 것은 아니다. 다만, 피고인의 심신상실을 이유로 공판절차가 정지된 경우에는 그 정지사유가 소멸된 후의 공판기일에 공판절차를 갱신하여야 한다. 공판절차상의 정지사유가 없음에도 불구하고 공판절차가 법원의 결정으로 정지되었거나, 정지사유가 있는데도 불구하고 공판절차의 정지결정이 없는 경우에는 판결의 영향이 있는 법령위반에 해당하므로 항소 또는 상고의 이유가 된다(제

361조의5 제1호, 제383조 제1호).

2. 공판절차의 갱신

가. 공판절차갱신의 의의

공판절차의 갱신이라 함은 공판절차를 진행한 법원이 판결선고 이전에 이미 진행된 공판절차를 일단 무시하고 다시 그 절차를 진행하는 것을 말한다.

나. 공판절차 갱신의 사유

(1) 판사의 경질

공판개정 후 판사의 경질이 있는 때에는 공판절차를 갱신하여야 한다(제301조 본문). 구두변론주의와 직접주의의 표현이라고 할 수 있다. 따라서 재판이 내무적으로 성립하고 판결의 선고만을 하는 때에는 갱신을 요하지 않는다(제301조 단서). 판사의 경질이 있음에도 불구하고 갱신하지 않은 때에는 절대적 항소이유가 된다(제361조의5 제8호).

(2) 간이공판절차의 취소

간이공판절차의 결정이 취소된 때에는 공판절차를 갱신하여야 한다. 다만, 검사·피고인 또는 변호인의 이의가 없는 때에는 그러하지 아니한다(제301조의2).

이의가 없는 때란 당사자 쌍방에 이의가 없는 경우를 말한다. 간이공판절차에서의 심리가 부적법하거나 상당하지 않다는 것을 그 이유로 한다. 공판절차를 갱신하지 않고 판결을 선고한 때에는 상대적 항소이유가 된다(제361의5 제1호).

(3) 심신상실로 인한 공판절차의 정지

피고인의 심신상실로 인하여 공판절차가 정지된 경우에는 그 정지사유가 소멸한 후의 공판기일에 공판절차를 갱신하여야 한다.

다. 공판절차갱신의 절차와 효과

공판절차의 갱신은 공판절차를 다시 시작하는 것이므로, 종래의 절차를 무효로 하고 처음부터 절차를 다시 시작하는 것이 논리적이다.

(1) 판사경질의 경우

갱신절차에 대한 명문의 규정은 없다. 그러나 공판절차갱신의 이유가 직접주의와 구두변론주의에 있다는 점에 비추어 갱신전의 실체형성행위는 효력을 상실하므로 다시 할 것을 요하지만, 절차형성행위는 갱신에 의하여 영향을 받지 않는다고 본다.

(2) 간이공판절차의 취소와 공판절차의 경우

간이공판절차의 결정이 취소된 때에는 간이공판절차에서의 심리가 부적법하거나 상당하지 않다고 인정되는 경우이므로, 실체형성행위 뿐만 아니라 절차형성행위도 그 효력을 잃는다고 해야 한다. 피고인의 심신상실로 인하여 공판절차가 정지된 때에도 같다.

Ⅲ. 변론의 병합·분리·재개

1. 변론의 분리와 병합

법원은 필요하다고 인정한 때에는 직권 또는 검사·피고인이나 변호인의 신청에 의하여 결정으로 변론을 분리하거나 병합할 수 있다(제300조). 변론의 병합이란 수개의 사건이 동일 또는 별개의 법원에 계속되어 있는 경우에 한 개의 절차로 병합하여 동시에 심리하는 것을 말한다. 변론의 분리는 병합된 수 개의 사건을 분리하여 별개의 절차에서 심리하는 것을 말한다.

변론의 병합과 분리는 법원이 직권 또는 검사·피고인이나 변호인의 신청에 의하여 결정으로 한다. 변론을 분리 또는 병합할 것인가는 법원의 재량에 속한다(대판 1987.6.23. 87도706).

2. 변론의 재개

법원은 필요하다고 인정한 때에는 직권 또는 검사·피고인이나 변론인의 신청에 의하여 결정으로 종결한 변론을 재개할 수 있다(제305조). 종결된 변론을 재개하느냐의 여유도 법원의 재량에 속한다. 따라서 변론종결 후 선임된 변호인의 변론재개신청을 들어주지 않았다고 하여 위법이 있는 것은 아니다. 변론의 재개에 의하여 사건은 종결전의 상태로 돌아간다. 따라서 증거조사가 끝난 때에는 다시 최종변론이 행하여져야 하며, 피고인과 변호인은 최후진술권을 가지게 된다.

제2장 국민참여 재판절차

제1절 서 설

형사재판에서 시민이 참여하는 제도는 재판의 민주적 정당성을 확보하는 방법으로써 특히 사법의 신뢰회복이라는 점에서 강조되고 있다. 일본의 경우에는 2004년 5월 '재판원이 참가하는 형사재판에 관한 법률'이 제정되고 2009년 5월 21일부터 시행되고 있고, 우리도 국민의 형사재판참여 관한 법률(법률 제8495호)을 제정하여 2007년 1월 1일부터 1차적으로 시범실시하고, 2012년부터 새로운 국민참여재판제도를 마련하여 전면실시를 목표로 하고 있다.

이하에서는 배심제도, 참심제도를 개관한 뒤, 우리나라의 국민참여재판제도를 살펴보고, 향후 바람직한 국민참여재판에 대하여 간단히 언급하기로 한다.

제2절 직업법관 재판제도와 국민참여 재판제도의 비교

Ⅰ. 재판기관의 구성원 및 그 선정방식

우리나라 사법제도의 가장 큰 특징 중 하나는 헌법상 신분과 독립이 보장되는 직업법관에 의하여 소송이 심리, 종결되는 것이라고 할 수 있다.[1] 다시 말하면 우리나라에서는 원칙적으로 일반 국민들이 사건의 판단 과정에 참여하는 것이 허용되지 아니하였고 최종적인 판단 권한은 전적으로 직업법관에게 귀속되어 왔다. 이에 비해 국민참여 재판제도의 경우에는 일반국민 중에서 선정되는 재판참여시민이 직업법관과 함께 재판기관의 구성원이 된다. 국가에 따라서

1) "모든 국민은 헌법과 법률이 정한 법관에 의하여 법률에 의한 재판을 받을 권리를 가진다(헌법 제27조 제1항)." 일본국헌법 제32조에서는 "누구든지 재판소에서 재판을 받을 권리를 박탈당하지 아니한다."라고 규정하고 있다.

는 미국과 같이 직업법관의 선출에 국민이 직접 또는 간접적으로 관여하는 경우도 있지만, 우리나라와 같이 직업법관의 선출에 국민이 전혀 관여하지 않는 경우도 있다. 또한 독일과 같이 재판참여국민의 선정에 국민이 직접, 간접적으로 관여[2]하는 경우도 있지만 영국, 미국과 같이 그 선정에 국민이 관여하지 않는 경우도 있다.

Ⅱ. 재판기관 구성원의 임기

직업법관은 임기를 가지며 그 임기는 상대적으로 장기이다. 이에 비해 재판기관 구성원으로서의 재판참여시민의 경우에는 영국이나 미국에서와 같이 임기가 없거나 독일에서와 같이 임기를 갖되 그 임기는 상대적으로 단기이다.

Ⅲ. 재판기관 구성원의 직무범위

재판기관의 구성원이 담당하게 되는 재판업무는 크게 재판절차 전체를 주관하면서 진행하는 '주재의 업무'와 재판과정에서의 실체적 및 절차적 사항들에 대한 '결정의 업무', 재판의 최종 결과를 선언하는 '선고의 업무'의 세 가지로 분류할 수 있겠다. 두말할 필요 없이 직업법관재판제도에서는 이러한 주재업무, 결정업무, 선고업무를 모두 직업법관이 독점한다. 이에 비해 직업법관과 재판참여시민을 재판기관의 구성원으로 하는 국민참여 재판제도에서는 이들 간에 재판업무가 분담되거나 재판업무 중 일부에 대해서 이들이 함께 업무를 수행한다. 즉 직업법관은 주재업무와 선고업무를 전담하는 한편, 결정업무의 경우에는 절차적 사항에 대한 결정업무만을 전담하거나(배심제판제도) 실체적 및 절차적 사항에 대한 결정업무에 모두 참여한다.[3](참심재판제도)

---

2) 독일은 참심원을 선정하기 위한 기본인명부인 참심원후보자명부가 각 게마인데의회에서 출석의원의 3분의 2 이상 및 적어도 의원정원의 절반 이상의 동의에 의해 추천되는 사람들의 성명을 등재함으로써 작성되고, 이 명부를 기초로 하여 구법원직업법관 1인과 주정부 관료 1인, 주민대표 7인으로 구성되는 참심원선정위원회에서 3분의 2 이상의 다수결에 의해 참심원이 선정되고 있다.

3) 김대성, 국민이 참여하는 형사재판제도의 도입과 발전방안에 관한 연구, 건국대학교 박사학위논문, 2007, 147면.

Ⅳ. 양 제도의 장단점

직업법관 재판제도의 장점은 특히 사법 및 재판에 있어서의 효율성과 전문성의 측면에서 찾을 수 있겠다. 이 제도 하에서 재판을 전담하는 법관들은 전문적인 법률교육을 받은 자들로서 상대적으로 장기의 임기를 가지며 사법 및 재판의 업무수행을 직업으로 하기 때문이다. 그런 반면 직업법관 재판제도에서는 재판기관의 구성원이 오로지 직업법관으로 국한되고 이들이 상대적으로 장기의 임기 동안 재판을 전담하게 되기 때문에, 재판기관의 구성원이 고정적이고 폐쇄적 집단으로 변질될 위험성이 있다고 하겠다.[4)]

국민참여 재판제도는 일반국민이 직접 재판에 참여하여 재판업무를 수행한다는 점에서 재판 및 사법에서의 민주적 정당성이 확보된다고 하겠다. 그리고 국민참여 재판제도에서는 일반국민들 중에서 선정되는 재판참여시민들이 재판에 직접 참여하여 재판업무를 수행하면서 각자 자신들이 가지고 있는 상식이나 가치판단을 그대로 표현하여 반영하게 되므로, 재판에 일반국민들의 상식 및 가치판단이 보다 잘 반영될 수 있다고 본다. 이러한 이유에서 사법에 대한 국민의 신뢰도가 증진될 수 있는 효과적인 제도라고 하겠다.[5)]

다만, 참여국민이 공정성, 중립성을 가지지 못할 경우 재판에 대한 근본적인 회의를 야기할 우려가 있고[6)] 상대적으로 많은 비용과 시간이 소요되는

---

4) 이러한 위험성이 현실화되어서 국민들의 재판기관에 대한 불신, 불만이 우리나라 국민참여재판 도입의 큰 원인이 되었다. 법조비리사건이라도 통칭되는 재판기관의 폐쇄성, 권위주의화, 관료주의화 현상이 국민불신의 중심이라 하겠다. 최근 주요 법조비리사건으로는 1998년의 의정부 법조비리 사건, 1999년의 대전 법조비리 사건, 2006년의 김홍수비리사건 등을 들 수 있다. 이 사건들로 인해 '유전무죄, 무전유죄'라는 조어가 만들어졌다. 자세한 것은 안경환, 한인섭, 배심제와 시민의 사법참여, 집문당, 2005, 30면. ; 한인섭, "법조비리문제와 대안", 서울대학교 법학 제39권 제1호, 1998, 164면 이하 참조.

5) 미국의 Sillbert 판사는 "소유(ownership)"와 "책임성(accountability)" "투명성(transparency)"을 사법체제의 염결성(integrity)을 보장하는 세 가지 중요한 목표로 거론하고 있다. 이 세 가지 목표가 성취될 경우에는 사법체제의 염결성과 신뢰성은 증진된다고 한다(Jonathan E. Silbert, 조국 역, "미국 형사사법행정에서 시민참여 : 소유, 책임 그리고 투명성", 281~282면).

6) The Wall Street Journal의 law editor인 Stephen J, Adler는 미국의 배심제도와 관련하여 "우리는 배심의 이념은 사랑한다. 그러나 방법은 증오한다. 우리는 배심원의 민주적인

단점을 내포하고 있다.

제3절 국민참여 재판제도의 유형과 그 비교

Ⅰ. 국민참여 재판제도의 유형

1. 배심제도

배심제란 일반 국민으로 구성된 배심원이 재판에 참여하여 직업법관으로부터 독립하여 유·무죄의 판단에 해당하는 평결을 내리고, 법관은 그 평결에 기속되는 제도를 의미한다.[7)]

배심제는 영국에서 기원한 제도로서 시련을 통하여 유무죄를 결정하는 재판(ordeal)이 1219년경에 이르러 폐지되면서 자리 잡게 되었고, 18세기경에 이르러 배심원이 증거로부터 사실을 인정하는 근대적 배심제가 확립되었다. 영국의 배심제는 식민 지배를 통하여 미국으로 전파되게 되었는데, 미국 독립을 전후하여 영국 정부의 부당한 권력 행사로부터 개인의 자유를 보호한다는 의미에서 배심제의 중요성이 더욱 강조되었다. 오늘날 배심제는 영국, 미국뿐 아니라 캐나다, 호주, 스페인 등 50여개 국가에서 실시되고 있다.

전통적으로 배심재판은 국가의 권한 남용으로부터 피고인을 보호하는 기본적 장치로 인식되어 왔고, 따라서 국가 권력, 특히 법원으로부터 배심원의 독립성을 확보하는 것은 무엇보다도 중요하게 여겨왔다. 이와 같은 배심원의 독립성을 참심제와 구별되는 배심제의 가장 중요한 특징이라고 하겠다.[8)]

배심제의 장점으로는 ① 사법권한의 민주적 정당성 제고, ② 사법부에 대한 불신 해소, ③ 공판중심주의 실현, ④ 국민에 대한 법률교육 효과, ⑤ 상식에

힘은 찬양하지만 그들이 내린 평결은 더 이상 신뢰하지 않는다."고 하고 있다. Stephen. J. Adler, The Jury, Times Books, 1994, Introduction viii.

7) 이재원, "형사재판에 있어서 국민의 사법참여제도", 대구대학교 법학박사 학위논문, 2008, 11면.

8) 도중진, "형사재판절차에 있어서 배심 및 참심제도의 도입방안", 한국형사정책연구원, 2003, 65면.

기초한 쉽게 납득할 수 있는 재판 결과 등을 들고 있다. 이에 대하여 ① 배심원의 사건 결정 능력 부족,[9] ② 시간 및 경제적 손실, ③ 선입관, 편견 등 개인적 감정에 기초한 평결의 위험성 등의 단점도 제기된다.[10]

2. 참심제도

참심제란 일반 국민인 참심원이 직업법관과 함께 재판부의 일원으로 참여하여 직업법관과 동등한 권한을 가지고 사실문제 및 법률문제를 판단하는 제도를 말한다.

참심제는 13세기경 스웨덴이 가장 먼저 실시한 것으로 알려져 있고,[11] 현재 프랑스, 독일, 이탈리아, 노르웨이 등 유럽 대륙의 많은 나라들이 참심제를 실시하고 있다.[12] 다만 독일의 경우 참심원은 각 구법원의 참심원 선임위원회에서 참심원을 선정하고 그 임기는 4년인 반면, 프랑스의 경우 적어도 개정기가 시작되기 30일 전에 공개 법정에서 당해 연도 배심원 후보예정자 명부에서 추첨을 통하여 배심원 후보자를 선정하고, 이들은 그 개정기간 동안만 배심원의 임무에 종사한다는 차이가 있다. 참심원은 직업법관과 함께 재판부를 구성하여 평결을 한다는 점에서 직업법관으로부터 완전하게 독립하여 평결에 이르는 배심원과 뚜렷한 차이를 나타낸다.

참심제의 장점으로는 ① 국민의 직접적 사법참여, ② 직업법관에 대한 민주적 견제와 감시 기능, ③ 배심제와 비교하여 시간 및 경제적 손실의 최소화, ④ 전문 지식이 필요한 소송에서 일반 국민을 전문가로 활용 가능 등이 거론되고

---

9) The Wall Street Journel의 law editor인 Stephen J, Adler는 미국의 배심제도에 관련하여 "우리는 배심의 이념은 사랑한다. 그러나 방법은 증오한다. 우리는 배심원의 민주적인 힘은 찬양하지만 그들이 내린 평결은 더 이상 신뢰하지 않는다"고 하고 있다. Stephen, J. Adler, The Jury, Times Books, 1994, Introduction viii.

10) 법원행정처, 『국민의 형사재판 참여에 관한 법률해설』, 2007, 4면.

11) 박홍규, "시민이 재판을!", 사람생각, 2000, 253면. 사법개혁위원회, 사법개혁위원회 자료집(II), 2004, 390면.

12) 프랑스와 독일은 원래 배심제를 도입하였다가 참심제로 전환한 나라이고, 덴마크 등 일부 유럽국가에서는 배심제와 참심제를 병용하고 있다. 자세한 것은 도중진, "형사재판절차에 있어서 배심 및 참심제도의 도입방안", 한국형사정책연구원, 2003, 119면 이하참조.

있고, 단점으로는 ① 직업법관과 일반국민인 참심원이 대등한 지위에서 합의를 할 것으로 기대할 수 없고, ② 참심원이 직업법관의 영향을 받을 수밖에 없으므로 참심원의 역할은 형식적인 것에 그칠 가능성이 크며, ③ 국민의 일부만이 참심원으로 참가할 수 있기 때문에 국민의 사법참여가 명목적인 것에 그칠 수 있다는 점이 거론된다.

Ⅱ. 배심재판제도와 참심재판제도의 비교

1. 재판참여국민의 임기

배심제판제도에서는 배심원이 임기를 가지지 않으며, 일단 배심원으로 선정되면 하나의 사건의 재판에만 참여하게 된다. 이에 비해 참심재판제도에서는 참심원이 소정의 임기를 가지며, 그 임기 동안 여러 사건의 재판에 참여하게 된다. 그리고 여기서 참심원의 임기는 독일의 참심재판제도에서 4년의 임기제로 운영되고 있는 바와 같이 직업법관에 비해서는 단기[13]이다.

2. 재판참여국민의 인원수

전통적으로 영국에서 배심원단은 12인의 배심원으로 구성되어왔다. 사법관할권에 따라서 또는 당해 사건의 종류에 따라서 배심원단이 6인으로 구성되는 경우가 있기는 하지만, 미국에서도 일반적으로 배심원단은 12인의 배심원으로 구성된다. 이에 비해 독일에서 각 참심재판부의 구성원 중 참심원의 정원은 모두 2인이다.[14] 따라서 하나의 사건에 참여하는 재판참여시민의 인원수를 두고 볼 때, 배심재판제도에서의 배심원의 인원수가 참심재판제도에서의 참심원의

---

13) 박강우, "독일·오스트리아의 배심·참심제도와 국민의 사법참가", 인권과 정의 제321호, 대한변호사협회, 2003, 64면. 이탈리아에서는 참심원이 2년마다 선정되지만, 실질적으로 참심원의 임기는 3개월이라고 한다(자세한 것은 대검찰청자료집, 각국의 국민 형사재판 참여 제도 : 이탈리아, 56면 이하 참조).

14) 참심재판제도를 시행하고 있는 국가들에서 참심원의 정원이 반드시 2인인 것만은 아니다. 예컨대 이탈리아의 경우 참심원의 정원은 6인이며, 프랑스의 경우 참심원의 정원은 9인이다. (대검찰청자료집, 『각국의 국민 형사재판참여제도 : 이탈리아』, 10면; 『각국의 국민 형사재판참여 제도 : 프랑스』, 41면 참조).

인원수보다 상대적으로 더 많다고 하겠다.

3. 재판참여시민의 선정방식

배심재판제도에서는 출석통지를 받고 법원에 출석한 배심원후보자들 중 일부를 기피절차에서 공정한 배심원단의 구성이라는 명목 하에 소추인측 또는 피고인측이 이유를 제시하는 조건으로 또는 아무런 이유를 제시하지 않고 탈락시키기는 하지만, 이 점을 제외하면 배심원을 선정하는 방식은 원칙적으로 무작위 방식이라고 할 수 있다. 이에 비해 독일의 참심재판제도의 경우 참심원의 선정과정에 있어서 무이유부 기피제도가 존재하지 않고, 원칙적으로 참심원들은 작위의 방식에 의해 선정되며, 일반국민은 참심원의 선정에 대해 직접 또는 간접적으로 관여하다고 할 수 있다.

4. 재판참여국민과 직업법관의 관계

배심재판제도에서 배심원에게는 법관의 지위가 부여되지 않는다. 그리고 배심원단은 직업법관에 대해 독립적인 재판합의체의 지위를 갖는다. 당해 사건에서 배심원단이 판정을 내려야 할 사항에 대해서는 오로지 그 구성원인 배심원들만이 토의 및 결정하게 되고, 이에 관한 한 어떠한 외부의 영향도 받지 않으며, 전체 재판절차를 진행하는 역할 등을 담당하게 되는 직업법관은 배심원단과는 서로 다른 직무를 수행하게 되는 것이다. 이 점에서 배심원들의 재판참여의 형태는 직업법관과의 '분업' 형태라고 이야기되기도 한다.[15] 이에 비해 독일의 경우 참심원은 명예직법관으로서 일종의 법관에 해당한다. 참심재판제도에서는 참심원들이 직업법관과 함께 재판합의체를 구성하게 된다. 참심원과 직업법관은 하나의 재판합의체의 구성원으로서 공판에서 원칙적으로 동일한 직무를 수행하며, 결정해야 할 사항들에 대해 동일한 투표권을 갖는다.[16] 따라서 참심

15) 박홍규, 『사법의 민주화 : 재판을 재판한다』, 역사비평사, 1994, 171면.

16) 양건, "국민의 사법참가 : 참심제 3단계 도입론", 법조 제533호, 2001, 65면에 의하면 이러한 점에서 참심제도의 장점으로 오판가능성을 회피하거나 줄일 수 있다는 점을 들을 수 있다고 한다.

원은 직업법관과 '협업'형태라고 표현된다.[17)]

5. 재판기관 구성원의 직무범위

일반적으로 배심재판제도에서 배심원들은 피고인의 유·무죄 여부만을 판정하고, 배심원단이 피고인에게 유죄평결을 내리는 경우에 피고인의 양형은 직업법관이 판정한다. 즉, 배심재판제도에서 배심원들은 실체적 사항에 대한 결정업무만을 담당하는 데에 비해, 직업법관은 절차적 사항에 대한 결정업무와 함께 주재업무 및 선고업무까지 담당한다. 이에 비해 참심재판제도에서 참심원들은 재판합의체의 일원으로서 직업법관과 함께 피고인의 유·무죄 여부는 물론이고 양형까지 판정하게 된다. 즉, 참심재판제도에서 참심원들은 실체적 사항과 절차적 사항에 대한 결정 업무만을 담당하는 데에 비해, 직업법관은 이 업무와 함께 주재업무 및 선고업무까지 담당한다.

심급과 관련하여 영국과 미국의 배심재판제도에서는 배심원이 제1심 사건의 재판에만 참여하는 데에 비해, 독일의 참심재판제도에서는 참심원이 제1심 사건은 물론이고 항소심 사건의 재판에까지 참여한다.[18)]

6. 평결성립의 표결 요건

극히 제한적으로 허용되는 예외가 있기는 하지만, 영국과 미국의 배심재판제도에서는 일반적으로 피고인에 대한 유죄 또는 무죄의 평결이 성립하기 위한 표결 요건으로서 배심원 전원의견일치제를 원칙으로 하고 있다.[19)] 이에 비해

---

17) 김대성, "국민이 참여하는 형사재판제도의 도입과 발전방안에 관한 연구", 건국대학교대학원 박사학위논문, 2007, 151면.

18) 이탈리아의 참심원도 제1심 사건과 항소심 사건에 모두 참여하고 있다.(대검찰청자료집, 각국의 국민 형사재판참여 제도 : 이탈리아, 10면) 이와 달리 프랑스의 참심원은 제1심 사건에만 참여하고 있다.(대검찰청자료집, 각국의 국민 형사재판참여 제도 : 프랑스, 130면) 또한 프랑스는 참심제를 채택하고 있음에도 재판에 참여하는 국민을 배심원(le Jure)라고 한다. 자세한 것은 법원행정처, 『국민참여재판의 이해』, 2008, 5면.

19) 미국 연방대법원은 Apodaca사건에서 Oregon주 헌법이 사형범죄가 아닌 형사재판에서 12명의 배심원 중 10명의 찬성에 의한 유죄평결을 허용한 규정이 '만장일치의 요건은 상식적 판단의 실천에 중요하지 아니하며, 지역사회의 공정한 횡단적 대표성을 반영해야

독일의 참심재판제도에서는 피고인데 대한 유죄판결과 형이 선고되기 위해서는 참심재판부 구성원의 3분의 2 이상의 다수의견일치로 충분하다.

7. 판결문의 작성여부 및 항소제기의 대상

영국과 미국의 배심재판제도에서는 판결의 이유 등이 기재되는 판결문이 작성되지 않는다. 이에 비해 독일의 참심제도에서는 직업법관이 실제로 판결문을 작성한다. 한편 배심재판제도에서는 배심원단의 평결에 기초한 유죄판결에 대해서는 항소를 제기할 수 있지만, 무죄판결에 대해서는 항소를 제기할 수 없는 데에 비해, 참심재판제도에서는 참심원이 그 일원이 되는 참심재판부가 선고한 유죄판결 및 무죄판결에 대해서도 항소의 제기가 가능하다.

제4절 우리나라 국민참여재판의 주요내용과 평가

Ⅰ. 주요내용

1. 국민참여재판의 대상사건

국민의 형사재판 참여에 관한 법률은 고의로 사망의 결과를 야기한 범죄, 강도 및 강간이 결합된 범죄, 강도 또는 강간에 치상. 치사가 결합된 범죄, 일정한 수뢰죄 등을 국민참여재판의 대상사건으로 규정하고 있다(제5조 제1항). 그러나 이들 대상사건에 해당한다고 하더라도 피고인이 국민참여재판을 거부하는 경우, 또는 법원이 국민참여재판을 하는 것이 부적절하다고 결정하는 경우에는 국민참여재판은 열리지 않는다(제5조 제2항, 제9조 제1항).

한다는 배심제도의 본질적 요건충족의 필수요소도 아니다' 고 하면서 연방헌법 수정 제14조 및 수정 제6조에 위반되지 아니한다고 판시하여 배심제도에 있어 전원일치의 평결이 제도의 본질적 요소가 아님을 밝히기도 한바 있다.(Apodaca v. Oregon, 406 U.S. 404(1972).) 자세한 것은 이재석, 배심제도의 이념과 문제점, 비교형사법연구 제3권 제1호, 2001, 346~347면.

2. 배심원의 자격

배심원의 기본 자격요건은 만 20세 이상의 대한민국 국민이다(제16조). 이들 중에서 금치산자, 한정치산자, 파산자로서 복권되지 않은 자, 금고 이상의 실형을 선고받고 그 집행이 종료되거나 집행이 면제된 후 5년이 경과되지 않은 자, 금고 이상의 형의 집행유예를 선고받고 그 기간이 완료된 날로부터 2년이 경과되지 않은 자 등은 결격사유에 해당된다(제17조). 또한 직업 등을 이유로 하여 배심원에서 제외되기도 한다(제18조). 그리고 일정한 신분이 있을 경우 제척사유에(제19조), 만 70세 이상인 자 등은 면제사유에 해당된다(제20조).

3. 배심원단의 구성 및 배심원의 선정절차

배심원단은 법정형이 사형, 무기징역 또는 무기금고에 해당하는 대상사건에서는 9인으로, 그 외의 대상사건에서는 7인으로 구성된다. 다만 피고인 또는 변호인이 공판준비절차에서 공소사실의 주요 내용을 인정한 경우에는 법원이 배심원단을 5인으로 구성하게 할 수 있다(제13조 제1항). 아울러 법원은 배심원의 결원 등의 상황에 대비하여 5인 이내의 예비배심원을 둘 수 있다(제14조 제1항). 지방법원장은 행정안전부장관에게 요청하여 매년 해당 관할 구역 내의 주민등록자료를 교부받고 이를 토대로 배심원후보예정자명부를 작성한다(제22조). 법원은 이 명부에서 무작위 추출방식으로 필요한 수의 배심원후보자를 선정하고 이들에게 배심원 및 예비배심원의 선정기일을 통지한다(제23조 제1항). 통지를 받은 배심원후보자는 선정기일에 출석하여야 한다(제23조 제2항).

법원은 배심원후보자들에 대해 질문을 사용할 수 있고, 배심원후보자들은 정당한 이유가 없는 한 질문표에 기재된 질문에 답하여 법원에 이를 제출하여야 한다(제25조). 아울러 배심원 선정기일에 법원, 검사, 피고인 또는 변호인은 위와 같은 판단을 하기 위해 출석한 배심원후보자들에게 질문을 할 수 있고, 배심원후보자들은 정당한 이유없이 그 질문에 대하여 진술을 거부하거나 허위진술을 해서는 안 된다(제28조 제1항, 제2항). 배심원후보자의 답변 내지 진술을 통해 결격, 제외, 면제의 사유에 해당하거나 불공평한 판단을 할 우려가 있다고 인정하는 경우에는 법원은 직권으로 또는 검사, 피고인 또는 변호인의 기피신청에 의해 해당 배심원후보자에 대하여 불선정결정을 해야 하고, 검사 피고인 또는 변호인의 기피신청을 기각하는 경우에는 그 이유를 고지해야 한다(제28조 제3항). 그리고 검사와 변호인은 각각 배심원단의 정원이 9인인 경우에는 5인까지, 배심원단의 정원이 7인인 경우에는 4인까지, 배심원단의 정원이 5인인 경우에는 3인까지 배심원후보자에 대한 무이유부 기피를 신청할 수 있고, 무이유부 기피신청을 당한 배심원후보자는 배심원 선정에서 탈락된다(제30조 제1항, 제2항).

4. 공판준비절차 및 공판절차

국민참여재판은 일반국민이 참가하는 재판인 점을 고려하여, 국민참여재판의 공판절차가 순조롭고 무리 없이 진행되도록 하기 위하여 법률은 공판절차에 앞서서 공판준비절차를 반드시 거치도록 하고 있다(제36조 제1항). 공판준비절차가 종료하면 이어서 공판에 판사, 배심원, 예비배심원, 검사, 변호인이 출석함으로써 공판이 개시된다(제39조 제1항). 법원은 특별한 사정이 없는 한 공판정에서의 심리를 속기하게 하거나 녹음 또는 영상녹화를 해야 한다(제40조 제2항). 공판단계에서 배심원과 예비배심원은 피고인 증인에 대하여 필요한 사항을 신문해 줄 것을 재판장에게 요청하거나 재판장의 허가 하에 필기를 할 수 있지만(제41조 제1항), 심리 도중에 퇴정하는 행위, 평의전에 당해 사건에 관한 자신의 견해를 밝히거나 의논하는 행위, 재판절차 외에서 당해 사건에 관한 정보를 수집하거나 조사하는 행위 등은 금지된다(제41조 제2항). 아울러 배심원 또는 예비 배심원은 법원의 증거능력에 관한 심리에는 관여할 수 없다(제44조).

5. 평의, 평결 및 그 효력

변론이 종결되고 재판장으로부터 공소사실의 요지와 적용법조, 피고인과 변호인 주장의 요지, 증거능력, 기타 유의사항에 관한 설명을 들은 후에(제46조 제1항), 배심원단은 피고인의 유, 무죄 여부에 관해 평의를 시작한다. 배심원 전원의 의견이 일치하면 이에 따라 평결을 하고, 배심원 과반수의 요청이 있으면 심리에 관여한 판사의 의견을 들을 수 있다(제46조 제2항). 최초의 평의 결과 배심원 전원의 의견이 일치하지 않는 경우에는 배심원단은 심리에 관여한 판사의 의견을 들은 후에 평결을 해야 하고, 이 때 유죄의 평결은 다수결에 의한다(제46조 제3항). 배심원단의 평결이 유죄인 경우에는 배심원들은 심리에 관여한 판사와 함께 양형에 관해서 토의하고 그에 관한 의견을 개진한다(제46조 제4항). 그러나 피고인의 유, 무죄 여부에 대한 배심원단의 평결과 양형에 관한 배심원들의 의견은 법원을 기속하지 않으므로(제46조 제5항), 피고인의 유, 무죄 여부와 양형에 관한 최종결정권은 법관에게 있다. 다만 재판장은 판결 선고시에 피고인에게 배심원단의 평결을 고지해야 하며, 배심원단의 평결과 다른 판결을 선고하는 경우에는 피고인에게 그 이유를 설명해야 함은 물론(제48조 제4항), 판결서에 그 이유를 기재해야 한다(제49조 제2항).

Ⅱ. 평 가

대한민국의 국민참여 형사재판제도에는 배심재판제도의 요소와 참심재판제도의 요소가 혼합되어 있다. 우선 배심재판제도의 요소로 볼 수 있는 것은 하나의 재판사건에 참가하는 배심원의 인원수가 9인 또는 7인, 5인으로 비교적 다수인 점, 배심원으로 선정된 시민은 임기가 없이 하나의 재판사건만을 담당하게 되는 점, 배심원의 선정절차 중에 배심원후보자에 대한 심문절차 및 기피제도가 있는 점, 배심원들은 원칙적으로 그들만의 평의에 의해 만장일치로 피고인의 유, 무죄 여부에 대한 평결에 도달하게 되는 점 등이다. 그리고 참심재판제도의 요소로 볼 수 있는 것은 만장일치 평결이 어려울 때 법관의 의견을 듣고 다수결로 평결하는 점, 양형에 관해서는 배심원들이 판사와 함께 토의하고 그에 관한 의견을 개진하는 점, 판결문이 작성되는 점 등이다. 따라서 위의 제도는 참심재판제도 보다는 배심재판제도의 요소를 더 많이 담고 있다고 할 수 있겠다.

제5절 국민참여재판의 향후과제

우리나라의 제도는 배심재판제도를 기본 모델로 하면서 참심제적요소를 가미한 제도로 이해하는 것이 타당하다고 본다. 일본국의 국민참여재판은 위 V장 2절에서 본 바와 같이 참심재판제도를 기본모델로 하면서 배심재판제도의 요소를 가미한 제도로 이해하는 것이 타당하다고 본다.

일본국의 국민참여재판이 독일 등 기존 참심제도 국가에서 행하던 단점을 보완한 즉, 재판참여국민의 임기나 인원수, 국민의 선정방식 등에서 보다 민주적 정당성을 둘 수 있도록 배심제적 요소를 가미한 형태의 참심제도의 진화된 제도라 평가[20]할 수 있는데 비하여, 우리나라의 경우 기본적으로 배심제도를 택하여 국민의 형사재판참여에 따른 사법의 민주적 정당성과 국민주권원리를 실현하여 신뢰를 높이려고 의도하였음에도 불구하고 가장 중요한 기준이 될 수 있는 유무죄, 양형에 대한 평결의 효력 면에서 법원을 기속하지 않고 권고적 효력에 그친다는 점에서 알맹이가 없는 배심제도라고 표현할 수밖에 없다.[21] 무늬는 배심제도이되 실질은 없는 우리나라의 제도로 인하여 배심원이 집중심리를 통하여 무죄평결을 내려도 법원은 이를 배척하는 사례가 이미 발생하였는가 하면 심지어는 1심에서 배심평결을 통하여 재판장에 의해 무죄 판결이 선고된 피고인에 대하여 2심에서는 직업법관 합의부에서 원심이 파기되고 유죄판결을 선고하는 사례도 발생하게 되었다.[22] 배심제도의 기본은 일상생활 문제에서 12인의 배심원은 직업법관보다 더 현명하고 안정된 결론을 이끌어 낼 수

20) 일본국의 재판원은 사안에 따라 6명이 3명의 법관과 함께 재판에 참가하거나, 4명이 1명의 법관과 함께 재판에 참가하여 유, 무죄 판정 및 양형에 동일한 권리를 행사하고 과반수 이상의 의견이 있으면 그 의견에 따라 판결주문이 결정된다는 점에서 배심평결이 권고적 효력 밖에 인정되지 않는 우리나라에 비해서는 훨씬 더 국민주권원리에 접근한 제도라 평가할 수 있다.

21) 배심원이 무죄평결을 할 경우 검사가 항소할 수 없도록 해야 하고 유, 무죄 평결 또는 양형에 대한 항소는 검사, 피고인이 제기할 수 있으나 배심사건의 항소심은 현재의 상소이유(형사소송법 제383조)로 제한된 범위 내에서만 인정하여야 한다는 것이 배심제도입의 전제로 제시된 바 있다. 한인섭, 형사재판에서 배심제의 도입–그 필요성, 가능성, 구체적 방안은 무엇인가–, 형사정책연구 제14권 제2호, 2002, 145면.

22) 서울고등법원 2008.7.3. 선고 2008노946 판결, 국민참여재판 절차로 진행한 인천지방법원 2008고합46호 상해치사, 사기사건에서 상해치사의 점은 무죄로, 사기죄에 대하여는 징역 6월의 판결이 선고된 바 있으나 서울고등법원에서 열린 항소심에서는 원심판결을 파기하고 상해치사의 점도 유죄로 인정하여 징역 2년의 판결을 선고하게 되었다. 그 후 이 판결은 대법원 2008.10.23. 선고 2008도6472 판결로 확정되었다.

있다는 믿음[23)]이라고 볼 수 있는데, 우리나라의 경우 이 믿음이 없으면서도 '배심제도의 신봉자'라고 주장하는 것과 다르지 않다고 생각된다.

물론, 첫 술에 배부를 수 없는 것처럼 국민참여재판 초기에 모든 것을 다 달성할 수 없다는 점에 동의하지만 직업법관이 배심원의 평결에 기속되지 않는 것을 물론이고 국민참여재판을 통하여 무죄판결된 사안을 항소심의 직업법관이 이를 파기하고 유죄판결을 가능케 할 수 있다는 점은 납득하기 어렵다. 현재의 국민참여 형사재판은 도입 초기의 과도기적 제도라고 생각하며 배심원의 평결에 가치를 부여하는 방향으로 개정되어야 마땅하다고 본다. 배심원들의 건전한 상식과 합리적인 판단을 믿을 수 없다면 배심제도를 도입한 국민참여재판을 해야 할 이유가 없으며 만약 배심원들의 판단의 합리성을 인정하면서도 그 판단에 권고적 효력만을 부여하는 것이라면 이는 직업법관의 전지전능을 맹신하는 것으로 볼 수밖에 없다고 생각한다.

국민과 함께 하는 사법부, 국민의 신뢰를 회복할 수 있는 사법부를 구현해 내기 위해서는 배심원과 직업법관이 각자의 임무에 충실해야 할 것이다. 직업법관은 형사소송절차를 지휘하고 배심원들의 오류를 막을 수 있는 일반적 설명 등 조력을 하여야 할 것이고 배심원들은 스스로가 당해 사건을 판단해야 하는 법관이라는 소명의식을 가지고 주어진 조건과 시간이 허용하는 최대한의 임무수행을 통하여 소임을 다하여야 한다. 법률은 이 양자의 분업, 협업관계를 지지하고 지원하는 방향으로 정비 되어야 할 것이다.

---

23) 법원행정처에서는 국민참여재판의 시행을 앞두고 2007.12.12. 동일한 사안을 가지고 전국 12개 법원에서 국민참여 모의재판을 열었는데 배심원단의 평결은 12개 법원 모두 일치하여 무죄 평결되었다. 모의재판의 시나리오는 실제로 대법원에서 무죄판결을 확정받았던 사건을 토대로 만들어졌다. 모의재판에서 전국 법원의 배심원단 평결이 무죄로 나오면서 그간 일각에서 일반인들로 구성된 배심원단이 실체적 진실을 가려낼 수 있을지에 대한 우려의 목소리가 있었으나 이를 잠식시켰다는 평가를 받고 있다. 재판진행을 맡은 판사들은 한결같이 배심원들의 진지한 태도와 증거분석능력에 감탄했다고 한다. 자세한 것은 법률신문 2007.11.20. 참조.

제3장 증 거

제1절 증거의 의의와 종류

Ⅰ. 증거의 의의

형사절차는 피고사건의 실체적 진실을 밝히고 이에 형벌법규를 적용함으로써 국가형벌권을 실현시키는 과정이다. 이를 위해서는 형벌법규 적용의 전제가 될 사실관계의 확정이 필수적으로 요구된다. 사실관계를 확정하는 데에 사용되는 자료를 증거라고 한다.

증거에 의하여 사실관계가 확인되는 과정을 증명이라고 하고, 증명의 대상이 되는 사실을 증명사실이라고 하며, 증거와 증명하고자 하는 사실과의 관계를 입증취지라고 한다.[1]

Ⅱ. 증거의 종류

1. 직접증거, 간접증거(정황증거)

요증사실과의 관계에 따른 분류로서 요증사실의 존부를 직접 증명하는 증거를 직접증거(예를 들면 피해자나 목격자의 진술)라고 하고, 요증사실의 존부를 간접적으로 추인케 하는 사실(간접사실, 정황사실 라고 한다)을 증명하는 증거를 간접증거 또는 정황증거(예를 들면 범행도구나 장물)라고 한다.

직접증거와 간접증거는 증명력 자체에는 우열이 없다. 다만 간접증거에 의하여 요증사실을 인정하는 경우에는 특히 그 추론과정이 경험칙과 논리칙에 부합하여야 할 것이다.[2]

---

1) 신동운, 858면.

2) 대판 1993.3.23. 92도3327, 1994.9.13. 94도1335.

2. 인증, 물증(증거물), 증거서류, 증거물인 서면

증인의 증언, 피고인의 진술 등과 같이 법원의 면전에서 행한 사람의 진술내용이 증거로 되는 것을 인증이라고 하고 범행에 사용한 흉기 장물등과 같이 물건의 존재 및 상태가 증거로 되는 것을 물증 또는 증거물이라고 하며, 서류의 기재내용이 증거로 되는 것을 증거서류라고 한다.

서류는 위와 같이 그 기재내용이 증거로 되는 경우(증거서류) 외에, 예컨대 위조죄에 있어서의 위조문서, 무고죄에 있어서의 허위고소장 등과 같이 증거물과 증거서류 양자의 성질을 함께 가지고 있어서 그 기재내용뿐만 아니라 그 존재와 상태도 증거로 되는 경우가 있는바, 이를 증거서류와 분리하여 증거물인 서면이라고 부른다.

위의 분류는 증거조사의 방법에 있어서 차이가 있는바, 인증은 신문, 물증(증거물)은 제시, 증거서류는 증시(또는 내용의 고지), 증거물인 서면은 제시 및 조서(또는 내용의 고지)의 방법에 의하여 증거조사를 한다.

3. 본증, 반증

증거의 용법에 의한 분류로서, 거증책임을 지는 당사자가 그 책임을 다하기 위하여 제출하는 증거를 본증이라고 하고, 본증에 의하여 증명하려고 하는 사실의 존재를 부인하기 위하여 제출하는 증거를 반증이라고 한다.

반증은 증명력을 다투기 위한 증거, 즉 탄핵증거와는 다르다. 탄핵증거는 단지 본증 또는 반증으로서 제출된 증거 자체의 증명력을 다투기 위하여 제출되는 증거이고, 요증사실의 존부를 직접 또는 간접으로 증명하기 위하여 사용되는 본래의 증거는 아니다.[3)]

종래 탄핵증거에 대하여는 증거조사를 하지 않음이 실무례였으나, "탄핵증거는 범죄사실을 인정하는 증거가 아니므로 엄격한 증거조사를 거쳐야할 필요가 없음은 형사소송법 제318조의2 제1항의 규정에 따라 명백하다고 할 것이나, 법정에서 이에 대한 탄핵증거로서의 증거조사는 필요하다"라는 대법원 판례[4)]이

---

3) 정영석·이형국, 308면.

4) 대판 1998.2.27. 97도1770(대판 2005. 8.19. 2005도2617도 같은 취지이다).

후 실무에서도 탄핵증거에 대하여 증거조사를 하고 있다.

제2절 증거재판주의

I. 의 의

1. 형사소송법 제307조의 취지

형사소송법 제307조 제1항은 "사실의 확정은 증거에 의하여야 한다"라고 규정하여 증거재판주의를 선언하고 있다. 사실의 인정은 증거에 의하여야 한다는 것 자체는 모든 재판절차에 있어서 자명한 원리이다.

특히 형사절차는 국가가 보유하고 있는 제재방법 가운데 가장 강력한 형태인 형벌을 실현하는 절차이므로 그만큼 피고인 보호의 필요성이 크다. 이 때문에 형사절차에 있어서의 증거재판주의는 피고사건을 구성하는 사실이 법률이 자격을 인정한 증거에 의하여 법률이 규정한 증거조사방법에 따라 증명되는 경우에 한하여 피고인을 처벌할 수 있다는 특수한 규범적, 실정법적 의미를 가지게 된다. 이러한 원칙을 '엄격한 증명의 법리'라고 부른다.

2. 엄격한 증명과 자유로운 증명

위와 같이 법률상 증거능력이 있고 적법한 증거조사를 거친 증거에 의한 증명을 엄격한 증명이라고 함에 대하여 증거능력이 없는 증거나 법률이 규정한 증거조사방법을 거치지 아니한 증거에 의한 증명을 자유로운 증명이라고 한다.

자유로운 증명에 있어서는 그 증거가 증거능력이 있을 필요가 없고[5] 법률이 규정한 방법에 의한 증거조사를 거칠 필요도 없으나,[6] 법정에서 이에 대한 증거조사 자체는 필요한 것으로서[7] 구체적으로는 법원의 재량에 의하여 상당한

---

5) 대판 1985.5.14. 85도441, 1996.1.26. 95도1333.

6) 대판 1978.10.31. 78도2292, 1998.2.27. 97도1770. 판례는 이를 엄격한 증거조사라고 표현한다.

7) 이재상, 501면, 정영석·이형국, 315면, 대판 1998.2.27. 97도1770.

방법으로 조사하면 족하다 할 것이다.[8)]

Ⅱ. 엄격한 증명의 대상

1. 공소범죄사실

공소장에 기재된 범죄사실이 주요사실로서 엄격한 증명의 대상이 된다는 점에 대하여는 이론이 없다. 여기서 공소범죄사실이란 범죄의 특별구성요건을 충족하는 구체적 사실로서 위법성과 책임을 구비한 것을 말한다.

가. 구성요건해당사실

특별구성요건에 해당하는 사실은 행위의 주체, 객체, 일시, 장소, 방법, 결과발생, 인과관계 등 객관적 구성요건요소를 이루는 사실뿐만 아니라, 고의, 과실, 목적, 불법영득의사 등 주관적 구성요건요소를 충족하는 사실도 모두 엄격한 증명의 대상이 된다. 공모공동정범에 있어서 공모,[9)] 교사자의 교사행위,[10)] 상습범에 있어서의 상습성, 죄수를 결정짓는 사실, 야간주거침입절도죄 등과 같이 범행이 야간에 이루어질 것이 요구되는 범죄에 있어서의 일출, 일몰시각 등도 엄격한 증명의 대상이 된다. 구성요건사실의 존부를 알아내기 위해 과학공식 등의 경험칙을 이용하는 경우 그 법칙 적용의 전제가 되는 개별적이고 구체적인 사실에 대하여도 엄격한 증명이 필요하다.[11)]

나. 위법성과 책임에 관한 사실

구체적 사실이 특별구성요건을 충족하면 그 위법성과 책임은 사실상 추정된다.[12)] 따라서 특별한 사정이 없는 한 위법성과 책임에 관한 사실이 별도로 문

---

8) 이재상, 501면.

9) 대판 2000.3.14. 99도4923, 2003.1.24. 2002도6103.

10) 대판 2000.2.25. 99도1252.

11) 대판 2000.6.27. 99도128, 2005.7.28. 2005도3904(위드마크 공식을 사용하여 혈중 알코올농도를 추정함에 있어 그 전제사실인 음주량, 음주시각, 체중, 평소의 음주정도 등의 인정에 관한 것임).

제되는 경우는 없다고 할 수 없다. 문제는 피고인이 위법성조각사유와 책임조각사유등 범죄성립을 조각하는 사유를 주장하고 피고인측의 입증활동에 의하여 법관이 범죄성립조각사유가 있지 않은가에 관하여 합리적 의심을 갖게 된 경우인데 이때는 검사가 그러한 사유의 부존재에 대하여 증명을 하여야 하고[13] 이 경우 그 방법에 있어서는 엄격한 증명에 의하여야 한다고 볼 것이다.[14]

한편, 명예훼손죄에 있어서의 위법성조각사유인 이른바 사실증명에 대하여 엄격한 증명의 대상으로 보는 견해가 있으나[15] 판례는 행위자가 증명하여야 하며 자유로운 증명의 대상으로 본다.[16]

다. 처벌조건에 관한 사실

처벌조건은 공소범죄사실 자체는 아니지만 실체법상 범죄성립요소를 이루면서 형벌권의 발생에 직접 기초가 되는 사실이므로 엄격한 증명의 대상이 된다. 따라서 친족상도례에 있어서 일정한 친족관계의 부존재에 관한 사실은 엄격한 증명의 대상이 된다.

2. 형벌권의 범위에 관한 사실

형의 종류와 형량에 관한 사실은 범죄사실의 존부 못지않게 피고인의 이익에 중대한 영향을 미치는 사유이므로 엄격한 증명의 대상이 된다고 보는 것이 통설이다.[17] 몇 가지 경우를 나누어 살펴본다.

가. 법률상의 형의 가중, 감면의 이유되는 사실

누범전과와 같은 법률상 형을 가중하는 사유에 해당하는 사실이 엄격한 증명

---

12) 신동운, 867면.

13) 통설은 범죄성립조각사유의 부존재에 관한 거증책임도 검사에게 있다고 본다.

14) 배종대·이상돈·정승환, 545면, 백형구, 599면, 신동운, 867면, 이재상, 503면, 임동규, 447면은 모두 결론에 있어 동일하다.

15) 이재상,503면, 임동규, 447면.

16) 대판 1996.1.25. 95도1473, 2004.5.28. 2004도1497.

17) 배종대·이상돈·정승환, 545면, 백형구, 599면 신동운, 868면, 이재상, 503면, 정영석·이형국, 316면.

의 대상이 됨에는 의문의 여지가 없다. 판례는 전과에 관한 사실은 피고인의 자백만으로 인정할 수 있다고 하나,[18] 그 취지는 엄격한 증명의 대상이 되지 않는다는 것이 아니라, 전과사실의 자백에 대하여는 별도의 보강증거가 필요 없다는 취지로 이해할 것이다.

판례는, 심신장애를 인정하는 경우 그 기초가 되는 사실은 엄격한 증명의 대상이 아니라고 보고 있다.[19]

나. 몰수, 추징에 관한 사실

판례는 몰수, 추징의 대상이 되는지 여부나 추징액의 인정은 엄격한 증명이 필요 없다고 한다.[20]

3. 간접사실, 경험법칙, 법규

가. 간접사실

요증사실이 주요사실인 경우에는 요증사실의 존부를 간접적으로 추인케 하는 사실, 즉 간접사실도 엄격한 증명의 대상이 된다.[21]

알리바이증명에 대하여는 주요사실에 대한 간접적 반대증거가 될 수 있는 간접사실이라는 견해가 있으나,[22] 피고인측이 자신의 범행현장 부재사실을 엄격한 증명에 의하여 입증하지 않으면 안된다는 결론은 엄격한 증명의 법리가 피고인 보호를 위하여 요구되고 있다는 점에 비추어 볼 때 납득하기 어렵다 할 것이므로, 알리바이 주장은 구성요건해당사실의 존재에 대한 다툼으로서 검사가 구성요건해당사실 자체를 엄격한 증명의 방법으로 입증해야 한다는 견해[23]

---

18) 대판 1973.3.20. 73도280, 누범전과에 관한 대판 1979.8.21. 79도1528, 상습성 인정의 전과에 관한 대판 1981.6.9. 81도1353.

19) 대판 1996.5.10. 96도638, 1998.3.13. 98도159.

20) 대판 1981.2.10. 80도2722, 1982.2.9. 81도3040, 1987.4.11. 87도399, 1993.6.22. 91도3346.

21) 대판 2006.5.25. 2006도641.

22) 이재상, 504면. 이 견해는 거증책임긍정설의 입장에 서서 알리바이 증명에 대한 거증책임이 피고인에게 있다고 본다(이재상, 510면).

23) 신동운, 869면. 이 견해는 거증책임긍정설의 입장에 서서 알리바이 주장은 범죄사실을

가 타당하다 할 것이다.[24)]

나. 경험법칙

경험법칙이라 함은 경험에서 귀납된 사물의 성상과 인과관계 등에 관한 지식과 법칙으로서 증명과정에 사용되는 준칙인 것이지 원래 증명의 대상이 되는 것은 아니다.

그러나 공소범죄사실 등 주요사실에 대한 증명의 준칙으로 사용된 경험법칙이 보통의 상식과 교양에 속하는 공지의 것이 아니고 특수한 전문적 지식을 요구하는 과학적 경험법칙인 경우에는 엄격한 증명의 대상이 된다.[25)]

다. 법 규

법규의 존부와 그 내용은 법원의 직권조사사항에 속하므로 원래 증명의 대상이 되지 않는다. 그러나 외국법규나 관습법과 같이 그 법규의 존재 및 내용이 일반적으로 명백하지 않은 경우에는 증명의 필요가 생긴다. 즉 친족상도례에 있어서의 친족관계의 문제와 같이 외국법규나 관습법이 그 전제되는 사실과 밀접 불가분의 관계를 이루게 되는 경우에는 엄격한 증명의 대상이 된다.

Ⅲ. 자유로운 증명의 대상

1. 정상관계사실

피고인의 경력, 성격, 환경, 범죄 후의 정황, 양형의 자료로만 되는 정상전과 등 형의 선고유예 또는 작량감경 및 양형의 조건이 되는 일반적인 정상관계 사

인정하는 데에 합리적인 의심을 제기하는 것이므로 이에 대한 증명이 불분명한 경우에는 검사에게 거증책임이 돌아간다고 보아야 한다고 한다.(신동운, 878면) 동지 김진환, '엄격한 증명의 대상 - 알리바이의 증명을 중심으로', 고시계(1990.6), 59면. 한편 배종대, 이상돈, 정승환, 534면은 거증책임부정설의 입장에 서서 알리바이 주장에 대한 증명이 불분명한 경우에는 의심스러울 때에는 피고인에게 유리하게의 법리에 따라 해결하는 것이 타당하다고 한다.

24) 배종대·이상돈·정승환, 534면, 신동운, 878면.

25) 신동운, 870면, 이재상, 504면, 임동규, 449면.

실은 비록 형벌권의 범위에 관한 사실이기는 하지만, 원래 법원의 재량에 맡겨져 있는 양형의 성격상 자유로운 증명으로 족하다고 하는 것이 통설이다.[26]

2. 소송법적 사실

소송법적 사실이란 범죄사실이나 양형사실 이외에 형사절차와 관련된 사실을 말한다. 소송법적 사실 중 소송조건의 존부와 절차진행의 적법성에 관한 순수한 소송법적 사실, 예컨대 친고죄에 있어서 고소의 유무,[27] 고소의 취소,[28] 피고인의 구속기간, 공소제기, 공판개시, 피고인신문이 적법하게 행하여졌는가 등은 자유로운 증명으로 족하다는 데에 이론이 없다.

소송법적 사실 중 증거의 증거능력을 인정을 위한 기초사실,[29] 특히 자백의 임의성에 관한 사실에 대하여는 견해의 대립이 있다. 다수의 판례는, 피고인이 진술의 임의성을 다투는 경우에는 법원은 구체적인 사건에 따라 당해 조서의 형식과 내용, 피고인의 학력, 경력, 직업, 사회적 지위, 지능 정도 등 제반사정을 참작하여 자유로운 심증으로 임의성 여부를 판단하면 된다고 하고 있고,[30] 한편 검사 작성의 피의자신문조서에 기재된 피의자의 진술에 관하여 공판정에서 그 임의성 유무가 다투어지는 경우에는 법원은 구체적인 사건에 따라 증거조사의 방법이나 증거능력의 제한을 받지 아니하고 제반사정을 종합 참작하여 적당하다고 인정되는 방법에 의하여 자유로운 증명으로 그 임의성 유무를 판단하면 된다고 한 것도 있다.[31] 위와 같은 판례의 태도는 자백의 임의성에 관한 사실은 자유로운 증명의 대상이라고 보는 입장이라고 일반적으로 이해되고 있다.

---

26) 신동운, 868면, 이재상, 505면, 임동규 449면, 윤용섭, '엄격한 증명과 자유로운 증명', 형사증거법(상) 74면.

27) 대판 1999.2.9. 98도2074.

28) 대판 1999.5.14. 99도947.

29) 배종대·이상돈·정승환, 546면은 책임관련적 소송법적 사실이라고 한다.

30) 대판 1997.10.10. 97도1720, 2003.5.30. 2003도705 등 다수.

31) 대판 1986.11.25. 83도1718. 피고인이 진술의 임의성을 다투는 경우 법원은 적당하다고 인정하는 방법에 의하여 조사한 결과 그 임의성에 관하여 심증을 얻게 되면 이를 증거로 할 수 있다고 하는 대판 1999.9.3. 99도2317도 같은 취지로 보인다.

한편, 판례는 제313조 제1항 단서의 특히 신빙할 수 있는 상태는 증거 능력의 요건에 해당하므로 검사가 그 존재에 대하여 구체적으로 주장, 입증하여야 하는 것이지만 이는 소송상의 사실에 관한 것이므로, 엄격한 증명을 요하지 아니하고 자유로운 증명으로 족하다고 한다.[32)]

3. 보조사실

증거의 증명력에 영향을 미치는 보조사실, 즉 증거의 증명력을 탄핵하는 사실[33)]은 자유로운 증명으로 족하다.

판례는 증거의 증명력을 탄핵하는 경우에 관하여 위와 같은 견해를 취하고 있을 뿐만 아니라[34)] 나아가 공소사실과 양립할 수 없는 반대사실도 자유로운 증명으로 족한 것으로 보고 있다.[35)]

Ⅳ. 거증책임의 전환

1. 의 의

형사소송에서는 원칙적으로 모든 실체법적 사실에 대하여는 검사가 거증책임을 지므로, 피고인이 거증책임을 부담하는 경우를 거증책임의 전환이라고 한다(통설).

2. 현행법상의 거증책임전환

거증책임의 전환이 문제되는 규정으로 보통 상해죄의 동시범 특례(형법 제263조)와 명예훼손죄의 위법성조각사유(제310조)등을 들 수 있다.

---

32) 대판 2001.9.4. 2000도1743.

33) 강간 범행의 피해자의 진술을 탄핵하기 위하여 그 피해자가 피해망상증으로 정신병원에서 치료를 받은 적이 있다는 사실 또는 그 피해자가 전에도 다른 사람을 강간 혐의로 고소하였는데 그 피의사건이 무혐의 처리된 사실 등이 그 예이다.

34) 대판 1978.10.31. 78도2292.

35) 대판 1981.12.22. 80도1547, 1994.11.11. 94도1159 이러한 판례에 반대하는 견해로는 이재상, 615면.

가. 상해죄의 동시범 특례

(1) 형법 제263조는 "독립행위가 경합하여 상해의 결과를 발생하게 한 경우에 있어서 원인된 행위가 판명되지 아니한 때에는 공동정범의 예에 의한다."고 규정하고 있다. 이것을 형법 제19조(독립행의의 경합)에 대한 예외라는 점에서 '상해죄의 동시범 특례'라고 한다.

(2) 거증책임전환설

상해죄의 동시범의 경우에는 행위자가 자신의 행위에 의하여 상해의 결과가 발생하지 않았다는 것을 증명해야 할 거증책임을 부담하고, 만일 그러한 증명을 하지 못하면 공동정범으로 처벌된다고 보는 견해이다. 즉 상해죄의 동시범의 경우에는 거증책임이 검사로부터 행위자에게 전환된다고 본다.

나. 명예훼손죄의 사실의 증명

(1) 형법 제310조는 명예에 관한 죄에 대하여 "형법 제307조 제1항의 행위가 진실한 사실로서 오로지 공공의 이익에 관한 때에는 처벌하지 아니한다."고 규정하고 있다.

(2) 판례(거증책임전환설)

「… 공연히 사실을 적시하여 사람의 명예를 훼손한 행위가 형법 제310조의 규정에 때라서 위법성이 조각되어 처벌대상이 되지 않기 위하여는 그것이 진실한 사실로서 오로지 공공의 이익에 관한 때에 해당된다는 점을 행위자가 증명하여야 하는 것…」이라고 판시하여, 거증책임의 전환에 관한 규정으로 보고 있는 취지이다.[36]

---

36) 대판 1996.10.25. 95도1473.

제3절 증거능력

Ⅰ. 총 론

1. 증거능력과 증명력

일반적으로 증거능력이란 증거가 엄격한 증명의 자료로 사용될 수 있는 법률상의 자격을 말한다고 설명한다.[37] 이에 대하여 어떠한 사실을 증명할 수 있는 증거의 실질적 가치를 증명력이라고 한다.

증거능력은 증거로서 사용될 수 있는 형식적 자격을 말하는 것으로서 그 유무는 미리 법률에 규정되어 있음에 반하여 증명력의 판단에 관하여는 법관의 자유심증에 맡겨져 있다.[38]

엄격한 증명의 경우에는 증거능력의 존재가 증명력 평가의 전제로 되나. 자유로운 증명의 경우에는 증거능력이 없는 증거도 심증형성의 자료로 된다.

2. 증거능력과 증거조사

증거능력이 없는 증거는 엄격한 증명을 요하는 범죄사실의 인정에 관하여 심증형성의 자료로 채용할 수 없을 뿐만 아니라, 공판정에 증거로 제출하여 증거조사를 하는 것도 허용되지 아니한다. 왜냐하면 사실인정의 자료로서 사용할 수 없는 증거를 조사하는 것은 무의미할 뿐만 아니라, 공판정에 제출하여 조사하면 사실상 법관의 심증형성에 부당한 영향을 줄 염려가 있기 때문이다.[39]

그러나 탄핵증거는 범죄사실을 인정하는 증거가 아니므로 엄격한 증거조사를 거쳐야 할 필요는 없지만 법정에서 이에 대한 탄핵증거로서의 증거조사가 필요함은 앞서 본 바와 같다.

---

37) 신동운, 863면, 이재상, 499면.

38) 다만, 고문에 의한 자백인지 여부와 같이 법률에 정해져 있는 증거능력의 요건을 갖추었는지 여부의 판단 자체는 법관의 자유심증에 따른다고 할 것이다.

39) 백형구, 613면. 이재상, 499면, 정영석·이형국, 323면.

3. 현행법상 증거능력의 제한

현행 형사소송법은 증거능력의 제한에 관한 영미법의 원칙을 많이 도입하여 증거능력을 대폭 제한하고 있다. 주요한 것으로는 위법수집증거의 증거능력(제308조의2), 자백배제법칙(309조)과 전문법칙(제310조의2 내지 제316조)등이 있다. 그 외 증거로 함에 대한 당사자의 동의와 탄핵증거가 증거능력과 관련하여 문제된다.

Ⅱ. 위법수집증거의 증거능력 - 위법수집증거배제법칙

1. 의 의

위법한 절차에 의하여 수집된 증거를 위법수집증거(improperly or illegally obtained evidence)라고 하고, 이러한 위법수집증거의 증거능력을 인정할 것인지 여부에 관한 논의가 바로 위법수집증거배제법칙에 관한 문제이다. 미국 commom law상 발전한 위법수집증거배제법칙은 위법수사로 인하여 획득한 증거와 그 증거를 원인으로 하여 얻어진 부수적 증거들에 대하여 증거능력을 부인함으로써 유죄의 증거로 삼을 수 없도록 하는 원칙이라고 일반적으로 이해된다.

위법수집증거의 증거능력의 인정 여부 및 그 범위에 관한 문제는, 실체적 진실의 발견내지 범인의 처벌이라는 측면에 중점을 두느냐 아니면 절차의 공정과 기본적 인권의 보장 및 위법수사의 억지에 중점을 두느냐 하는 소송관의 차이에 따라 또 형사소송절차가 행하여지는 각국의 역사적 법문화적 경험에 따라 그 결론이 달라지는 문제라 할 것이다.

형사소송법은 제308조의2에서 "적법한 절차에 의하지 아니하고 수집한 증거는 증거로 할 수 없다"라고 하여 이른바 위법수집증거배제의 원칙을 선언한 일반 규정을 두고 있다.

2. 구 형사소송법하의 해석론

위법수집증거배제에 관한 명문의 법규정이 없었던 구 형사소송법 아래에서도 학설은 일치하여 위법수집증거배제법칙의 도입을 긍정하고 있었다.

판례는, 변호인의 접견교통권을 침해하거나 진술거부권을 고지하지 아니하고[40] 획득한 피의자의 진술 및 헌법재판소에 의하여 위헌결정된[41] 구 형사소송법 제221조의2 제2항 및 제5항[42] 중 같은 조 제2항에 관한 부분에 의하여 시행된 제1회 공판기일 전 증인신문절차에서 작성된 증인신문조서[43]의 증거능력을 부인하여 위법수집증거의 배제법칙을 부분적으로 도입하고 있었으나, 비진술증거인 증거물에 관하여는 압수물은 압수절차가 위법하다고 하더라도 물건 자체의 성질, 형상에 변경을 가져오는 것은 아니어서 그 형태 등에 관한 증거가치에는 변함이 없어 증거능력이 있다고 하여 위법수집증거배제법칙을 전면적으로 받아들이지 않는 태도를 보여 왔다.

그러나 대법원 2007.11.15.선고 2007도3061 전원합의체 판결을 통하여 기본적인 인권보장을 위하여 압수수색에 관한 적법절차와 영장주의의 근간을 선언한 헌법과 이를 이어받아 실체적 진실규명과 개인의 권리보호 이념을 조화롭게 실현할 수 있도록 압수수색절차에 관한 구체적 기준을 마련하고 있는 형사소송법의 규범력은 확고히 유지되어야 함을 천명하면서, 헌법과 형사소송법이 정한 절차에 따르지 아니하고 수집된 증거는 기본적 인권보장을 위해 마련된 적법한 절차에 따르지 않는 것으로 원칙적으로 유죄의 증거로 삼을 수 없다고 판시함으로써 압수절차가 위법하더라도 압수물은 증거능력이 인정된다는 취지로 판시하였던 종전의 판례를 모두 변경하였다.

3. 현행 형사소송법하의 해석론

가. 서 론

형사소송법 제308조의2에 따라 증거능력이 배제되는 증거의 범위에 관하여는 법문자체로서 명백하지 않다. 다만, 대법원 2007.11.15.선고. 2007도3061판결에서 제시한 판단기준은 현행법 하에서도 여전히 유효할 것으로 본다.

---

40) 대판 1992.6.23. 92도682.

41) 헌재결 1996.12.26. 94헌바1.

42) 제5항은 1995.12.29. 법률 제5054호로 개정되었는바, 위헌결정된 것은 위와 같이 개정되기 전의 것이다.

43) 대판 1997.12.26. 97도2249, 1998.6.23. 98도869.

즉 수사기관의 증거수집과정에서 이루어진 절차 위반행위와 관련된 모든 사정 즉, 절차 조항의 취지와 그 위반의 내용 및 정도, 구체적인 위반의 경위와 회피가능성, 절차조항이 보호하고자 하는 권리 또는 법익의 성질과 침해 정도 및 피고인과의 관련성, 절차 위반행위와 증거수집사이의 인과관계 등 관련성의 정도, 수사기관의 인식과 의도 등을 전체적, 종합적으로 살펴 결정되어야 한다는 것인데 그 구체적인 예외의 인정범위에 관하여는 향후의 판례와 학설의 과제로 남게 되었다.

나. 위법수집증거의 유형

학설 및 위법수집증거배제에 관한 명문의 법 규정이 없었던 구 형사소송법하에서의 판례도 해석론을 통하여 위법수집증거의 증거능력을 배제하여 왔는바, 그에 대한 시도를 유형별로 살펴보면 다음과 같다.

일반적으로 증거수집절차의 하자가 경미하거나 단순한 훈시규정의 위반만으로 족하지 않고, 본질적 증거절차규정을 위반한 때, 즉 증거수집절차에 중대한 위법이 있는 때, 예컨대 due process의 기본이념에 반하거나, 정의감에 반하고 문명사회의 양심에 충격을 주는 경우에 한하여 증거능력이 배제된다고 설명된다.[44)]

제3자가 공갈 목적을 숨기고 피고인의 동의하에 찍은 나체사진이 피고인에 대한 간통죄에 있어 수집증거로서 증거능력이 배제되는지 여부가 문제된 사안에서 판례[45)]가 법원으로서는 효과적인 형사소추 및 형사소송에서의 진실발견이라는 공익과 개인의 사생활의 보호이익을 비교형량하여 그 허용 여부를 결정하여야 할 것이라고 한 것도 같은 취지로 보인다.

(1) 영장주의 위반

영장주의는 헌법에 의하여 보장된 것이므로(헌법 제12조 제3항) 이에 위반하여 수집된 증거의 증거능력은 부정된다고 함이 통설이다. 그리하여 영장 없이 압수, 수색, 검증한 경우는 물론 영장 자체에 중대한 하자가 있는 경우, 영장 기재

---

44) 이재상, 545면.

45) 대판 1997.9.30. 97도1230.

의 압수물건에 포함되지 않은 다른 증거물의 압수 수색의 경우, 영장이 발부되었으나 압수 대상물이 특정되지 아니한 경우 등에 의하여 수집한 증거 등의 증거능력은 부정되어야 한다고 한다.[46]

판례는, 긴급체포는 영장주의원칙에 대한 예외인 만큼 구 형사소송법 제200조3 제1항의 요건을 모두 갖춘 경우에 한하여 예외적으로 허용되어야 하므로 요건을 갖추지 못한 긴급체포는 법적 근거에 의하지 아니한 영장 없는 체포로서 위법한 체포에 해당하는 것이고, 이러한 위법은 영장주의에 위배되는 중대한 것이므로 그 체포에 의한 유치중에 작성된 피의자신문조서는 위법하게 수집된 증거로서 특별한 사정이 없는 한 이를 유죄의 증거로 할 수 없다고 하였고,[47] 긴급을 요하여 영장 없이 시행한 검증에 대하여 사후영장을 발부받지 아니한 경우 그 검증조서의 증거능력을 부정하였다.[48]

(2) 적정절차의 위반

야간 압수, 수색금지규정에 위반한 압수 수색, 당사자의 참여권을 보장하지 않은 검증과 감정, 의사나 성년의 여자를 참여시키지 않은 여자의 신체검사의 결과, 당사자의 참여권과 신문권을 침해한 증인신문의 결과 등은 그 증거능력이 없다고 하여야 할 것이고,[49] 판례는 증인신문이 비공개로 이루어진 경우에 그 공개금지결정이 위법하다면, 이는 피고인의 공개재판을 받을 권리를 침해한 것이므로 그 절차에서 이루어진 증인의 증언은 증거능력이 없다고 판시하였다.[50]

---

46) 이재상, 546면, 임동규, 466면.

47) 대판 2002.6.11. 2000도5701.

48) 대판 1984.3.13. 83도3006. 1990.9.14. 90도1263
한편, 대판 1989.3.14. 88도1399는, 사법경찰관사무취급이 작성한 실황조사서가 사고발생 직후 사고장소에서 긴급을 요하여 판사의 영장없이 시행된 것으로서 제216조 제3항에 의한 검증에 따라 작성된 것이라면 사후영장을 받지 않은 한 유죄의 증거로 삼을 수 없다고 하는바, 위 판례는 그 실질이 강제처분인 검증에 해당한다면 그 결과를 기재한 조서의 명칭에 불구하고 영장주의의 적용을 받는다는 점을 판시한데에 그 의의가 있다고 이해하여야 할 것이다.

49) 이재상, 547면, 정영석·이형국, 329면.

50) 대판 2005.10.28. 2005도5854.

함정수사의 결과로 수집한 증거는 증거능력이 없다고 일반적으로 설명하면서,[51] 학설은 함정수사를 기회제공형과 범의유발형으로 나누어 전자는 적법하나 후자는 위법하다고 설명하는바[52] 판례도[53] 비슷한 취지에서 함정수사는 본래 범의를 가지지 아니한 자에 대하여 수사기관이 사술이나 계략 등을 써서 범의를 유발케 하여 범죄인을 검거하는 수사방법을 말하는 것이므로 범의를 가진 자에 대하여 범행의 기회를 주거나 범행을 용이하게 한 것에 불과한 경우에는 함정수사라고 말할 수 없다고 한다.

(3) 피의자신문의 위법

진술거부권의 불고지에 의한 자백, 위법한 신체구속 중의 자백, 접견교통권의 침해에 의한 자백 등의 증거능력이 부정되었음은 앞서 살펴본 바와 같다.

공소제기 후에 수사기관의 피고인 신문이 허용되는가에 관하여는 적극설, 소극설, 절충설[54]의 대립이 있고 소극설이나 절충설을 취하는 학설은 그에 위반하여 작성된 피고인에 대한 진술조서는 위법수집증거로서 증거능력이 부정되어야 한다고 주장한다.[55] 그러나 판례는 검사 작성의 피고인에 대한 진술조서가 공소제기 후에 작성된 것이라는 이유만으로는 곧 그 증거능력이 없다고 할 수 없다고 하여 적극설의 입장을 취하였다.[56]

(4) 위법수집증거를 기초로 획득한 증거

적법한 절차에 따르지 아니하고 수집된 증거를 기초로 획득된 2차적 증거(이른바 독수의 과실)에 관하여도 위 2007도3061 판결에서는 마찬가지로 유죄의 증거로 삼을 수 없다는 원칙을 선언하고 있다. 다만 적법한 절차에 따르지 아니한

---

51) 백형구, 593면, 이재상, 547면.

52) 이재상, 189면.

53) 대판 1983.4.12. 82도2433, 1998.11.24. 98도2753, 2004.5.14. 2004도1066, 2007.7.12. 2006도2339.

54) 제1회 공판기일 전까지만 허용된다고 보는 견해.

55) 소극설의 입장에서 증거능력을 부정하는 것으로 신동운, 446면, 이재상, 338면. 절충설의 입장에서 증거능력을 부정하는 것으로 백형구, 595면.

56) 대판 1982.6.8. 82도754, 1984.9.25. 84도1646. 공소제기 후에 작성된 참고인진술조서의 증거능력에 관하여는 IV. 5. 다.에서 후술.

증거의 수집과 2차적 증거 수집 사이의 인과관계 희석 또는 단절 여부를 중심으로 2차적 증거 수집과 관련된 모든 사정을 전체적, 종합적으로 고려하여 예외적인 경우에는 유죄 인정의 증거로 사용할 수 있다고 판시하였다.

4. 사인에 의하여 수집된 증거

가. 수사기관이 아닌 사인(私人)에 의하여 발견·수집된 증거에 대하여도 위법수집증거배제법칙의 문제가 발생할 것인가 하는 점이 문제되는데, 우리나라에서는 이 문제에 대하여 아직 활발한 논의가 있는 것은 아니다.

나. 다만, 판례는 "피고인이 범행 후 피해자에게 전화를 걸어오자 피해자가 증거를 수집하려고 그 전화내용을 녹음한 경우에 그 녹음테이프가 피고인 모르게 녹음된 것이라 하여 이를 위법하게 수집된 증거라고 할 수 없다.(대판 1997.3.28. 97도240)."고 한 것과 "제3자가 공갈목적을 숨기고 피고인의 동의하에 나체사진을 찍은 경우에 피고인에 대한 간통죄에 있어 위법수집증거로서 증거능력이 배제되지 않는다(대판 1997.9.30. 97도1230)."고 판시한 것이 있다.

Ⅲ. 임의성 없는 자백의 증거능력 - 자백배제법칙

1. 자백의 의의

가. 자백의 정의

(1) 자백은 범죄사실의 전부 또는 일부를 인정하는 일체의 진술을 말하는 것으로서 그러한 진술이라면 그 진술을 하는 자의 법률상의 지위나 진술의 명식 및 상대방을 묻지 아니한다. 따라서 피고인의 지위에서 행한 것뿐만 아니라 기소 전에 피의자의 지위에서 행한 것과 증인 또는 참고인의 지위에서 행한 것도 모두 자백에 해당하며 범죄 혐의를 받기 전에 행한 것이건 범행 발각 후에 행한 것이건 모두 자백임에는 다름이 없다. 그리고 그러한 진술은 구술의 형식으로 이루어질 수도 있고 서면에 기재하는 방식으로 이루어질 수도 있다. 또 법원, 법관이나 수사기관에 대해서 진술한 것뿐만 아니라 사인에 대하여 진술한 것도 포함되며 일기 등에 기재하는 경우와 같이 상대방 없이 행하여진 경우도

마찬가지이다.[57)]

(2) 그러나 상업장부나 항해일지, 진료일지 또는 이와 유사한 금전출납부등과 같이 범죄사실의 인정 여부와는 관계없이 자기에게 맡겨진 사무를 처리한 사무내역을 그때그때 계속적, 기계적으로 기재한 문서 등의 경우는 사무처리내역을 증명하기 위하여 존재하는 문서로서 그 존재 자체 및 기재가 그러한 내용의 사무가 처리되었음의 여부를 판단할 수 있는 별개의 독립된 증거자료라고 할 것이고, 설사 그 문서가 우연히 피고인에 의하여 작성되었고 그 문서의 내용 중 피고인의 범죄사실의 존재를 추론해 낼 수 있는, 즉 공소사실에 일부 부합되는 사실의 기재가 있다고 하더라도 이를 일컬어 피고인이 범죄사실을 자백하는 문서라고 볼 수는 없다 할 것이다.[58)]

(3) 그리고 검사가 공소장 기재를 낭독하다시피 공소사실 그대로의 사실 유무를 물은 데 대하여 피고인이 "예, 그렇습니다"라고 대답하였으나 계속되는 검사와 변호인 및 재판장의 물음에 대하여 다시 범행을 부인하는 취지의 대답을 한 경우 피고인은 공소사실의 경과 일부를 시인(자백)한 것이지 공소사실 전부에 대하여 자백한 것이라고 볼 수 없고,[59)] 피고인이 공판기일에서 진술한 항소이유서에 "돈이 급해 지어서는 안 될 죄를 지었습니다.", "진심으로 뉘우치고 있습니다."라고 기재되어 있으나, 곧 이어서 있은 검사와 재판장 및 변호인의 각 신문에 대하여 범죄사실을 부인하였고, 수사단계에서도 일관되게 부인하여 온 경우, 위와 같은 추상적인 항소이유서의 기재만으로 범죄사실을 자백한 것으로 볼 수 없다고 한 것처럼[60)] 그 전후 진술의 내용 및 경위 등을 종합하여 자백 여부를 판단하여야 할 필요가 있는 경우도 있다.

나. 자백의 성질

자백은 범죄사실을 직접 인정할 수 있는 직접증거이며, 진술증거이다.

---

57) 대판 1996.10.17. 94도2865의 반대의견(다수의견도 반대의견 중 자백의 정의에 관한 부분까지 부정하는 것은 아니라고 보인다).

58) 대판 1996.10.17. 94도2865.

59) 대판 1983.5.10. 82도214, 1984.4.10. 84도141, 검사작성 피의자신문조서의 기재내용에 관한 대판 1984.7.24. 83도2692.

60) 대판 1999.11.12. 99도3341.

형사소송에서의 자백은 민사소송에서의 자백과 그 성질이 달라서 일단 자백하였다가 이를 번복 내지 취소한다 하더라도 그 효력이 없어지는 것은 아니고 여전히 일종의 증거로서의 성질을 가지며[61] 다만 그 증거능력과 증명력의 판단 문제만 남는다 할 것이다.

2. 자백배제법칙의 의의

가. 자백배제법칙의 정의

헌법 제12조 제7항은 "피고인의 자백이 고문, 폭행, 협박, 구속의 부당한 장기화 또는 기망 기타의 방법으로 임의로 진술한 것이 아니라고 의심할 만한 이유가 있는 때에는 이를 유죄의 증거로 하지 못한다"고 규정하고 있고, 형사소송법 제309조는 "피고인의 자백이 고문, 폭행, 협박, 신체구속의 부당한 장기화 또는 기망 기타의 방법으로 임의로 진술한 것이 아니라고 의심할 만한 이유가 있는 때에는 이를 유죄의 증거로 하지 못한다"라고 규정하고 있는바 이와 같이 임의성이 의심스러운 자백의 증거능력을 부정하는 증거법칙을 일반적으로 자백배제법칙이라고 한다.[62]

나. 자백의 특이성

자백은 종래 증거의 여왕으로 군림하여 자백강요를 위한 고문이 법적으로 허용된 때도 있었다. 현재는 자백을 받아내기 위한 고문은 인정되지 않는다고 하더라도 여전히 오늘날 형사실무에 있어서도 자백은 대단히 중요한 위치를 차지하고 있다.

형사절차에 있어서 자백과 관련하여 가장 중대하고도 특별한 위험은 자백을 얻기 위하여 수사기관이 갖가지 억압적이고 비인간적인 방법을 사용함으로써 인간성을 말살하는 인권침해가 초래될 가능성이 매우 크다는 점이다.

인간성을 파멸시키고 인간에 대한 신뢰를 상실케 하는 고문, 폭행, 협박 등 위법 부당한 방법에 의하여 얻은 자백은 증거의 세계에서 영원히 추방되어야

---

61) 대판 1953.2.28. 4285형상104.

62) 배종대·이상돈·정승환, 567면, 이재상, 524면.

할 것이다. 그렇게 함으로써 형사절차상에서 일어날 수 있는 비인간적인 억압을 사전에 차단할 수 있고, 궁극적으로는 우리 헌법의 이념인 인간으로서의 존엄과 가치를 보장하는데 기여하게 될 것이다. 자백배제법칙의 중요성이 다시 한 번 강조되는 이유가 여기에 있다.

3. 자백배제법칙의 근거

자백배제법칙의 근거에 관하여는 허위배제설,인권옹호설,절충설,위법배제설 등의 견해가 대립되고 있다.[63] 오래된 판례[64]중에는 허위배제설을 취한 것도 있으나 최근에 나온 판례들은 "진술의 임의성이라는 것은 … 고문, 폭행, 협박, 신체구속의 부당한 장기화 또는 기망 기타 진술의 임의성을 잃게 하는 사정이 없다는 것 즉 증거의 수집과정에 위법성이 없다는 것"이라고 하거나,[65] "임의성 없는 자백의 증거능력을 부정하는 취지는 허위진술을 유발 또는 강요할 위험성이 있는 상태하에서 행하여진 자백은 그 자체로 실체적 진실에 부합하지 아니하여 오판의 소지가 있을 뿐만 아니라 그 진위 여부를 떠나서 자백을 얻기 위하여 피의자의 기본적 인권을 침해하는 위법, 부당한 압박이 가하여지는 것을 사전에 막기 위한 것"이라고 하는바,[66] 위법배제설 내지 절충설의 입장을 취하고 있는 것으로 이해된다.

---

63) 허위배제설은 임의성 없는 자백에는 허위가 숨어들 위험성이 많고, 이를 증명의 자료로 사용하는 것은 오히려 피고사건의 진실의 발견을 저해하기 때문에 증거능력이 부정된다고 본다. 인권옹호설은 피고인이 내심의 의사를 결정하고 이를 외부적으로 표현하는 주관적 자기결정권을 가지고 있음에 주목하여 피고인의 인권 즉 진술거부권이 침해된 상태에서 행해진 자백의 증거능력을 부정하는 견해이다. 절충설은 허위배제설과 인권옹호설이 모두 자백의 증거능력을 제한하는 근거로 타당하다는 견해이다. 즉 임의성 없는 자백은 허위일 위험성이 많을 뿐만 아니라 자백강요의 방지라는 인권보장을 위하여도 증거능력이 배제된다는 것이다. 위법배제설은 자백법칙을 자백취득과정에 있어서의 적정절차의 보장을 확보하기 위하여 위법하게 취득된 자백을 금지하는 증거법상원칙으로 파악한다. 취득과정이 위법하므로 증거능력이 부정된다는 것이다.

64) 대판 1959.10.31. 4292형상257, 1968.5.7. 68도379, 1977.4.26. 77도210.

65) 대판 1983.3.8. 82도3248(부산 미문화원 방화사건).

66) 대판 1999.1.29. 98도3584, 2000.1.21. 99도4940, 2002.10.8. 2001도3931(대판 2006.11.23. 2004도7900은 임의성 없는 참고인 진술의 증거능력을 부정하는 취지에 대하여도 동일하게 판시하고 있다).

4. 자백배제법칙의 구체적 적용범위

가. 서 설

(1) 자백배제법칙의 근거에 관하여 절충설을 취하든지 위법배제설을 취하든지 구체적으로는 어떠한 경우에 자백의 증거능력을 배제하느냐 하는 점에 있어서 큰 차이가 있는 것은 아니다.

(2) 판례는 제309조에 규정된 '고문, 폭행, 협박, 신체구속의 부당한 장기화 또는 기망'은 일응 피고인의 진술의 자유를 침해하는 위법사유의 예시에 불과하고, '기타의 방법' 또한 다양할 것이라고 한다.[67)]

나. 고문, 폭행, 협박에 의한 자백

(1) 의 의

고문이란 사람의 정신 또는 신체에 대하여 비인간적, 비정당적인 위해를 가하는 것을 말하고 폭행이란 신체에 대한 유형력의 행사를 말하며 협박이란 해악을 고지하여 공포심을 일으키는 것을 말한다고 하나, 엄격히 구별될 수 는 없으며, 실제로는 고문, 폭행, 협박이 함께 행하여지는 경우가 많기 때문에 구별할 실익도 없다.

고문 등에 의한 자백이 증거능력이 없음은 당연하다. 다만 경찰에서의 자백은 피고인이 그 내용을 부인하기만 하면 증거능력이 없으므로, 실제로 문제되는 것은 주로 검찰 자백이다.

(2) 검찰에서 고문 등이 있었음을 이유로 증거능력이 부정된 사례

㈎ 피고인이 검찰의 초동수사과정에서 잠도 자지 못한 채 때로는 자신보다 15년 이상 연하인 참여 검찰주사 앞에서 굴욕적으로 무릎을 꿇고 앉아 조사를 받는다는 것은, 그 자체가 오랫동안 공무원으로 근속하여 구청의 과장으로 재직하고 있는 피고인에게 있어서 심한 수치감과 모욕감으로 자기를 방어할 의지를 상실하게 할 가능성이 없지 않은 것이고, 더욱이 조사에 관하여 검찰주사는 피고인의 주장사실을 단호하게 부정하지 못한 채 기억이 없다는 등으로 진

---

67) 대판 1985.2.26. 82도2413(고숙종 사건).

실한 답변을 회피하고 소극적으로만 진술하고 있는 점, 피고인과 같이 수용되어 있던 공소외인이 피고인이 교도소에 구속될 당시부터 양쪽다리의 심한 통증을 호소하고 있었고, 그것이 검찰 조사과정에서의 구타로 인한 것이라고 말하였다는 취지로 진술하고 있는 점, 그밖에 피고인의 수용절차를 담당한 교정공무원도 피고인이 교도소에 구속될 당시 왼쪽 다리가 당긴다고 말하였다고 증언하고 있는 점, 허위공문서를 작성 행사하고 직무에 관하여 500만원의 뇌물을 수수하였다는 혐의로 수사를 받았던 피고인에게 이례적으로 구속된 이래 공소가 제기된 후까지 20일간 이상이나 일체의 접견이 금지되었던 점, 피고인이 뇌물수수의 점에 관하여 논리적으로 모순되거나 객관적인 정황과 부합하지 아니하여 신빙성이 없는 진술을 하고 있는 제1심 공동피고인과 같은 내용으로 자백을 하고 있는 점 등 기록에 나타나 있는 모든 정황으로 미루어 볼 때 피고인이 검사 앞에서 한 자백은 임의로 진술한 것이 아니라고 의심할만한 상당한 이유가 있다고 한 것[68]이 있다.

(나) 피고인들의 검찰 자백내용을 보면 뇌물 액수와 전달 방법, 전달 시간 등이 너무나 규칙적이어서 그 자체로 강요나 회유에 의하여 마지못해 자백한 것으로 볼 소지가 많고, 공판과정에서 다른 공동피고인들도 수사관의 강요에 의하여 수사관들이 요구하는 대로 피의자신문조서를 작성하였다고 진술하였고, 또 다른 공동피고인은 자신이 검찰에서 조사를 받으며 진술서를 쓰는 동안 옆방에서 크게 야단치는 소리, 쾅하고 무엇이 부딪치는 소리가 나는 것을 들었고, 수사관들이 자신에게 "사실대로 써라, 지하로 내려가서 손을 봐야겠다"는 등의 말을 하였고, 그래도 머뭇거리자 "의자에서 일어나라. 상의를 벗고 입을 꽉 다물어라"고 하면서 때리려는 시늉을 하였으며, 진술서 작성 후 새벽 05:00까지 조사를 받았고, 피의자신문조서 작성시 금원수수내역은 묻지도 않고 조서를 출력하더니 읽어보라고 하여 틀린 부분이 있기는 하였지만 맞을까 두려워서 읽지도 못하고 그대로 서명하였다고 진술하여 피고인들의 주장을 일부 뒷받침하는 듯 한 진술을 하고 있으며, 결국 검사는 증수뢰 공소사실의 회수 및 일자를 일부 철회 및 수정하는 것으로 공소장을 변경하였고, 검사가 제출한 피의자신

---

68) 대판 1993.9.28. 93도1843.

문경위라는 문건에 의하더라도 그 중 한 피고인의 다른 영업과 관련하여 탈세 등의 여죄에 대하여 수사를 확대할 뜻을 수회 설명하면서 뇌물 부분에 대하여 진상을 밝힐 경우 수사를 더 이상 확대하지 아니하겠다는 취지의 말을 한 일이 있고 긴급체포 다음날 저녁부터 그 다음날 아침까지 그 피고인이 전혀 잠을 자지 아니한 상태에서 피의자신문조서가 작성된 사실을 스스로 시인하고 있기도 하다면, 피고인들의 검찰 자백은 피고인들이 주장하는 것과 같은 협박과 회유 등으로 인하여 임의로 진술한 것이 아니라고 의심할 이유가 있는 반면 위와 같은 의심을 해소할 수 있는 입증이 되지 아니하였다고 하여 그 증거능력을 부정한 것 등이 있다.[69]

(3) 검찰에서는 고문 등이 없었지만 경찰에서 있었던 고문 등이 문제된 사례

고문 등은 자백진술이 행해지는 시점을 전후하여 행해지는 것이 보통이지만 양자는 시간적으로 반드시 일치할 필요는 없다. 특히 문제되는 것은 경찰 조사과정에서 고문에 의한 자백을 한 후 검사 앞에서 조사받을 당시에는 고문 등 자백강요를 당한 바 없이 자백한 경우 검찰자백의 증거능력이 있는지 여부이다.

판례는 피고인이 검사이전의 수사기관의 조사과정에서 고문 등으로 임의성 없는 진술을 하고 그 후 검사의 조사단계에서도 임의성 없는 심리상태가 계속되어 동일한 내용의 진술을 하였다면 비록 검사 앞에서 조사받을 당시는 고문 등 자백강요를 당한 바가 없었다고 하여도 검사 앞에서의 자백은 결국 임의성 없는 진술이 될 수밖에 없다고 한 것이 있다.[70]

판례에서 임의성 없는 심리상태가 계속되었다고 본 구체적인 사례로는, 검찰 송치 당일 제1회 피의자신문을 받음에 있어 수사경찰관 2명이 동석하여 자백

---

69) 대판 2000.1.21. 99도4940, 그 밖에 같은 취지의 사례로는 대판 1981.7.28. 80도2688, 1984.3.13. 84도36등이 있다.

70) 대판 1981.10.13. 81도2160, 1982.2.23. 81도3324. 위 판례들은 덧붙여, 피고인이 검사 이전의 수사기관에서 고문으로 임의성 없는 자백을 하였음을 주장하면서 검사 앞에서의 동일한 내용의 자백을 부인하고 있다면, 이는 결국 검사 작성의 피의자신문조서의 임의성을 부인하는 취지라고 보아야 한다고 하였다(증거목록에는 임의성을 인정한 것으로 기재되어 있었다).

하였고, 송치 후에도 경찰이 피고인에 대하여 피의자신문조서를 작성하는 등 수사를 계속하였으며 송치 후에도 피고인은 경찰서 유치장에 계속 구속되어 있으면서 검찰 조사를 받았고, 피고인이 검찰에서 제2회 피의자신문을 받을 당시 범행을 부인하였음에도 제1회 신문시 자백하고도 왜 부인하느냐면서 임의로 자백조서를 작성한 것이라고 주장하며, 검찰 제2회 피의자신문은 제1회 피의자신문이 있은 때로부터 7일 이후에 이루어진 사안에서, 경찰에서의 임의성 없는 심리상태는 검찰 제1회 피의자 신문시는 물론 다소 시간적 간격이 있다 하더라도 이를 기초로 하여 그 후에 이루어진 검찰 제2회, 제3회 신문시까지도 계속되었으리라 보여지고 더욱이 피고인의 본건 범행동기가 박약하고 피고인 자백의 중요한 부분에 객관적 합리성이 결여되는 등 특별한 사정이 있는 본건에 있어서 피고인의 검찰 제2회, 제3회 심문시의 각 자백진술 역시 임의로 진술한 것이 아니라고 의심할 만한 사유가 있다고 보아야 할 것이라고 한 것이 있고, 이와 달리 임의성 없는 심리상태가 계속 되었다고 볼 수 없다고 한 사례로는, 피고인의 검찰에서의 자백이 임의로 진술한 것이 아니라고 의심할 만한 이유가 있는지 여부는 소송진행 과정에서 나타난 모든 상황을 종합하여 합리적으로 판단하여야 할 것이라면서 피고인은 경찰로부터 검찰에 송치된 1982.1.20 검찰청에서 검사로부터 조사를 받으면서 범행을 자백하고 당일 경찰서 유치장으로부터 교도소로 이감된 후 같은 해 1.22. 검사의 2차 조사를 받으면서도 위 자백사실을 확인한 점, 피고인은 1심 법정에서는 경찰이나 검찰에서의 자백에 관하여 그 임의성을 인정하였다가 항소이유와 2심법정에서 경찰에서의 자백에 관하여 고문에 못 이겨 자백을 한 것이라는 취지의 주장을 하면서 검찰에서의 자백은 감호청구를 하겠다는 말에 겁이 나서 하게 된 것이라고 진술하고 있는 점 및 검사 작성의 피고인에 대한 피의자신문조서에 나타난 진술내용은 대체적으로 자연스럽게 자기의 행위를 인정하고 있는 점 등을 종합하여 검사가 피의자신문조서를 작성할 당시 경찰조사시의 임의성 없는 심리상태가 계속되었다고 보기 어렵다고 한 것이 있다.[71)]

---

71) 대판 1983.4.26. 82도2943, 그밖에 같은 취지의 사례로 대판 1972.8.22. 72도1469 등이 있다.

다. 신체구속의 부당한 장기화 등으로 인한 자백

(1) 신체구속의 부당한 장기화로 인한 자백

신체구속의 부당한 장기화란 원래 구속 자체는 적법하나 구속상태가 부당하게 장기화한 경우를 말하므로 구속자체가 불법인 이른바 불법구속 중의 자백 문제와는 일응 구별된다.

어느 정도의 부당한 구금이 자백의 증거능력을 부인하는 사유가 되는가하는 점은, 사건의 경중, 심판의 난이, 도망·증거인멸의 위험 정도, 피고인의 심신상태 등 주·객관적인 구체적 사정을 종합적으로 참작하여 구속의 필요성과 비례성을 기준으로 판단할 것이다.[72]

(2) 불법구속 중의 자백

원칙적으로 그 증거능력을 부정하여야 할 것이다.[73]

판례 중에는, 피고인이 구속영장에 의함이 없이 1981.4.9.임의동행 형식으로 경찰에 연행된 이래 계속 구금상태에서 조사를 받아오다가 같은 해 4.26. 범행을 자백하는 내용의 자술서를 작성하고 동일 사법경찰관의 피의자신문에서 역시 범행을 자백하는 내용의 진술을 하였고, 그 후 같은 해 4.28.에야 구속영장이 발부된 일련의 사실에 비추어 보아 경찰에서의 자백은 부당한 장기구금 상태하에서 된 것으로서 그 임의성이 의심되고 이에 뒤이은 검찰 조사단계에서의 자백도 부당한 장기구금으로부터 오는 임의성 없는 심리상태가 계속된 상황에서 된 것이라고 의심할만한 이유가 있다고 한 것,[74] 긴급체포가 위법한 체포인 경우 이러한 위법은 영장주의에 위배되는 중대한 것이니 그 체포에 의한 유치중에 작성된 피의자신문조서는 위법하게 수집된 증거로서 특별한 사정이 없는 한 이를 유죄의 증거로 할 수 없다고 한 것이 있다.[75]

---

72) 신동운, 1071면, 이재상, 533면.

73) 신동운, 1071면, 이재상, 533면.

74) 대판 1982.5.25. 82도716.

75) 대판 2002.6.11. 2000도5701.

라. 기망에 의한 자백

(1) 기망에 의한 자백이란 위계를 사용하여 상대방을 착오에 빠지게 한 결과 행하여진 자백을 말한다. 위계에 의한 자백이라고도 한다.[76)]

기망에 의한 자백임을 이유로 증거능력을 부인하기 위하여는 국가기관에 대하여 신문방법이 정당하지 않음을 비난할 수 있는 적극적인 사정이 있어야 한다. 따라서 기망에는 적극적이 사술이 사용되어야 하며 단순한 착오나 논리모순을 이용하는 것은 통상의 신문방법으로 허용된다 할 것이다.[77)]

결국 위계가 사용된 경우 일률적으로 임의성을 부정할 것은 아니고 그 위계의 내용이나 태양으로 보아 허위자백 유발의 가능성과 신문방법으로서의 부당성, 위법성이 어느 정도인지 여부에 따라 판단함이 상당할 것이다.

(2) 판례 중에는, 검사의 피의자신문에 참여한 검찰주사가 모든 피의사실을 자백하면 불문에 붙이거나 가볍게 처리할 것이며 보호감호의 청구를 하지 않겠다는 각서를 작성하여 주면서 자백을 유도한 경우 위 자백은 기망에 의하여 임의로 진술한 것이 아니라고 의심할 만한 이유가 있는 때에 해당한다고 한 것이 있다.[78)]

마. 기타의 방법에 의한 자백

(1) 약속에 의한 자백

약속에 의한 자백이란 자백의 대가로 이익을 제공하겠다고 약속하고 피의자 등이 그 약속에 기하여 자백하는 경우를 말한다. 이때 이익의 약속은 자백에 영향을 미치는데 적합한 것이어야 하나, 반드시 형사처벌 자체에 관련된 것뿐만 아니라 가족의 보호등과 같은 일반적, 세속적 이익도 포함한다.[79)] 이익을 약속하는 자는 약속내용을 실현할 권한이 있거나 그 권한자에게 영향을 미칠 수

---

76) 이재상, 534면.

77) 신동운, 1072면.

78) 대판 1985.12.10. 85도2182, 82감도313. 위 사건에서는 그와 같은 각서에 불구하고 실제로는 보호감호를 청구하였는바 만일 보호감호를 청구하지 않았다면 뒤에서 보는 약속에 의한 자백으로 취급될 것이다.

79) 신동운, 1073면, 이재상, 534면.

있다고 믿을만한 사정이 있는 경우이어야 할 것이다.[80)]

판례 중에는, 피고인이 처음 검찰조사시 범행을 부인하다가 뒤에 자백을 하는 과정에서 금 200만원을 뇌물로 받은 것으로 하면 특정범죄가중처벌등에 관한 법률위반으로 중형을 받게 되니 금 200만 원 중 금 30만원을 술값으로 갚은 것으로 조서를 허위작성한 것이라면 이는 단순수뢰죄의 가벼운 형으로 처벌되도록 하겠다고 약속하고 자백을 유도한 것으로 그 임의성에 의심이 간다고 한 것이 있는가 하면,[81)] 피고인이 제1심 제7회 공판기일에 범죄사실을 자백한 것처럼 되어 있으나, 그 공판기일 공판개시 이전에 검사가 피고인을 검사실로 불러 피고인에게 최소한 피해자를 미쳤다고만 시인하면 공소장을 변경하여 벌금형이 선고되도록 하여 주겠다고 제의하므로 피고인은 당시 미결구금일수가 165일이나 되었고 혹시 검사가 신청한 증인들의 증언에 의하여 유죄로 인정되어 무거운 처벌을 받게 될지도 모른다는 두려움 때문에 사실과 다른 허위의 자백을 한 것이라고 변소하고 있고, 그 자백내용 자체가 개관적 합리성이 없으며 자백에 이르게 된 경위가 다른 증거에 비추어 모순된다면 그 신빙성이 없다고 판단한 것이 있다.[82)]

그러나 일정한 증거가 발견되거나 일정한 사실이 확인되면 자백하겠다고 약속한 것은 불기소나 경한 죄의 소추 등 이익과 교환조건으로 된 것이라고 할 수 없으므로 그와 같은 자백의 약속 하에 된 자백을 곧 임의성이 없는 자백이라고 단정할 수는 없다.[83)]

(2) 진술거부권 불고지 또는 변호인과의 접견교통권 침해에 의한 자백

판례는, 수사기관이 피의자를 신문함에 있어서 피의자에게 미리 진술거부권을 고지하지 않은 때에는 그 피의자의 진술은 위법하게 수집된 증거로서 진술의 임의성이 인정되는 경우라도 증거능력이 부인된다고 하고,[84)] 변호인과의 접

---

80) 차용석, 최용성, 524면.

81) 대판 1984.5.9. 83도2782.

82) 대판 1987.4.14. 87도317(이는 법정에서의 자백이 문제된 것인데, 증거능력이 아닌 증명력의 문제로 처리하고 있다).

83) 대판 1983.9.13. 83도712, 박상은 살해사건.

84) 대판 1992.6.23. 92도682.

견교통이 위법하게 제한된 상태에서 얻어진 피의자의 자백은 그 증거능력을 부인하여 유죄의 증거에서 배제하여야 한다고 한다.85)

(3) 정신적, 심리적 압박에 의한 자백

(가) 최근에 와서는 피의자에 대하여 폭력의 행사 등 육체적 압박을 가하여 자백을 얻는 것은 어느 정도 적어지고, 오히려 정신적, 심리적 압박을 가하여 얻은 자백이 문제되는 경우가 많다.

피의자를 조사하여 자백을 얻는 데에는 많든 적든 정신적, 심리적 압박을 가하는 것이 현실이다. 그러나 그 모든 경우를 강제라고 할 수는 없을 것이므로, 그중 강제 내지 임의성이 없는 상황이라고 할 것과 그렇지 않은 것과의 한계를 지울 필요가 있다. 그 한계는 조사하는 측의 사정뿐만 아니라 피의자측의 사정(연령, 지위, 건강상태 등)도 고려하여 종합적으로 판단하여야 할 것이다.86)

(나) 유도신문

피의자의 변명에 포함되어 있는 모순점, 불합리한 점, 애매한 점 등을 이치에 따라 추궁하거나, 객관적인 사실 내지 증거와의 모순점을 따져 변명에 궁해진 피의자로부터 자백을 얻는 것은 특별한 사정이 없는 한 강제 내지 임의성을 상실시키는 정신적, 심리적 압박이라고 할 수 없다. 유도신문이라는 것만으로는 강제라고 하기 어렵지만 구체적 상황에 따라서는 임의성에 영향을 미칠 수 있다.

(다) 집요한 신문, 철야신문 등

집요한 신문, 장시간의 계속적인 조사 등이 임의성에 어떠한 영향을 미치는

---

85) 대판 1990.8.24. 90도1285, 1990.9.25. 90도1586
그 외 변호인의 접견교통권에 관한 주요 판례로는 ① 변호인의 접견교통권은 법령에 의한 제한이 없는 한 수사기관의 처분은 물론 법원의 결정으로도 제한할 수 없고, 접견신청일로부터 상당한 기간(9일)이 경과하도록 접견이 허용되지 않고 있는 것은 접견불허처분이 있는 것과 동일시된다고 한 것 ② 임의동행 형식으로 수사기관에 연행된 피의자나 임의동행 형식으로 연행된 피내사자에게도 접견교통권이 인정된다고 한 것 ③ 구속된 피고인과 변호인과의 접견에 교도관이나 수사관등 관계공무원은 참여할 수 없다고 한 것 등이 있다.

86) 앞의 '고문에 의한 자백'에서 본 대판 1993.9.28. 93도1843은 정신적 심리적 압박에 의한 자백으로서 임의성이 부인된 사례로도 볼 수 있다.

가 하는 것은 그 정도, 태양 및 다른 사정과 종합하여 판단할 문제이다.

특히 유의할 것은 철야신문이나 심야에 이르도록 장시간 조사하는 것은 피의자에 대한 정신적, 심리적 압박이 될 뿐만 아니라, 피로, 공복이나 수면부족에 의한 육체적 고통을 준다는 점이다. 따라서 피의자의 의향, 심신상태, 휴식이나 식사 등에 대한 배려가 없는 철야신문 등은 그 자체가 피의자에 대한 육체적 압박으로 될 수 있는 것이다. 장시간의 조사가 연일 계속되는 경우도 마찬가지이다.

이러한 가혹한 조사가 자백의 임의성에 미치는 영향은 피의자의 개인차(성격, 정신력 등), 사안의 경중에 따라 다르지만 일반적으로는 임의성에 의심을 가지게 하는 상황이라고 보아야 할 것이다.

판례 중에는 피고인이 검찰에 연행된 때로부터 약 30시간 동안 잠을 재우지 아니한 채 검사 2명이 교대로 신문을 하면서 회유한 끝에 받아낸 것으로 의심이 가는 검찰 자백의 증거능력을 부정한 것,[87] 피고인들의 검찰에서의 자백이 잠을 재우지 아니한 채 신문을 계속하여 받아낸 것이라면 강요와 회유를 거듭한 끝에 받아낸 것일 뿐 임의로 진술한 것이 아니라고 의심할 만한 상당한 이유가 있다고 한 것,[88] 별건으로 수감 중인 자를 약 1년 3개월의 기간 동안 무려 270회나 검찰청으로 소환하여 밤늦은 시각 또는 그 다음날 새벽까지 조사를 하였다면 그는 과도한 육체적 피로, 수면부족, 심리적 압박감 속에서 진술을 한 것으로 보이고, 미국 영주권을 신청해 놓았을 뿐 아니라 가족들도 미국에 체류 중이어서 반드시 미국으로 출국하여야 하는 상황에 놓여있는 자를 구속 또는 출국금지조치의 지속 등을 수단으로 삼아 회유하거나 압박하여 조사를 하였을 가능성이 충분하다면 그는 심리적 압박감이나 정신적 강압상태하에서 진술을 한 것으로 이들에 대한 진술조서는 그 임의성을 의심할 만한 사정이 있다고 한 것이 있다.[89]

87) 대판 1997.6.27. 95도1964.

88) 대판 1998.4.10. 97도3234.

89) 대판 2006.1.26. 2004도517(다만, 이 사안은 참고인 진술조서의 임의성에 관한 것이다).

(4) 마취분석 등에 의한 자백

일정한 약물을 투입하여 무의식 상태하에서 진술을 획득하는 마취분석은 약물에 의하여 인간의 의사결정능력을 배제하는 것이며, 피의자나 피고인의 진술거부권을 침해하는 신문방법이므로 피분석자의 동의 여부에 불구하고 그로 인한 자백의 증거능력은 부인된다.[90] 최면술에 의한 자백도 마찬가지로 볼 것이다.[91]

5. 입증 및 판단

가. 임의성의 입증

판례는, 진술의 임의성을 잃게 하는 고문, 폭행, 협박, 신체구속의 장기화 또는 기망 등의 사정은 헌법이나 형사소송법의 규정에 비추어 볼 때 이례에 속한다 할 것이므로 진술의 임의성은 추정된다고 하면서도[92] 자백의 임의성을 의심할 만한 사유가 엿보여 그 임의성에 다툼이 있을 때에는 검사가 그 임의성의 의문점을 해소하는 입증을 하여야 한다고[93] 하여 자백의 임의성에 대한 거증책임은 검사에게 있고, 그 증명방법은 자유로운 증명으로 족하다고 보고 있다.

나. 임의성의 판단방법

임의성 유무는 자백을 둘러싸고 있는 여러 가지 구체적 사정들을 종합적으로 고려하여 판단하여야 한다.[94]

판례도, 피고인이 진술의 임의성을 다투는 경우에는 법원은 구체적인 사건에 따라 당해 조서의 형식과 내용, 피고인의 학력, 경력, 직업, 사회적 지위, 지능정도 등 제반사정을 참작하여 자유로운 심증으로 임의성 여부를 판단하면 된

---

90) 신동운, 1074면, 이재상, 537면, 임동규, 480면, 차용석, 215면.

91) 신동운, 1074~1075면.

92) 대판 1997.10.10. 97도1720 등

93) 대판 1998.4.10. 97도3234, 2006.1.26. 2004도517 등(대판 2006.11.23. 2004도7900은 임의성에 다툼이 있는 참고인 진술의 경우에도 검사가 그 임의성의 의문점을 해소하는 입증을 하여야 한다고 판시하였다).

94) 신동운, 1070면.

다고 하고 있다.[95]

6. 자백배제법칙의 효과

가. 증거능력의 배제

(1) 임의성 없는 자백은 유죄의 증거로 하지 못한다(헌법 제12조 제7항, 형사소송법 제309조). 즉 임의성 없는 자백의 증거능력은 부정된다. 임의성 없는 자백의 증거능력제한은 절대적이므로,[96] 이러한 자백을 피고인의 부인진술의 증명력을 감쇄시키기 위한 탄핵증거로도 사용할 수 없다.[97]

(2) 임의성 없는 자백은 피고인이 증거로 함에 동의하더라도 증거능력을 가지지 못한다고 일반적으로 설명되고 있다.[98] 판례 중에는 임의성 없는 자백에 관한 것은 아니지만, 참고인의 진술에 임의성이 인정되지 아니하여 그 진술조서가 증거능력이 없는 경우에는 피고인이 증거로 함에 동의하더라도 이를 증거로 삼을 수 없다고 한 것이 있다.[99]

(3) 임의성 없는 자백은 반증으로도 사용할 수 없다는 견해가 있지만,[100] 일률적으로 그렇게 볼 수는 없다 할 것이다. 판례중에는 "… 검찰 자백의 신빙성을 판단함에 있어 검찰의 자백진술에 표출되지 아니한 상세한 부분에 대하여는 경찰에서의 (임의성 없는) 자백진술을 원용하여 판단한 조처에 어떠한 잘못도 없다 … 할 것이며, 오히려 …… 현행 형사소송 진행상 …… 그렇게 함으로써 실체진실 발견에 접근된다"라고 한 것이 있는바,[101] 피고인에게 유리하게 반증으로 사용하는 것은 허용된다는 취지로 보인다.

---

95) 대판 1997.10.10. 97도1720, 2003.5.30. 2003도705등 다수.

96) 대판 1990.9.25. 90도1586은, 변호인과의 접견교통이 위법하게 제한된 상태에서 얻어진 자백의 증거능력을 부인하면서 이러한 위법증거의 배제는 유죄의 증거에서 실질적이고 완전하게 죄외함을 뜻한다고 한다.

97) 신동운, 1082면, 이재상, 540면.

98) 배종대·이상돈·정승환, 583면. 신동운, 1082면. 이재상, 540면. 임동규, 483면. 이에 대하여 자백자체는 동의의 대상이 되지 않는다고 설명하는 견해도 있다(정영석, 이형국 170면).

99) 대판 2006.11.23. 2004도7900.

100) 서희종, '자백의 임의성과 증거능력', 형사증거법(하), 56면.

101) 대판 1985.2.26. 82도2413.

(4) 만일 법원이 임의성 없는 자백에 근거하여 유죄판결을 하였다면, 이는 자백배제법칙 및 증거재판주의에 위반한 것으로서 상대적 상고사유(제361조의5 제1호, 제383조 제1호)에 해당한다.

나. 임의성 없는 자백에 의하여 수집된 증거의 증거능력

(1) 임의성 없는 자백에 의하여 수집된 증거, 예컨대 피고인을 고문하여 얻은 자백으로부터 사체의 소재를 알고 이를 발굴한 경우 그 사체의 증거능력을 부정할 것인가 하는 문제이다.

이는 이른바 '독수의 과실'이론과 관련되는 것으로 그 이론에 대하여는 이를 받아들여야 한다는 것이 다수의 견해이나, 임의성 없는 자백에 의하여 수집된 증거에 대하여는 전면적으로 그 증거능력을 부정해야 한다는 견해와 그중에서도 강제에 의한 자백으로 수집된 증거의 증거능력만을 부정해야 한다는 견해 등이 있다.

(2) 판례 중에는 압수된 망치, 국방색 작업복과 야전잠바 등은 피고인의 증거능력 없는 자백에 의하여 획득된 것이므로 증거능력이 없다고 한 것이 있어 주목된다.

Ⅳ. 전문증거의 증거능력 - 전문법칙

1. 의 의

가. 전문증거

전문증거라(hearsay evidence)함은 사실인정의 기초로 되는 경험적 사실을 경험자 자신이 직접 법원에 진술하지 아니하고 다른 형태로 간접적으로 보고하는 경우에 그 간접적인 보고를 말한다.[110)]

전문증거에는 (1) 경험사실을 들은 타인이 전문한 사실을 법원에 진술하는 경우(전문진술), (2) 경험자 자신이 경험사실을 서면에 기재하는 경우(진술서 또는 자술서), (3) 경험사실을 들은 타인이 서면에 기재하는 경우(진술녹취서)가 포

---

110) 신동운, 889면, 이재상, 551면.

함되며, 진술서와 진술녹취서를 합하여 전문서류 또는 진술대용서면이라고 한다.[111]

나. 전문법칙

전문법칙(hearsay rule)이라 함은 전문증거의 증거능력을 원칙적으로 부정하는 증거법상의 원칙을 말한다. 즉, '전문증거는 증거가 되지 않는다(hearsay is no evidence)'는 것으로, 이는 영미 증거법에서 유래하는 것이다.

다. 전문법칙의 이론적 근거

영미의 증거법에서 전문법칙이 형성된 근거에 대하여도 견해가 일치하는 것은 아니다.

(1) 신용성의 결여

전문법칙은 전문증거가 신용성의 결여라는 본질적 약점 때문에 증거가 될 수 없다.

(2) 반대신문의 결여

진술증거에는 기억·표현 또는 서술의 과정에 잘못이 개입될 위험이 크고, 이러한 위험을 제거하기 위한 가장 효과적인 방법이 바로 당사자의 반대신문이다.[112] 그러나 전문증거를 증거로 사용하게 된다면 문제된 사실의 증명으로 인하여 불이익을 받게 될 당사자가 원진술자에 대하여 반대신문을 행하여 그 진술의 오류를 지적하고, 자신을 방어할 수 있는 기회를 박탈당하므로 전문증거의 증거능력을 부인해야 한다는 견해이다.

(3) 부정확한 전달의 위험

타인의 말을 전달하는 경우에는 경험한 사실을 재생하는 경우에 비하여 오류

---

111) 신동운, 890면, 이재상, 551면.

112) 이러한 의미에서 Wigmore는 반대신문권을 진실발견을 위한 가장 위대한 법적 엔진(the greatest legal engine)이라고 하였으며, 미국 헌법수정 제6조는 형사피고인의 증인에 대한 대질심문권(right of confrontation)을 보장하고 있다. 자세한 것은 이재상, 559면 참조.

의 가능성이 크기 때문에 전문법칙이 부정확한 전달의 위험을 방지하기 위하여 확립된 것이라고 보는 견해이다.

라. 현행법상 규정

형사소송법 제310조2는 "제311조 내지 제316조에 규정한 것 이외에는 공판준비 또는 공판기일에서의 진술에 대신하여 진술을 기재한 서류나 공판준비 또는 공판기일 외에서의 타인의 진술을 내용으로 하는 진술은 이를 증거로 할 수 없다"라고 규정하여 전문법칙을 도입하고 있다.

2. 전문법칙의 적용범위

가. 전문증거의 개념요소

전문증거는 요증사실의 경험에 대한 보고를 내용으로 하는 원진술이 간접적으로 법원에 제출된 증거이다. 전문증거의 핵심요소인 원진술의 특징을 살펴보면 다음과 같다.

(1) 진술증거

전문증거는 요증사실을 직접 체험한 자의 진술을 내용으로 하는 증거이다. 따라서 증거서류이든 인증이든 진술증거만 전문증거가 될 수 있고, 증거물과 같은 비진술증거에 대하여는 전문법칙의 적용이 없다. 전문증거는 진술증거이므로 원진술은 언어적 표현에 의하여 진술자의 체험사실을 외부에 전달하고 있어야 한다.

(2) 요증사실과의 관계

전문증거는 원진술의 내용이 된 사실자체의 존부가 요증사실을 이루고 있어야 한다. "갑이 을을 살해하였다"고 말하는 것을 병으로부터 들은 정이 병의 진술내용을 갑에 대한 살인 사건에서 증언하는 것은 전문증거에 해당하나, 병에 대한 명예훼손 사건에서 증언하는 것은 전문증거가 아니라 원본증거[113)]가

---

113) 전문증거에 대비되는 개념으로, 진술증거 중 직접 체험한 사실을 중간의 매개체를 거치지 않고 직접 법원에 진술하는 것을 말한다.

된다. 이러한 의미에서 전문증거는 요증사실과의 관계에 의하여 결정되는 상대적 개념이라고 할 수 있다.[114)]

판례[115)]도 어떤 진술이 범죄사실에 대한 직접증거로 사용함에 있어서는 전문증거가 된다고 하더라도 그와 같은 진술을 하였다는 것 자체 또는 그 진술의 진실성과 관계없는 간접사실에 대한 정황증거로 사용함에 있어서는 반드시 전문증거가 되는 것은 아니라고 한다.

나. 전문법칙의 적용이 배제되는 경우

형식적으로는 전문증거인 것처럼 보이지만, ① 진술내용이 요증사실 자체의 구성요소를 이루는 경우[위 2. 가. (2)참조], ② 진술이 어떠한 행위나 언동의 의미가 애매한 경우에 오로지 그 의미를 설명할 목적으로 제출되는 경우, ③ 진술을 원진술자의 심리적·정신적 상태를 증명하기 위한 정황증거로 사용하는 경우, ④ 증인의 증언의 신용성을 탄핵하기 위해서 공판정 외에서의 자기모순의 진술을 증거로 제출하는 경우 등은 전문법칙이 적용되지 않는다.

3. 전문법칙의 예외이론

가. 예외 인정의 필요성

전문법칙을 지나치게 엄격히 적용하면, 사실인정에 필요한 자료를 지나치게 제한하는 결과를 가져와 실체적 진실을 발견하는 데 차질을 초래하고, 무용한 증거조사절차를 강요하게 되어 절차의 신속성과 소송경제의 요청에 반하는 결과를 초래할 염려가 있기 때문에 일정한 제한 아래 그 예외를 인정하고 있다.[116)]

영미법에서도 전문법칙에는 많은 예외가 인정되어 왔으며 또 예외의 범위는 확대되어 왔다. 전문법칙은 오히려 예외를 전제로 하여 발달한 예외의 이론이며, 전문법칙의 역사는 그 예외 확장의 역사라고 할 수 있다.

---

114) 이재상, 557, 558면.

115) 대판 2000.2.25. 99도1252.

116) 신동운, 899면, 이재상, 559면.

나. 예외 인정의 요건

영미의 증거법에서 판례를 통하여 형성되어 온 전문법칙의 예외사유는 '신용성의 정황적 보장'과 '필요성'의 두 가지 요건으로 요약될 수 있으며, 우리 형사소송법의 해석에 있어서도 일반적으로 위 두 가지 요건이 필요하다고 설명하고 있다.

(1) 신용성의 정황적 보장

신용성의 정황적 보장(circumstantial guarantee of trustworthiness)이란 공판정 외에서의 진술의 진실성이 제반의 정황에 의하여 보장되어 있는 것 또는 반대신문에 대신할 만한 외부적 정황 아래에서 진술이 행하여진 것을 말한다. 여기의 신용성이란 증거능력과 관련된 것이므로 진술내용의 진실성을 의미하는 것이 아니라 진실성을 보장할 만한 외부적 정황을 의미하는 것이다.[117]

(2) 필 요 성

필요성(necessity)이란 같은 가치의 증거를 얻는 것이 불가능하거나 곤란하기 때문에 전문증거라도 사용할 필요가 있는 것을 말한다. 원진술자의 사망·질병·행방불명·국외체재 등의 사정들로 인하여 원진술자를 공판정에 출석케 하여 다시 진술하게 하는 것이 불가능하거나 현저히 곤란한 경우가 이에 해당한다.

다. 현행법상 전문법칙의 예외규정

형사소송법은 제311조 내지 제316조에서 전문증거에 예외적으로 증거능력을 부여하는 경우를 규정하고 있다.

위 예외규정들은, ① 전문증거가 서류인 경우와 구두진술인 경우, ② 원진술이 피고인의 진술인 경우와 그렇지 아니한 경우, ③ 신용성의 정황적 보장을 이유로 하는 경우와 필요성을 이유로 하는 경우 등으로 구분하여 볼 수 있으나, 이하에서는 항을 바꾸어 조문 순서에 따라 살펴보기로 한다.

---

117) 이재상, 560면, 임동규, 487면.

4. 제311조에 의한 예외

가. 제311조의 입법취지

법원 또는 법관이 주재하는 절차에서 작성된 조서[118]로서, 비록 수소법원이 아니라 할지라도 수소법원을 구성하는 법관[119]이나 이와 동일한 자격을 가지고 있는 법관[120]이 진술을 청취하고 그 결과 조서가 작성되었다면 그 성립의 진정과 신용성의 정황적 보장이 인정된다고 볼 수 있기 때문에 별다른 제한 없이 전면적으로 그 증거능력을 인정하고 있는 것이다.[121]

나. 공판준비 또는 공판기일에 피고인의 진술을 기재한 조서

(1) 제273조에 의하여 공판기일 전에 피고인을 신문한 조서와 공판조서가 이에 해당한다. 공판기일에서의 피고인의 진술은 그 자체가 바로 증거가 되므로, 피고인의 진술을 기재한 공판조서가 본 조에 의하여 증거능력이 인정되는 것은 결국 판사의 경질로 인하여 공판절차가 갱신된 경우 그 갱신전의 공판조서를 말한다고 볼 것이다.[122]

(2) 본 조의 각 조서[123]가 당해 사건에 관하여 작성된 조서에 국한되는지 아니면 다른 사건에 있어서 작성된 조서도 포함되는지 여부에 대하여 견해의 대립이 있는바, 판례[124]는, 다른 사건에서 공범의 진술을 기재한 공판조서의 증거능력이 문제된 사건에서, "다른 피고사건의 공판조서는 제315조 제3호의 문서로서 당연히 증거능력이 있다"고 하는데, 실무도 본 조에 의하여 증거능력이 인정되는 것은 당해 사건에 관하여 작성된 조서에 한하고 다른 사건의 공판조서나 검증조서 등은 제315조 제3호에 해당하는 것으로 본다.[125]

---

118) '법원 또는 법관의 면전조서'라고도 부른다.

119) 제136조, 제145조, 제167조에 규정된 '수명법관'을 말한다.

120) 제136조, 제145조, 제167조에 규정된 '수탁판사'를 말한다.

121) 신동운, 902면, 이재상, 561면.

122) 신동운, 903면, 이재상, 562면, 실무제요II, 99면.

123) 피고인 아닌 자의 진술을 기재한 조서, 검증조서, 증거보전절차조서, 제1회 공판기일전 증인신문조서 등에 관하여도 여기서 함께 살펴본다.

124) 대판 1964.4.28. 64도135, 1965.6.22. 65도372, 1966.7.12. 66도617.

(3) 한편, 피고인의 공판조서열람권을 침해하여 열람 또는 등사나 낭독청구에 응하지 아니한 때에는 그 공판조서를 유죄의 증거로 할 수 없는바(제55조 제3항), 이는 공판조서의 열람 또는 등사를 통하여 피고인으로 하여금 진술자의 진술내용과 그 기재된 조서의 기재내용의 일치 여부를 확인할 수 있도록 기회를 줌으로써 그 조서의 정확성을 담보함과 아울러 피고인의 방어권을 충실하게 보장하려는 데 있으므로, 피고인의 공판조서에 대한 열람 또는 등사청구에 법원이 불응하여 피고인의 열람 또는 등사청구권이 침해된 경우에는 그 공판조서를 유죄의 증거로 할 수 없을 뿐만 아니라, 공판조서에 기재된 당해 피고인이나 증인의 진술도 증거로 할 수 없다.[126)]

다. 공판준비 또는 공판기일에 피고인 아닌 자의 진술을 기재한 조서

(1) '피고인 아닌 자'라 함은 당해 피고인을 제외한 제3자를 지칭하는 것으로서, 증인·감정인·통역인·번역인 등을 가리킨다. 공판기일에서의 증인의 진술은 그 자체가 바로 증거가 되므로, 증인의 진술을 기재한 공판조서가 본 조에 의하여 증거능력이 인정되는 것은 결국 공판절차가 갱신된 경우 그 갱신 전의 공판조서를 말하는 것임은 위 나.항과 같다.

(2) 공동피고인도 여기의 '피고인 아닌 자'에 포함된다고 일반적으로 설명한다.[127)]

라. 법원 또는 법관의 검증의 결과를 기재한 조서

(1) 검증의 결과를 기재한 조서, 즉 검증조서란 검증을 한 자가 오관의 작용에 의하여 사람의 신체상태나 물건의 존재 및 상태에 대하여 인식한 것을 기재한 서면을 말한다.

검증자가 법원 또는 법관이므로 검증의 결과에 신용성이 인정되고, 당사자의 참여권이 인정되어 실질상 반대신문권의 보장이 있는 것으로 볼 수 있으며, 검증자의 기억에 의한 진술보다 서면화한 것이 보다 정확·상세할 것이기 때문에

---

125) 신양균, 903면, 임동규, 489면, 실무제요II, 99면.

126) 대판 2003.10.10. 2003도3282.

127) 신동운, 905면, 신양균, 717면, 이재상, 562면, 임동규, 490면.

무조건 증거능력을 인정하고 있다.

한편, 여기의 검증조서는 수소법원이 공판기일 외에서 행한 검증 또는 수소법원 이외의 법원 또는 법관이 행한 검증의 결과를 기재한 조서를 말하고,[128] 수소법원이 공판기일에 법정에서 검증을 행한 때에는[129] 그 검증결과가 바로 증거가 되며 검증조서의 증거조사 문제는 생기지 않는다.[130]

(2) 여기의 검증조서는 당해 사건의 검증조서에 한한다고 보는 것이 다수설임은 앞서 살펴본 바와 같다. 또한 당해 사건의 검증조서라도 당사자에게 참여의 기회를 주지 않은 경우에는 검증절차의 적법성의 결여로 증거능력이 없다고 본다.[131]

(3) 검증조서에는 검증목적물의 현상을 명확하게 하기 위해서 도화나 사진을 첨부할 수 있는데(제49조 제2항), 이러한 도화나 사진은 검증결과의 이해를 돕기 위해서 사용된 표시방법에 지나지 않는 것으로서 검증조서와 일체를 이루는 것이므로 본 조에 의하여 증거능력이 인정된다.[132]

(4) 한편, 법원 또는 법관의 검증조서 중 실제 증거자료가 되는 부분의 성질에 따라 그 취급을 달리하여야 할 특수한 경우가 있다. 즉 판례에 의하면, 사인이 피고인 아닌 자의 진술을 녹음한 녹음테이프에 대하여 법원이 실시한 검증의 내용은 녹음테이프에 녹음된 대화 내용이 검증조서에 첨부된 녹취서에 기재된 내용과 같다는 것에 불과한 경우 증거자료가 되는 것은 여전히 녹음테이프에 녹음된 대화의 내용이라 할 것인바, 그 중 위와 같은 대화의 내용은 실질적으로 제311조, 제312조 규정 이외의 진술을 기재한 서류와 다를 바 없으므로,

---

128) 신동운, 906면 참조.
수소법원의 검증은 그 성질상(예컨대 현장검증 등) 공판기일 외에서 행하는 것이 원칙이다시피 되어 있고, 한편 수소법원 이외의 법원 또는 법관이 행한 검증의 예로는 공판절차갱신전의 것, 수명법관·수탁판사에 의한 것 등을 들 수 있을 것이다.

129) 공판기일에 공판정에서 행한 검증에 대하여는 독립한 검증조서를 작성하지 않고 공판조서에 이를 기재하는데(제51조 제2항 제10호), 다만 그 기재내용이 복잡한 경우에는 증인신문조서처럼 독립조서를 작성하기도 하나, 이는 어디까지나 공판조서의 일부이다(실무제요II, 271, 272면).

130) 실무제요II, 276면.

131) 신동운, 906면, 이재상, 582면.

132) 신동운, 907면, 이재상, 583면.

피고인이 그 녹음테이프를 증거로 할 수 있음에 동의하지 않는 이상 녹음테이프의 녹음내용 중 위와 같은 내용의 진술 및 이에 관한 검증조서의 기재 중 위와 같은 진술내용을 공소사실을 인정하기 위한 증거자료로 사용하기 위하여서는 제313조 제1항에 따라 공판준비 또는 공판기일에서 원진술자의 진술에 의하여 녹음테이프에 녹음된 각자의 진술내용이 자신이 진술한대로 녹음된 것이라는 점이 인정되어야 한다고[133] 한다.

마. 제184조 및 제221조의2의 규정에 의하여 작성한 조서

(1) 증거보전절차(제184조)에 의하여 작성된 조서 및 검사의 청구에 의한 제1회 공판기일 전 증인신문절차(제221조의2)에서 작성된 증인신문조서가 이에 해당한다. 선서와 법관의 직권신문에 의한 강한 신용성이 인정되므로 공판조서와 같이 취급된다.

(2) 공범인 공동피고인이 수사단계에서 다른 공동피고인에 대한 증거보전을 위해서 증인으로서 증언한 증인신문조서는 그 다른 공동피고인에 대하여 증거능력이 있으나,[134] 증거보전방법으로 피의자신문을 청구할 수는 없으므로 증거보전절차에서 공범인 공동피고인을 증인으로 신문한 증인신문조서 중 당시 피의자였던 다른 공동피고인이 당사자로 참여하여 자신의 범행사실을 시인하는 전제하에 증인에게 반대신문을 하는 과정에서 행한 진술 부분은, 공판준비 또는 공판기일에 피고인 등의 진술을 기재한 조서도 아니고 제184조에 의한 증인신문조서도 아니므로 제311조에 의하여 증거능력을 인정할 수 없다.[135]

(3) 한편, 제1회 공판기일 전 증인신문조서의 증거능력에 관하여는 특히 참여권 보장과 관련하여 문제가 있다.

우선, 제184조에 의한 증거보전절차에서 증인신문을 하면서 위 증인신문의 일시와 장소를 피의자 및 변호인에게 미리 통지하지 아니하여 증인신문에 참여할 수 있는 기회를 주지 아니하였고, 또 변호인이 제1심 공판기일에 위 증인신문조서의 증거조사에 관하여 이의신청을 하였다면 위 증인신문조서는 증거

---

133) 대판 1997.3.28. 96도2417.

134) 대판 1966.5.17. 66도276, 1988.11.8. 86도1646.

135) 대판 1984.5.15. 84도508.

능력이 없다 할 것이고, 그 증인이 후에 법정에서 그 조서의 진정 성립을 인정한다 하여 다시 그 증거능력을 취득한다고 볼 수도 없다.[136)]

제221조의2 제5항에서 증인신문기일을 정한 때에는 피고인·피의자 또는 변호인에게 이를 통지하여 증인신문에 참여할 수 있도록 하여야 한다고 규정하고 있다.

5. 제312조에 의한 예외

가. 검사가 피고인이 된 피의자의 진술을 기재한 조서

(1) 개 요

(가) 검사가 피고인이 된 피의자의 진술을 기재한 조서는 적법한 절차와 방식에 따라 작성된 것으로서 피고인이 진술한 내용과 동일하게 기재되어 있음이 공판준비 또는 공판기일에서의 피고인의 진술에 의하여 인정되고, 그 조서에 기재된 진술이 특히 신빙할 수 있는 상태하에서 행하여졌음이 증명된 때에 한하여 증거로 할 수 있으며(제312조 제1항), 피고인이 그 조서의 성립의 진정을 부인하는 경우에는 그 조서에 기재된 진술이 피고인이 진술한 내용과 동일하게 기재되어 있음이 영상녹화물이나 그 밖의 객관적인 방법에 의하여 증명되고, 그 조서에 기재된 진술이 특히 신빙할 수 있는 상태하에서 행하여졌음이 증명된 때에 한하여 증거로 할 수 있다(제312조 2항).

즉, 형사소송법은 검사가 작성한 피의자신문조서에 대하여 공판준비 또는 공판기일에서 피고인이 진정성립[137)]을 인정한 경우(제312조 제1항)와 진정성립을 부인하는 경우(같은 조 제2항)로 나누어 규정하면서, 피고인이 진정성립을 인정하는 때에는 특신상황이 인정되면 증거능력이 인정되고(같은 조 제1항), 피고인

---

136) 대판 1992.2.8. 91도2337 등.

137) 구 형사소송법 제312조 제1항에 규정되어 있던 조서의 '성립의 진정'이라 함은 조서에 기재된 간인과 서명날인이 진술자의 것임이 틀림없다는 '형식적 진정성립'과 그 조서가 진술자의 진술내용대로 기재된 것이라는 '실질적 진정성립'을 포함하는 의미로 해석되었는바(현행 형사소송법 제313조 제1항에 규정되어 있는 조서의 '성립의 진정'도 같음), 현행 형사소송법 제312조 제2항에서의 '성립의 진정'은 그 중 실질적 진정성립을 의미하는 것이다.

이 진정성립을 부인하는 경우에는 영상녹화물 기타 객관적인 방법에 의하여 진정성립이 증명되고 특신상황이 인정되면 증거능력이 인정된다고 하고 있다(같은 조 제2항). 피의자신문조서의 증거능력이 인정되기 위해서는 제312조 제1항 소정의 '적법한 절차와 방식에 따라 작성될 것'이 전제로 됨은 물론이다.

(나) 검사에게 객관의무가 인정된다고 하여 검사에게 피의자의 이익을 충분히 보장할 것을 기대하기는 어렵고, 피의자신문에 있어서 변호인의 참여권이 보장되고 있기는 하나(제243조의2)[138] 검사 작성의 피의자신문조서에 대한 신용성의 보장을 법관의 면전조서에 비하여 약하다고 하지 않을 수 없으므로 법관의 면전조서보다는 엄격한 요건을 요구하는 반면, 검사의 준사법기관으로서의 지위에 비추어 그 이외의 수사기관에 비하여는 보다 공정한 직무수행이 기대되므로 검사 이외의 수사기관 작성의 피의자신문조서보다는 그 요건을 완화하여 증거능력을 인정하고 있는 것이다.

(다) 검사 작성의 피의자신문조서가 본 조에 의하여 증거능력이 인정되려면 그 피의자신문조서가 검사에 의하여 작성된 것이어야 한다. 예컨대 검찰주사가 검사의 지시에 따라 검사가 참석하지 않은 상태에서 피의자였던 피고인을 신문하여 작성하고 검사는 검찰주사의 조사 직후 피고인에게 개괄적으로 질문한 사실이 있을 뿐인데도 검사가 작성한 것으로 되어 있는 피고인에 대한 피의자신문조서는 검사의 서명·날인이 되어 있다고 하더라도 검사가 작성한 것이라고는 볼 수 없으므로, 본 조 소정의 검사가 피의자의 진술을 기재한 조서에 해당하지 않는다.[139]

---

138) 한편, 구 형사송법하에서는 법률상 변호인의 참여권을 보장하는 규정을 두고 있지는 아니하였으나 대결 2003.11.11. 2003모402(송두율 사건)에서 구금된 피의자는 피의자신문을 받음에 있어 원칙적으로 변호인의 참여를 요구할 수 있고 그러한 경우 수사기관은 이를 거절할 수 없는 것으로 해석하여야 하고, 이렇게 해석하는 것은 인신구속과 처벌에 관하여 "적법절차주의"를 선언한 헌법의 정신에도 부합한다 할 것이라고 하여 해석에 의하여 변호인참여권을 인정하였다.

139) 대판 1990.9.28. 90도1483(이러한 조서는 제313조 제1항 소정의 서류에도 해당하지 않는다), 2003.10.9. 2002도4372(이러한 조서는 제312조 제3항 소정의 검사 이외의 수사기관 작성의 피의자신문조서에 해당한다)

(2) 증거능력의 인정요건

㈎ 적법한 절차와 방식에 따라 작성될 것[140)]

① 검사가 피고인이 된 피의자의 진술을 기재한 조서는 '적법한 절차와 방식'에 따라 작성된 것이어야 한다. 여기서 '적법한 절차와 방식'이라 함은 구 형사소송법상 조서의 형식적 진정성립보다는 넓은 개념으로서, 형사소송법 제242조(피의자신문사항), 제243조(피의자신문과 참여자), 제243조의2(변호인의 참여 등), 제244조(피의자신문조서의 작성), 제244조의3(진술거부권 등의 고지), 제244조의5(장애인 등 특별히 보호를 요하는 자에 대한 특칙) 등 형사소송법이 정한 절차와 방식에 따라 조서가 작성되어야 한다는 것을 의미한다.[141)]

② 피의자신문조서에는 피의자로 하여금 간인한 후 기명날인 또는 서명하게 하여야 하므로(제244조 제3항), 피고인의 기명날인 및 간인이 없거나 피고인의 기명만이 있고 그 날인이나 무인이 없는 검사 작성의 피고인에 대한 피의자신문조서는 증거능력이 없다.[142)] 서명날인을 거절하여 그 뜻을 조서에 기재하여 둔 경우에도 그 거절 이유 여하를 묻지 않고 증거능력이 없다.[143)]

③ 작성자인 검사의 기명날인 또는 서명이 되어 있지 아니한 피의자신문조서는 제57조 제1항에서 요구하는 공무원이 작성하는 서류로서의 요건을 갖추지 못한 것으로서 위 법규정에 위반되어 무효이고 따라서 이에 대하여 증거능력을 인정할 수는 없다.[144)]

---

140) 검사가 피고인이 된 피의자의 진술을 기재한 피의자신문조서가 증거능력이 인정되기 위해서는 물론 그 조서에 기재된 진술의 임의성(제317조에 의한 진술의 임의성을 말한다)이 인정되어야 하지만, 이 점은 본 조에 특유한 문제라고 할 수는 없다.

141) 예컨대 피의자가 조서의 증감 또는 변경의 청구 등 이의를 제기하였거나 의견을 진술하였음에도 이를 조서에 추가로 기재되지 않은 사실이 밝혀졌다면 당해 피의자신문조서는 적법한 절차와 방식에 따라 작성된 것이라고 할 수 없다(실무제요Ⅱ, 105면).

142) 대판 1981.10.27. 81도1370, 1992.6.23. 92도954.
서명 또는 기명날인이 되어 있지 아니한 피고인에 대한 진술조서에 대하여 같은 취지로 대판 1993.4.23. 92도2908.

143) 대판 1999.4.13. 99도237(피고인이 법정에서 그 임의성을 인정한 경우라도 마찬가지이다).

144) 대판 2001.9.28. 2001도4091은 작성자인 검사의 서명날인이 되어 있지 아니한 피의자신문조서(구 형사소송법 제57조 제1항은 공무원이 작성하는 서류에는 서명날인하도록 규

④ 한편, 판례는, 검찰에 송치되기 전에 구속피의자로부터 받은 검사 작성의 피의자신문조서는 극히 이례에 속하는 것으로 그와 같은 상태에서 작성된 피의자신문조서는 내용만 부인하면 증거능력을 상실하게 되는 사법경찰관 작성의 피의자신문조서상의 자백 등을 부당하게 유지하려는 수단으로 악용될 가능성이 있어 그렇게 했어야 할 특별한 사정이 보이지 않는 한 송치 후에 작성된 피의자신문조서와 마찬가지로 취급하기는 어렵다고 하고,[145] 다만, 검사가 범죄의 혐의가 있다고 보아 수사를 개시하는 행위를 한 때에는 검찰사건사무규칙의 규정에 따라 범죄인지서를 작성하여 사건을 수리하는 절차를 거치기 전이라도 이때에 범죄를 인지한 것으로 보아야 하므로, 이러한 인지절차를 밟기 전에 수사를 하였다고 하더라도 그 수사가 장차 인지의 가능성이 전혀 없는 상태하에서 행해졌다는 등의 특별한 사정이 없는 한 인지절차가 이루어지기 전에 수사를 하였다는 이유만으로 그 수사가 위법하다고 볼 수는 없고, 따라서 그 수사과정에서 작성된 피의자신문조서나 진술조서 등의 증거능력도 이를 부인할 수 없다고 한다.[146]

(나) 피고인이 진술한 내용과 동일하게 기재되었음이 인정될 것(실질적 진정성립)

① 여기에서 진정성립이란 당해 조서의 기재내용과 원진술자인 피고인의 진술내용이 일치한다는 것을 의미한다. 이러한 진정성립은 피고인의 공판준비 또는 공판기일에서의 진술[147]이나 영상녹화물 기타 객관적인 방법에 의하여 증

정하고 있었다)는 공무원이 작성한 서류로서 요건을 갖추지 못한 것이므로 진술자인 피고인의 서명날인이 되어 있다거나, 피고인이 법정에서 그 피의자신문조서에 대하여 진정성립과 임의성을 인정하였다고 하여도 증거능력을 인정할 수 없다고 판시하였다.

145) 대판 1994.8.9. 94도1228.

146) 대판 2001.10.26. 2000도2968.

147) 이는 피고인이 당해 공판절차의 당사자로서 법관에게 행하는 그 조서의 증거능력에 관한 진술을 의미하고(규칙 제134조 제2항 참조), 따라서 피고인이 당해 공판절차의 당사자로서 법관에게 검사가 제출한 자신의 진술이 기재된 조서의 진정성립을 부인함으로써 그 조서의 증거능력을 부정하는 취지의 진술을 한 이상, 비록 그 공판 진행 중 피고인신문 또는 공동피고인에 대한 증언 과정에서 그 조서의 진정성립을 인정하는 취지의 진술을 하였다고 하더라도, 이로써 그 조서의 증거능력에 관한 종전의 진술을 번복하는 것임이 분명하게 확인되는 예외적인 경우가 아니라면, 원진술자인 피고인의 진술

명되어야 한다.

② 현행 형사소송법은 실질적 진정성립을 원진술자인 피고인의 진술에 의하여만 인정할 수 있는 것으로 한정하였던 구 형사소송법과는 달리[148] 원진술자인 피고인의 진술 이외에 '영상녹화물 기타 객관적 방법'에 의해서도 조서의 실질적 진정성립을 증명할 수 있도록 함으로써 조서의 증거능력에 관한 인정요건을 완화한 것이다.

③ 이 경우 영상녹화물은 독립된 증거로 사용할 수 없고, 조서의 진정성립을 인정하기 위한 자료로만 사용할 수 있다. 또한, 제244조의2에 신설된 피의자진술의 영상녹화의 요건을 갖추어야 함은 물론이다.[149]

④ 피고인이 검사 작성의 피의자신문조서의 성립의 진정을 인정하였다가 그 뒤 이를 부인하는 진술을 하거나 서면을 제출한 경우 법원이 그 조서의 기재내용, 형식 등과 피고인의 법정에서의 범행에 관련한 진술 등에 비추어 성립의 진정을 인정한 최초의 진술이 신빙성이 있다고 보아 그 성립의 진정을 인정하는 때에는 그 피의자신문조서는 증거능력이 인정된다.[150]

⑤ 한편, 검사가 피의자의 진술을 기재한 조서 중 일부에 관해서만 원진술자

에 의하여 그 조서의 진정성립이 인정되었다고 할 수는 없다(대판 2008.10.23. 2008도2826).

148) 구 형사소송법 제312조 제1항에서의 '성립의 진정'은 형식적 진정성립과 실질적 진정성립을 포함하는 의미라고 봄이 판례·통설이었고, 그 경우 조서의 형식적인 진정성립이 인정되면 실질적인 진정성립이 추정되는 것인지 여부가 논의되었는데, 대법원은 2004. 12. 16. 2002도537 전원합의체 판결을 통하여 형식적 진정성립이 인정되면 특별한 사정이 없는 한 그 실질적 성립이 추정되는 것으로 본 종전의 견해를 변경하면서, 검사가 작성한 피의자나 피의자 아닌 자의 진술을 기재한 조서는 공판준비 또는 공판기일에서 원진술자의 진술에 의하여 형식적 진정성립뿐만 아니라 실질적 진정성립까지 인정된 때에 한하여 비로소 그 성립의 진정함이 인정되어 증거로 사용할 수 있다고 판시하였고, 이에 따르면 공판준비 또는 공판기일에서 피고인이 검사 작성의 피고인에 대한 피의자신문조서에 대하여 형식적 진정성립 또는 실질적 진정성립 중 어느 하나라도 부인하는 진술을 할 경우에는 그 피의자신문조서는 그 자체로 증거능력이 없게 되고, 이와 같이 원진술자인 피고인이 진정성립을 부인하는 진술을 하는 이상 검사로서는 진정성립을 인정시킬 다른 대체수단은 없게 되었다.

149) 실무제요II, 106면.

150) 대판 1992.6.23. 92도954, 1996.8.23. 96도88, 1997.12.12. 97도2368, 2005.8.19. 2005도3045 등.

가 공판준비 또는 공판기일에서 실질적 진정성립을 인정하는 경우에는 법원은 당해 조서 중 어느 부분이 원진술자가 진술한 대로 기재되어 있고, 어느 부분이 달리 기재되어 있는지 여부를 구체적으로 심리한 다음, 진술한 대로 기재되어 있다고 하는 부분에 한하여 증거능력을 인정하여야 하고, 그 밖에 실질적 진정성립이 부정되는 부분에 대해서는 증거능력을 부정하여야 하며, 이는 아래 다. 에서 보는 검사가 피의자 아닌 자의 진술을 기재한 조서의 경우도 동일하다고 함이 판례이다.[151)]

(다) 특신상황이 인정될 것

① 제312조 제1항과 제2항에 의하여 검사 작성의 피의자신문조서의 진정성립이 인정되는 경우에도, 그 조서가 증거능력을 갖기 위해서는 조서에 기재된 진술이 특히 신빙할 수 있는 상태하에서 행하여졌음이 증명되어야 한다.[152)]

② 여기서 '특히 신빙할 수 있는 상태'(신용성의 정황적 보장)란 조서작성 당시 그 진술내용이나 조서 또는 서류의 작성에 허위개입의 여지가 거의 없고, 그 진술내용의 신빙성이나 임의성을 담보할 구체적이고 외부적인 정황이 있는 경

---

151) 대판 2005.6.10. 2005도1849(원심이 원진술자의 법정진술에 의하여 실질적 진정성립이 인정되지 않는다는 이유로 조서 전체의 증거능력을 배척한 검사 작성의 피의자신문조서 또는 진술조서에 대하여 그 실질적 진정성립이 인정되는 부분과 인정되지 않는 부분을 구체적으로 심리하여 그 조서의 증거능력을 판단하여야 한 사례).

152) 구 형사소송법 제312조 제1항 본문과 단서의 관계에 관하여 조서의 진정성립과 특신상황 중 어느 하나만 있으면 증거능력이 인정된다는 견해(이른바 '완화요건설')와 진정성립과 특신상황 모두를 갖추어야 증거능력이 인정된다는 견해(이른바 '가중요건설')등에 관한 논의가 있었는바, 대법원은 2007.1.25. 선고 2006도7342 판결에서 검사 작성의 피고인이 된 피의자신문조서에 대하여 실질적 진정성립이 인정되지 아니하는 이상 그 조서에 기재된 피고인의 진술이 특히 신빙할 수 있는 상태하에서 행하여진 경우라고 하여도 이를 증거로 사용할 수 없다고 판시함으로써 가중요건설을 명백히 하였으며, 학설상으로도 가중요건설에 대부분 일치되어 있었다. 따라서 위 조항 단서에서 "…그 피의자였던 피고인의 공판준비 또는 공판기일에서의 진술에 불구하고 증거로 할 수 있다."라는 의미는 피의자였던 피고인이 검사 작성의 피의자신문조서에 대하여 공판준비 또는 공판기일에서 그 형식적 진정성립 및 실질적 진정성립을 모두 인정하면서도 그 피의자신문조서의 내용은 사실과 다르다고 진술하는 경우에는 법원은 검사의 입증에 의하여 특신상황이 인정되는 경우에만 그 피의자신문조서의 증거능력을 인정할 수 없다는 것으로 해석되었는바, 현행 형사소송법은 이러한 가중요건설의 관점에서 제312조의 요건을 재구성한 것이다.

우를 가리킨다.

③ 신용성의 정황적 보장의 존재 및 그 강약에 관하여서는 구체적 사안에 따라 이를 가릴 수밖에 없다. 예컨대 변호인과 자유롭게 접견하였는지 여부, 변호인의 참여가 정당한 사유 없이 배제되었는지 여부, 조사의 내용 등에 비추어 합리적인 조사기간을 넘어서 조사가 이루어졌는지 여부 또는 구속 상태에서 별다른 조사를 하지도 않은 상태에서 매일 소환하여 같은 질문을 반복하도록 하였는지 여부 등 엄격하여 요건을 살펴보아야 한다.[153]

나. 검사 이외의 수사기관 작성의 피의자신문조서

(1) 검사 이외의 수사기관이 작성한 피의자신문조서는 적법한 절차와 방식에 따라 작성된 것으로 공판준비 또는 공판기일에 그 피의자였던 피고인 또는 변호인이 그 내용을 인정한 때에 한하여 증거로 할 수 있다(제312조 제3항).[154] 이와 같이 증거능력 부여에 있어서 검사 이외의 수사기관 작성의 피의자신문조서에 대하여 보다 엄격한 요건을 요구한 취지는, 검사 이외의 수사기관의 피의자신문은 이른바 신용성의 정황적 보장이 박약한데다가,[155] 그 신문에 있어서 있을지도 모르는 개인의 기본적 인권보장의 결여를 방지하려는 입법정책적 고려에 있는 것이고,[156] 우리나라 고유의 조문으로서 위법수사의 예방장치로서 독자적인 의미를 가지는 조항이라 할 수 있다.[157]

(2) 검사 이외의 수사기관이란 제196조에 의한 사법경찰관리 및 기타 법률[158]에 의하여 그 직무를 행할 자를 말한다. 따라서 검찰수서기관, 검찰사무

153) 실무제요II, 107면.

154) 법 개정으로 구 형사소송법 제312조 제2항과 대비하여 실질적으로 달라진 것이 없으므로 종전의 해석론이 그대로 유용하다. 다만, 이 경우 피고인 등이 그 조서에 관하여 내용을 부인한 경우 피고인을 조사하였던 자의 증언과 그 조서의 증거능력 취득 여부의 문제는 후술하는 9. 참조.

155) 대판 1995.3.24. 94도2287.

156) 대판 1982.9.14. 82도1479(全) (김시훈 사건).

157) 신동운, 928~929면.

158) 사법경찰관리의 직무를 수행할 자와 그 직무범위에 관한 법률 및 검찰청법 제46조, 제47조, 근로기준법 제102조 제5항, 국가정보원법 제16조 등 참조

관, 국가정보원 직원 등도 모두 이에 해당한다. 그리고 외국의 권한 있는 수사기관도 특별한 사정이 없는 한 여기서 말하는 검사 이외의 수사기관에 포함된다.[159)]

(3) 내용의 인정이란 성립의 진정을 전제로 그 진술한 내용이 실제 사실과 부합한다고 인정하는 것을 의미한다.[160)] 피고인이 검찰이래 사법경찰리 앞에서의 자백은 허위였다고 일관되게 진술하고 있는 경우 피고인은 사법경찰리 작성의 피의자신문조서의 진술내용을 인정하지 않는 것이라고 보아야 하고, 이 경우 증거목록에 내용을 인정한 것으로 기재되어 있어도 이는 착오기재였거나 아니면 피고인이 그와 같이 진술한 사실이 있었다고 한 것(즉 실질적 진정성립을 인정한 것)을 '내용인정'으로 조서를 잘못 정리한 것으로 보아야 할 것이다.[161)]

(4) 본 조항은 검사 이외의 수사기관이 작성한 당해 피고인에 대한 피의자신문조서를 유죄의 증거로 하는 경우뿐만 아니라 검사 이외의 수사기관이 작성한 당해 피고인과 공범관계가 있는 다른 피고인 또는 피의자에 대한 피의자신문조서를 피고인에 대한 유죄의 증거로 하는 경우에도 적용된다.[162)] 따라서 검사 이외의 수사기관이 작성한 공범관계에 있는 자에 대한 피의자신문조서는 당해 피고인 또는 그의 변호인이 그 내용을 인정하여야만 증거능력을 부여할 수 있으며, 원진술자인 공범관계에 있는 자 또는 그의 변호인이 내용을 인정하였다 하여 증거능력을 부여할 수는 없다.[163)] 만일 피고인이나 변호인이 위 피의자신문조서에 대하여 증거로 함에 부동의하였다면 이는 그 내용을 인정하지 않는다는 취지로 볼 것이다.[164)]

---

159) 대판 2006.1.13. 2003도6548{미국의 범죄수사대(CID), 연방수사국(FBI)의 수사관들이 작성한 수사보고서 및 피고인이 위 수사관들에 의한 조사를 받는 과정에서 작성하여 제출한 진술서에 대하여 피고인이 그 내용을 부인하는 이상 증거로 쓸 수 없다고 본 사례}.

160) 대판 1995.5.23. 94도1735, 2001.9.28. 2001도3997.

161) 대판 1995.5.23. 94도1735, 1997.10.28. 97도2211, 2001.9.28. 2001도3997, 2004.9.24. 2004도4389, 2006.5.26. 2005도6271.

162) 대판 1979.4.10. 79도287, 1986.11.11. 86도1783, 1996.7.12. 96도667, 2004.9.3. 2004도3588.

163) 대판 1986.11.11. 86도1783.

164) 대판 1996.7.12. 96도667.

그리고 본 조항은 당해 사건에서 피의자였던 피고인에 대한 검사 이외의 수사기관 작성의 피의자신문조서에만 적용되는 것이 아니라 전혀 별개의 사건에서 피의자였던 당해 피고인에 대한 검사 이외의 수사기관 작성의 피의자신문조서에 대하여도 적용된다.

다. 검사 또는 사법경찰관이 피고인 아닌 자의 진술을 기재한 조서

(1) 개 요

(가) 제312조 제4항은 피고인 아닌 자의 진술을 기재한 조서의 증거능력에 대하여 작성주체인 검사와 사법경찰관을 구별하지 않고 동일한 조항에서 규정하고 있고,[165] 그 조서의 진정성립을 인정하는 요건으로서 '원진술자의 공판준비 또는 공판기일에서의 진술' 이외에 검사 작성 피의자신문조서와 마찬가지로 '영상녹화물 기타 객관적 방법'에 의하여 증명할 수 있도록 하고 있으며, 아울러 '기재내용에 관하여 원진술자를 신문할 수 있었던 때' 즉 반대신문권의 보장을 증거능력의 요건으로 추가하고 있다.

(나) 구 형사소송법하에서 검사가 작성한 공동피고인 등에 대한 피의자신문조서에 관한 해석론

이에 관한 구 형사소송법하에서의 판례 및 논의를 보면 다음과 같다.

즉, 검사 작성의 공범인 공동피고인에 대한 피의자신문조서는 공동피고인이 법정에서 성립 및 임의성을 인정한 이상 당해 피고인이 이를 증거로 함에 부동의하였다고 하더라도 당해 피고인의 범죄사실에 대한 유죄의 증거로 삼을 수 있으나,[166] 공동피고인이 아닌 공범에 대한 검사 작성의 피의자신문조서는 당

---

165) 구 형사소송법에서 검사가 피의자 아닌 자(참고인)의 진술을 기재한 조서는 공판준비 또는 공판기일에서의 원진술자인 참고인의 진술에 의하여 그 성립의 진정함이 인정된 때에는 증거능력이 있었고(구 형사소송법 제312조 제1항), 사법경찰관이 피의자 아닌 자의 진술을 기재한 조서는 형식적 진정성립과 실질적 진정성립이 인정된 때에 증거능력이 있으며(구 형사소송법 제313조 제1항), 원진술자가 그 조서의 형식적 진정성립과 실질적 진정성립을 인정한 이상 그 내용을 부인하거나 조서내용과 다른 진술을 하여도 증거능력이 인정된다고 해석되었다.

166) 대판 1991.11.8. 91도1984, 1996.3.8. 95도2930, 2001.4.27. 99도484. 위 판례들의 판시 자체만으로는 공범임을 요하는지 여부가 명확하지 아니하나 사안으로 보면 공범인 공동

해 피고인이 증거로 함에 동의하지 않는 이상 반드시 원진술자인 공범이 현재 사건의 공판기일 등에 증인으로 출석하여 그 성립의 진정을 인정하여야 증거능력이 인정되고, 공범이 자신 또는 다른 공범에 대한 공판절차 등에서 진정성립을 인정하였다 하여 당해 피고인에 대하여 증거능력을 부여할 수는 없다.[167)]

피고인이 증거로 함에 동의한 바 없는 공범이 아닌 공동피고인에 대한 검사 작성의 피의자신문조서는 피고인의 공소범죄사실을 인정하는 증거로 삼을 수 없다고 하는바,[168)] 위와 같은 조서는 당해 피고인에 대한 관계에 있어서 참고인 진술조서와 같은 것으로서, 비록 공범이 아닌 공동피고인(원진술자)이 규칙 제134조 제2항 본문에 의한 필요적 의견진술을 하는 과정에서[169)] 그 진정성립과 임의성을 인정하더라도 당해 피고인에 대한 관계에서 증거능력을 가질 수 없고, 공동피고인이 증인으로 출석하여 그 성립의 진정을 인정하여야 증거능력이 인정된다는 취지로 이해된다.[170)] 공범이 아니고 공동피고인도 아닌 제3자에 대한 검사 작성의 피의자신문조서도 당해 피고인에 대한 관계에 있어서는 참고인 진술조서와 같은 것이므로, 피고인이 증거로 함에 동의하지 않는 이상 제3자가 현재의 사건에 증인으로 출석하여 그 성립의 진정을 인정하여야 증거능력이 인정된다.[171)]

㈐ 형사소송법하에서 검사가 작성한 공동피고인 등에 대한 피의자신문조서에 관한 해석론

현행 형사소송법하에서도 검사 작성의 공동피고인에 대한 피의자신문조서에 관하여 논의가 있을 수 있으나, 공동피고인은 제312조 제4항에서 규정하는 피고인이 아닌 자에 해당함이 분명하여 이를 참고인진술조서로 취급하여야 하고, 따라서 제312조 제1항이 아니라 제312조 제4항에 따라 증거능력을 인정할 것

피고인에 관한 것임이 분명하다.

167) 대판 1999.7.23. 99도1860, 1999.10.8. 99도3063.

168) 대판 1982.6.22. 82도898, 1982.9.14. 82도1000, 2006.1.12. 2005도7601.

169) 공범이 아닌 공동피고인이 선서 없이 한 법정진술이 증거능력이 없다는 점에 대하여는 위 대판 1982.6.22. 82도898, 1982.9.14. 82도1000 참조.

170) 대판 1999.10.8. 99도3063 참조.

171) 대판 1991.4.23. 91도314, 1999.10.8. 99도3063.

이다.[172)]

다만, 공범인 공동피고인 등이 사법경찰관 앞에서 한 진술을 기재한 조서에 대해서는 참고인 진술조서로 보아 제312조 제4항을 적용하는 것보다는 제312조 제3항을 적용하는 것이 피고인에게 더 유리하므로, 구 형사소송법과 마찬가지로 제312조 제3항의 적용을 받는다고 보아야 할 것이다.[173)]

(라) 그리고 피고인이 된 피의자의 진술을 기재하였다면, 비록 진술조서라는 명칭을 가지고 있다 하더라도 이는 피의자신문조서로 취급하여야 할 것이지 참고인진술조서로 볼 수 없다고 할 것이다.[174)]

(2) 증거능력의 인정요건

(가) 적법한 절차와 방식에 따라 작성될 것

검사 또는 사법경찰관이 피고인이 아닌 자의 진술을 기재한 조서는 우선 '적법한 절차와 방식'에 따라 작성된 것이어야 한다. 여기서 '적법한 절차와 방식'이라 함은 원진술자의 서명 또는 날인이 있어야 하는 등[175)] 앞서 피의자신문조서에 관한 설명에서 본 바와 같다.

(나) 진정성립이 인정될 것

① 조서의 기재 내용이 검사 또는 사법경찰관 앞에서 진술한 내용과 동일하게 기재되어 있음이 원진술자의 공판준비 또는 공판기일에서의 진술이나 영상녹화물 기타 객관적인 방법에 의하여 증명되어야 한다(제312조 제4항 본문).

진정성립의 의미와 영상녹화물에 관한 설명은 진술한 피의자신문조서 부분과 같다.

---

172) 실무제요II, 108면.

173) 대판 1986.11.11. 86도1783 등.

174) 실무제요II, 108면.

175) 대판 1997.4.11. 96도2865(사법경찰리 작성의 피해자에 대한 진술조서가 피해자의 화상으로 인한 서명불능을 이유로 입회하고 있던 피해자의 동생으로 하여금 서명날인하게 하는 방법으로 작성된 경우 형식적 요건을 결여한 서류로서 증거로 사용할 수 없다고 한다), 1999.2.26. 98도2742(외국에 거주하는 참고인과의 전화 대화내용을 문답형식으로 기재한 검찰주사 작성의 수사보고서는 진술인의 서명 또는 날인이 없어 증거로 삼을 수 없다고 한다).

② 원진술자의 진술로서 성립의 진정을 인정하고자 하는 경우, 원진술자의 진술은 그 자체 증거능력 있는 것이어야 한다. 따라서 예컨대 필요적 변호사건에서 변호인 없이 이루어진 증인신문에서 원진술자에 의하여 성립의 진정함이 진술된 조서는 위 각 조항에 의하여 증거능력이 인정되지 아니하며,[176] 성립의 진정을 인정하기 위한 원진술자의 진술(증언)은, 증인신문과정에서 당해 진술조서의 내용을 열람하거나 고지 받은 다음 그 진술조서에 간인 및 서명 또는 날인한 점과 그 내용이 자기가 진술한 대로 작성된 것이라는 점을 인정하는 것이어야 한다.[177] 따라서 원진술자가 증인신문과정에서 당해 진술기재 내용을 열람하거나 고지 받지 못한 채 단지 검사의 신문에 대하여 수사기관에서 사실대로 진술하였다는 취지의 증언만을 한 경우 그 진술조서는 증언능력이 없고,[178] 수사기관에서 사실대로 진술하고 그 내용을 확인한 후 서명날인하였다는 취지로 증언하고 있을 뿐인 경우 그 진술이 조서의 진정성립을 인정하는 취지인지 분명하지 아니하므로 그 진술만으로는 조서의 진정성립을 인정하기에 부족하다.[179][180]

③ 그 외 진정성립 여부가 문제된 구 형사소송법하에서의 판례로, 원진술자가 진술조서의 진술기재 내용이 자기가 진술한 것과 다른데도 수사기관이 마음대로 공소사실에 부합되도록 기재한 다음 괜찮으니 서명날인 하라고 요구하여서 할 수 없이 서명날인한 것이라고 진술한 경우 그 진술조서는 증거능력이

---

176) 대판 1999.4.23. 99도915.

177) 대판 1982.10.12. 82도1865,82감도383, 1985.10.8. 85도1843,85감도265.

178) 대판 1994.9.9. 94도1384, 1994.11.11. 94도343.

179) 대판 1982.10.12. 82도1865,82감도383, 1996.10.15. 96도1301, 2000.6.27. 99도128, 원진술자가 법정에서 그 조서의 내용을 열람하거나 고지 받았는지 여부가 불분명한 점이 문제된 것으로 보인다.

180) 그리고 원진술자의 진술에 의하여만 위 조서의 진정성립이 인정된다고 본 구 형사소송법하에서의 판례에 의하면, 사법경찰리 작성의 진술조서에 대하여 원진술자가 공판기일에서 그 진술조서에 서명·무인한 것은 맞으나 그 진술조서의 기재내용과 같이 진술하지는 아니하였다고 진술함으로써 실질적인 성립의 진정을 부인한 경우, 그 진술조서를 작성한 경찰관이 공판기일에 증인으로 나와 원진술자가 진술하는 내용대로 조서를 작성하고 진술인이 서명·무인하였다고 진술하고 있다 하여 증거능력이 있게 되는 것은 아니라고 하였다(대판 2002.8.23. 2002도2112 등).

없다고 한 것,[181] 원진술자가 수사관이 자신의 진술을 받아 기재한 것이 아니라 다른 참고인이 범죄사실에 관하여 진술한 내용을 미리 기재하여 놓은 다음 자신의 서명 무인만을 받은 것이라는 취지로 진술함으로써 위 진술조서의 실질적인 성립의 진정을 부인하고 있다면 위 진술조서는 증거로 할 수 없다고 한 것[182]이 있다.

④ 한편, 여기서의 진정성립은 원진술자가 진술한 대로 기재되었는지 여부를 가리키는 것이지 그 진술의 진위 여부를 문제삼는 것은 아니므로, 원 진술자가 공판기일에서 그 진술조서의 내용과 다른 진술을 하였다 하여 증거능력을 부정할 사유가 되지는 못한다.[183]

(다) 반대신문의 기회가 보장될 것

① 원진술자에 대한 반대신문의 기회가 보장되어야 한다. 즉 참고인진술조서는 피고인 또는 변호인이 공판준비 또는 공판기일에서 그 기재내용에 관하여 원진술자를 신문할 수 있어야 증거능력이 인정된다.

② 반대신문권의 보장은 실질적·효과적이어야 하나, 이는 반대신문권의 기회를 주어야 한다는 것이지, 현실적으로 반드시 반대신문이 이루어져야 한다는 것은 아니다.

③ 다만, 성폭력범죄의 처벌 및 피해자보호 등에 관한 법률 제21조의3 제4항에 의하면, 일정한 성폭력범죄의 경우 피해자의 진술이 담긴 영상녹화물이 증거로 제출된 경우에는, 원진술자인 피해자뿐만 아니라 조사과정에 동석하였던 신뢰관계 있는 자의 진술에 의하여 그 진정성립을 인정할 수 있다.[184] 따라서 원진술자의 진술에 의한 진정성립의 예외를 규정하고 있는 셈이고, 이러한 경우에는 반드시 원진술자에 대한 반대신문권의 보장을 요건으로 하고 있지 않다.

(라) 특신상황이 인정될 것

수사기관이 작성한 참고인진술조서에 대하여 검사 작성의 피의자신문조서와

---

181) 대판 1990.10.16. 90도1474.

182) 대판 1992.6.9. 92도737.

183) 대판 1985.10.8. 85도1843,85감도265, 2000.8.18. 2000도2943.

184) 대판 2006.4.14. 2005도9561 판결 참조.

마찬가지로 그 진술이 특히 신빙할 수 있는 상태하에서 행하여졌음이 증명된 때에 한하여 증거능력이 인정된다.[185] 이른바 '특신상황'에 관해서는 앞서 검사 작성의 피의자신문조서의 증거능력에 관한 설명에서 본 바와 같다.

(3) 기 타

공소제기 후에 참고인 조사가 허용되는지 여부에 관하여, 판례는, 어떠한 증거가 공소가 제기된 이후 수사관에 의하여 수집되었다는 이유만으로 위법한 절차에 의하여 수집된 증거라고 보지는 아니한다.[186]

다만, 피고인에게 유리한 증언을 한 증인을 법정 외에서 추궁하여 법정에서의 증언을 번복하게 하는 내용의 진술조서(이른바 증언 번복 진술조서)의 증거능력에 관하여, 종전 판례는, 그 후 공판기일에 다시 증인으로 신문하면서 그 진술조서 기재내용에 관하여 피고인 측에게 반대신문의 기회를 부여하였다면 그 증거채용을 탓할 것은 아니나,[187] 그와 같은 경로에 의하여 수집된 증거는 신빙성이 상대적으로 희박하다고 할 수밖에 없다[188]고 하여 그 증거능력 자체를 부정하지 아니하면서 그 신빙성만을 문제삼았으나, 그 후 대법원은 2000. 6. 15. 99도1108 전원합의체 판결에서, 위와 같은 진술조서는 당사자주의·공판중심주의·직접주의를 지향하는 현행 형사소송법의 소송구조에 어긋나는 것일 뿐만 아니라, 헌법 제27조가 보장하는 기본권, 즉 법관의 면전에서 모든 증거자료가 조사·진술되고 이에 대하여 피고인이 공격·방어할 수 있는 기회가 실질적으로 부여되는 재판을 받을 권리를 침해하는 것이므로, 피고인이 증거로 할 수 있음에 동의하지 아니하는 한 그 증거능력이 없다고 하여야 할 것이고, 그 후 원진술자인 종전 증인이 다시 법정에 출석하여 증언을 하면서 그 진술조서의 성립의 진정함을 인정하고 피고인 측에 반대신문의 기회가 부여되었다고 하더라도 그 증언 자체를 유죄의 증거로 할 수 있음은 별론으로 하고 위와 같은 진술조서의 증거능력은 없다고 하여[189] 그 증거능력 자체를 부정하는 것으로 태도를

185) 형사소송법 개정으로 그 요건을 더욱 강화한 것이다.

186) 대판 1983.8.23. 83도1632, 2000.6.15. 99도1108(全) 중 보충의견 참조.

187) 대판 1992.8.18. 92도1555(그 증인, 즉 원진술자가 다시 공판기일 등에 증인으로 나와 그 진정성립을 진술하여야 한다는 의미이다).

188) 대판 1983.8.23. 83도1632, 1993.4.27. 92도2171.

변경하였다. 통설은 종전부터 그 증거능력을 부정하여 왔다.[190]

라. 수사과정에서 작성한 진술서

피고인 또는 피고인이 아닌 자가 수사과정에서 작성한 진술서의 증거능력에 대해서는 수사기관이 작성한 조서와 동일하다(제312조 제5항).

검사의 관여 하에 작성, 제출된 피고인의 진술서는 검사작성의 피의자신문조서(제312조 제1항, 제2항)에 준하여, 검사 외의 수사기관 관여 하에 작성된 피고인의 진술서는 검사 외의 수사기관에서 작성한 피의자신문조서(제312조 제3항)에 준하여,[191][192] 피고인 아닌 자가 작성한 진술서는 모두 참고인진술조서에 준하여 각 증거능력이 결정된다.

마. 검사 또는 사법경찰관이 검증의 결과를 기재한 조서

(1) 검사 또는 사법경찰관이 검증의 결과를 기재한 조서는 적법한 절차와 방식에 따라 작성된 것으로서 공판준비 또는 공판기일에서의 작성자의 진술에 따라 그 성립의 진정함이 증명된 때에는 증거로 할 수 있다(제312조 제6항).

적법한 절차와 방식은 피의자신문조서나 참고인진술조서에서의 의미와 같고, 작성자는 검증의 주체가 되는 검사나 사법경찰관을 말하며, 검증에 참여한데 불과한 자는 해당하지 않는다.[193] 그리고 본 조의 적용을 받는 검증조서는 당해 사건에 관하여 작성된 것임을 요하지 아니하고 다른 사건에 관한 것도 포

---

189) 위 전원합의체 판결에 의하여 이와 저촉되는 종전 판결은 변경되었다.

190) 백형구, 338면, 이재상, 335면, 신동운, 447면.

191) 사법경찰관이 피의자를 조사하는 과정에서 제244조에 의하여 피의자신문조서에 기재됨이 마땅한 피의자의 진술내용을 진술서의 형식으로 피의자로 하여금 기재하여 제출하게 한 경우에 위 진술서의 증거능력 유무는 검사 이외의 수사기관이 작성한 피의자신문조서와 마찬가지로 구 형사소송법 제312조 제2항에 따라 결정하여야 할 것이라고 한 대법원 1982.9.14. 선고 82도1479 전원합의체 판결(이른바 김시훈 사건)을 입법화한 것이다.

192) 한편, 판례는 피고인의 진술을 녹취 내지 기재한 서류나 문서가 검사 이외의 수사기관의 수사과정에서 작성된 것이라면 그것이 진술조서, 진술서, 자술서라는 형식을 취하였더라도 피의자 신문조서와 달리 볼 이유가 없으므로 피고인이 공판정에서 그 내용을 부인하면 증거능력이 없다고 하였다(대판 1983.7.26. 82도385, 1992.4.14. 92도442, 2004.9.3. 2004도3588).

193) 대판 1976.4.13. 76도500 참조.

함된다.[194)]

한편, 검사가 범죄의 현장 기타 장소에서 실황조사를 한 후 작성하는 실황조서나 사법경찰관이 수사상 필요하다고 인정하여 범죄현장 또는 기타 장소에 임하여 실황을 조사할 때 작성하는 실황조사서 등도 검증조서에 준하여 증거능력을 판단하나, 단지 수사의 경취 및 결과를 내부적으로 보고하기 위하여 작성된 서류(수사보고서)에 불과하다면 그 안에 검증의 결과에 해당하는 기재가 있다고 하여 이를 제312조 제6항 소정의 검증조서라고 할 수 없다.[195)]

검증조서에 첨부된 현장상황에 관한 사진 등은 검증조서와 일체를 이루는 것으로 보면 될 것이다.

(2) 판례[196)]는 사법경찰관이 작성한 실황조사서에 피의자이던 피고인이 사법경찰관의 면전에서 자백한 범행내용을 현장에 따라 진술, 재연하고 사법경찰관이 그 진술, 재연의 상황을 기재하거나 이를 사진으로 촬영한 것에 대하여 피고인이 공판정에서 그 진술내용 및 범행재연의 상황을 모두 부인하고 있는 이상 그 실황조사서는 증거능력이 없다고 하고 있고,[197)] 또한, 판례[198)]는 사법경찰관 작성의 검증조서에 대하여 피고인이 증거로 함에 동의만 하였을 뿐 공판정에서 검증조서에 기재된 진술내용 및 범행을 재연한 부분에 대하여 그 성립의 진정 및 내용을 인정한 흔적을 찾아 볼 수 없고 오히려 이를 부인하고 있는 경우에는 그 증거능력을 인정할 수 없다고 하여 검증조서에 대하여도 제312조 제3항에 따를 것이라는 취지로 판단하고 있다.[199)]

---

194) 배종대·이상돈·정승환, 610면, 이재상, 583면, 임동규, 506면.

195) 대판 2001.5.29. 2000도2933.

196) 대판 1984.5.29. 84도378, 1989.12.26. 89도1557.

197) 이는 제312조 제3항에 따른다는 취지로 보인다.

198) 대판 1998.3.13. 98도159, 2006.1.13. 2003도6548.

199) 김주형, '사법경찰관작성의 검증조서 중 피고인의 진술기재부분과 범행재연의 사진영상부분의 증거능력', 대법원판례해설 9호, 474, 475면.

6. 제313조에 의한 예외

가. 개 설

(1) 제313조 제1항은 제311조 및 제312조의 규정에 의하여 증거능력이 인정되는 서류 이외에 피고인 또는 피고인 아닌 자가 작성한 진술서나 그 진술을 기재한 서류에 대하여 일정한 요건하에 증거능력을 인정하고 있고, 제313조 제2항은 감정의 경과와 결과를 기재한 서류의 증거능력에 관하여 규정하고 있다.

(2) 그런데 제313조 제1항은 제311조 및 제312조의 규정에 의하여 증거능력이 인정되는 서류를 그 적용대상에서 제외하고 있으므로 수사과정에서 작성한 진술서는 제312조 제5항에 의하여 작성의 주체 및 작성이 이루어진 수사단계에 따라 그 증거능력이 결정될 것이고, 따라서 제313조 제1항의 적용대상은 피고인 또는 피고인 아닌 자가 수사기관 이외에서 작성한 진술서나 진술을 기재한 서류가 된다.

따라서 사인 또는 공증인 등에 의하여 작성된 서류, 진술서 등이 본 조의 적용대상이다.

(3) 제313조 제1항이 규율하고 있는 진술서면은 피고인이 원진술자인 진술서면과 피고인 아닌 자가 원진술자인 진술서면, 원진술자가 직접 작성한 진술서[200]와 제3자가 원진술자의 진술을 기재한 서류 등으로 나눌 수 있다. 진술서·자술서·시말서 등 그 명칭 여하를 묻지 않고, 사건과 관계없이 작성된 메모나 일기 등도 여기에 포함된다.[201]

사인인 의사가 작성한 진단서는 당연히 증거능력이 있는 서류가 되지 아니하고,[202] 본 조항에 의하여 공판기일 등에서 그 작성자인 의사의 진술에 의하여 그 성립의 진정함이 증명되어야 증거능력을 가진다.[203]

---

200) 실무상 대부분을 차지하는 것으로, 특히 참고인 진술서가 대부분이다.

201) 신동운, 949면, 이재상, 577면.

202) 대판 1969.3.31. 69도179.

203) 대판 1967.4.18. 67도231.

나. 피고인의 진술서 또는 피고인의 진술을 기재한 서류

(1) 제311조 및 제312조의 규정 이외에 피고인이 작성한 진술서나 그 진술을 기재한 서류로서 그 작성자 또는 진술자의 자필이거나 그 서명 또는 날인이 있는 것은 공판준비나 공판기일에서의 그 작성자 또는 진술자의 진술에 의하여 그 성립의 진정함이 증명된 때에는 증거로 할 수 있다(제313조 제1항 본문). 단, 피고인의 진술을 기재한 서류는 공판준비 또는 공판기일에서의 그 작성자의 진술에 의하여 그 성립의 진정함이 증명되고 그 진술이 특히 신빙할 수 있는 상태하에서 행하여진 때에 한하여 피고인의 공판준비 또는 공판기일에서의 진술에 불구하고 증거로 할 수 있다(제313조 제1항 단서).

(2) 본 조항 본문 후단은 '그 작성자 또는 진술자의 진술'로 규정하고 있어 원진술자 외에 그 진술을 기재한 제3자의 진술로도 성립의 진정을 증명할 수 있지 않은가 하는 의심이 있을 수 있으나, 여기서 '작성자'는 전단의 '진술서'에, '진술자'는 전단의 '진술을 기재한 서류'에 각각 해당되는 것으로 풀이되므로 본 조항의 진술서면은 원진술자가 직접 작성한 진술서이든 제3자가 원진술자의 진술을 기재한 서류이든 언제나 원진술자의 공판진술에 의해서만 진정성립을 증명할 수 있는 것이라 할 것이다.[204)]

(3) 본 조항에 의하여 증거능력이 인정되려면 우선 원진술자(진술서의 경우는 작성자)의 자필이거나 그의 서명 또는 날인이 있어야 한다. 진술서에는 자필을 요하고 진술을 기재한 서류에는 서명 또는 날인을 요한다는 견해[205)]가 있으나, 반드시 그와 같이 볼 필요는 없고 타이프에 의하거나 부동문자에 의하여 일정한 사실이 진술되어 있는 때에도 피고인의 서명 또는 날인이 있는 한 진술서에 해당한다.[206)]

(4) 여기에서 성립의 진정은 형식적 진정성립과 실질적 진정성립을 포함하는 의미로 볼 것이다.[207)]

(5) 한편, 피고인의 진술을 기재한 서류[208)]는 본 조항 단서에 의하여 그 진술

---

204) 신동운, 950~951면, 실무제요II, 114면, 대판 1995.10.13. 95도1761,95감도83 참조.

205) 차용석, 최용성, 589면.

206) 임동규, 502면, 전봉진, '피고인 작성의 진술서', 형사증거법(하) 260면.

207) 신동운, 951면, 서희석, '우리 형사소송법상의 전문법칙', 형사증거법(상) 284면.

이 특히 신빙할 수 있는 상태하에서 행해지고 작성자의 공판진술에 의하여 성립의 진정함이 증명된 때에 한해서 진술자인 피고인의 공판준비 또는 공판기일에서의 진술 여하에 불구하고 증거능력이 인정되는데, 여기에서의 '작성자'는 원진술자인 피고인을 의미한다고 보는 견해[209]와 피고인의 진술을 기재한 서류의 작성자(녹취자)를 가리키는 것으로 보는 견해[210]가 나뉘어져 있다.

판례[211]는 피고인의 진술내용이 녹음된 녹음테이프의 증거능력이 문제된 사안에서 제313조 제1항 단서가 적용되는 경우임을 전제로, 피고인의 진술내용을 증거로 사용하기 위하여는 그 녹음테이프 작성자의 진술에 의하여 녹음테이프에 녹음된 피고인의 진술내용이 피고인이 진술한 대로 녹음된 것이 증명되어야 하고 나아가 특신상황이 인정되어야 한다고 판시하고 있는 점에 비추어 보면, 본 조항 단서가 적용되는 녹음테이프의 경우에는 그 '작성자'는 녹음테이프 작성자를 의미한다고 해석하고 있는 것으로 보인다.

다. 피고인 아닌 자의 진술서 또는 그 사람의 진술을 기재한 서류

(1) 피고인 아닌 자가 법원이나 수사기관 외에서 작성한 진술서나 그 진술을 기재한 서류는 원진술자의 자필이거나 그 서명 또는 날인이 있고, 공판준비 또는 공판기일에서 원진술자의 진술에 의하여 성립의 진정이 인정되면 증거능력이 인정되고, 별도로 특신상황에 대한 증명은 요구되지는 않는다.

(2) 압수조서 중 압수의 경과를 기재한 부분은 진술서로서의 실질을 가지고 있으므로 본 조항에 의하여 증거능력이 부여될 수 있다. 판례는, 사법경찰리가 작성한 '피고인이 임의로 제출하는 별지 기재의 물건을 압수하였다'는 내용의

208) 검사나 사법경찰관이 피고인의 진술을 기재한 서류(피의자신문조서, 진술조서)는 제312조 등에 별도로 규정되어 있으므로 이 경우에 해당하지 않는다.

209) 신동운, 950면, 신양균, 743면.

210) 서희석, '우리 형사소송법상의 전문법칙', 형사증거법(상) 284~285면.

211) 대판 2001. 10. 9. 2001도3106(고소인이 피고인과의 진술내용을 녹음한 녹음테이프에 대한 검증조서 중 피고인의 진술내용이 증거능력을 갖기 위하여는 제313조 제1항 단서에 따라 그 작성자인 고소인의 진술에 의하여 녹음테이프에 녹음된 피고인의 진술내용이 피고인이 진술한 대로 녹음된 것이라는 점이 증명되고 그 진술이 특히 신빙할 수 있는 상태하에서 행하여진 것으로 인정되어야 한다). 대판 2005. 12. 23. 2005도2945도 같은 취지이다.

압수조서는 피고인이 공판정에서 증거로 함에 동의하지 아니하였고 원진술자의 공판기일에서의 증언에 의하여 그 성립의 진정함이 인정된 바도 없다면 증거로 쓸 수 없다고 하여 원진술자(압수조서의 작성자)의 진술에 의하여 성립의 진정함이 인정되면 증거능력을 가지는 것으로 본다.

라. 감정의 경과와 결과를 기재한 서류

(1) 제313조 제2항은 감정의 경과와 결과를 기재한 서류, 즉 감정서도 전항과 같다고 규정하고 있으므로, 감정서도 피고인 아닌 자가 작성한 진술서와 마찬가지로 감정인의 자필이거나 그 서명 또는 날인이 있고, 공판준비나 공판기일에서 감정인의 진술에 의하여 그 성립의 진정함이 증명된 때에만 증거능력이 부여된다.

(2) 법원 또는 법관의 명령에 의하여 감정인이 제출한 감정서(제171조 제1항)가 이에 해당함은 물론이고, 수사기관에 의하여 감정을 위촉받은(제221조 제2항) 감정수탁자가 작성한 감정서도 여기에 포함되는 것으로 본다. 감정인은 수사기관 내부의 기관도 이에 해당하고, 문서의 형식과 제목도 감정서라는 제목에 한정되지 않는다.

(3) 성립의 진정은, 다른 경우와 마찬가지로 작성명의가 진정하고 감정인의 관찰대로 기술되었다는 것을 의미한다고 볼 것이다.

7. 제314조에 의한 예외

가. 개 설

(1) 제314조는 "제312조 또는 제313조의 경우에 공판준비 또는 공판기일에 진술을 요하는 자가 사망·질병·외국거주·소재불명 그 밖에 이에 준하는 사유로 인하여 진술할 수 없는 때에는 그 조서 및 그 밖의 서류를 증거로 할 수 있다. 다만, 그 진술 또는 작성이 특히 신빙할 수 있는 상태하에서 행하여졌음이 증명된 때에 한한다."라고 규정하고 있다.

(2) 본 조는 제312조 및 제313조에 규정된 조서나 서류가 원진술자의 진술불능으로 인하여 진정성립의 요건을 구비할 수 없는 경우에 대비하기 위한 보충적 규정으로서, 필요성과 신용성의 정황적 보장을 요건으로 전문증거에 증거

능력을 부여한 부여하는 전형적인 전문법칙의 예외 규정이다.

(3) 제314조는 그 내용에 있어 사망·질병·외국거주·소재불명 또는 이에 한하여 그 필요성을 인정함으로써 직접주의 및 전문법칙의 예외를 인정하고 있다. 즉 예외를 인정할 사유로서 정당성을 가지고 있고, 그 필요성이 있는 경우에도 '특히 신빙할 수 있는 상태하에서 행하여진 때'에 한하여 증거능력이 인정되는 것으로 규정함으로써 그 적용범위를 목적달성에 필요하고도 합리적인 최소한도로 한정하였고, 그런 연유로 인하여 위 규정은 공정한 공개재판을 받을 권리와 무죄추정을 받을 권리를 본질적으로 침해하거나 형해화하였다고 할 수 없고 적법절차에도 합치되어 헌법에 위한되지 아니한다고 해석되는 것이므로,[212] 구체적인 경우 위 법 규정을 적용함에 있어서는 직접주의와 공판중심주의에 의한 공정한 공개재판을 받을 권리와 무죄추정을 받을 권리를 본질적으로 침해하거나 형해화하는 결과가 초래되는지를 고려하여 신중하게 위 요건의 충족여부를 판단하여야 할 것이다.[213]

(4) 구 형사소송법에서 예외사유로 규정된 진술자의 '사망, 질병, 외국거주 기타사유'중 '기타사유'를 폭넓게 해석하는 경우 피고인의 방어권이나 반대신문권이 충분히 보장되지 못하였던 문제점이 있었으나 현행 형사소송법은 증거능력에 대한 예외사유를 종래 '… 사망, 질병, 외국거주 기타 사유로 인하여 진술할 수 없는 때…'를 '… 사망·질병·외국거주·소재불명 그밖에 이에 준하는 사유로 인하여 진술할 수 없는 때…'로 개정하여 더 엄격하게 규정하였다.

나. 적용범위

(1) 본 조는 제312조 및 제313조의 규율대상이 되는 조서나 서류 가운데 원진술자의 진술에 의하여 진정성립이 인정되지 않는 진술조서, 검증조서, 감정서 등이 이에 포함된다고 할 수 있을 것이다.

(2) 또한, 공범이지만 공동피고인이 아닌 자에 대한 검사 작성의 피의자 신문조서[214]나 공범관계에 있지 아니한 자에 대한 피의자신문조서에 대하여는 본

---

212) 헌재결 1998.9.30. 97헌바51 참조.

213) 대판 2004.11.12. 2004도4044.

214) 대판 1984.1.24. 83도2945, 1992.8.14. 92도1211.

조가 적용된다고 본다.

그러나 당해 피고인과 공범관계가 있는 다른 피의자에 대한 검사 이외의 수사기관 작성의 피의자신문조서는 그 피의자의 법정진술에 의하여 그 성립의 진정이 인정되더라도 당해 피고인이 공판기일에서 그 조서의 내용을 부인하면 증거능력이 부정되므로, 그 당연한 결과로 그 피의자신문조서에 대하여는 원진술자가 사망 등의 사유로 인하여 법정에서 진술할 수 없는 때에도 본 조에 의하여 증거능력이 인정될 수 없다.[215)]

다. 원진술자의 진술불능

(1) 본 조에 의하여 증거능력이 인정되려면 원진술자가 사망·질병·외국거주·소재불명 그 밖에 이에 준하는 사유로 인하여 공판정에 출석하여 진술을 할 수 없을 것과 그 진술 또는 작성이 특히 신빙할 수 있는 상태 하에 행하여졌음이 증명되었을 것이라는 두 가지 요건이 갖추어져야 한다.[216)]

(2) '질병'의 사유는 진술을 요할 자가 공판이 계속되는 동안 임상신문이나 출장신문도 불가능할 정도의 중병을 요한다고 할 것이고,[217)] 출산을 앞두고 있다는 이유로 출석하지 아니한 것은 특별한 사정이 없는 한 본 조 소정의 진술할 수 없는 때에 해당하지 아니한다.[218)]

(3) '외국거주'라고 함은 진술을 요할 자가 외국에 있다는 것만으로는 부족하고, 가능하고 상당한 수단을 다하더라도 그 진술을 요할 자를 법정에 출석하게 할 수 없는 사정이 있어야 예외적으로 그적용이 있다고 할 것인바, 통상적으로 그 요건의 충족 여부는 소재의 확인, 소환장의 발송과 같은 절차를 거쳐 확정되는 것이기는 하지만 항상 그와 같은 절차를 거쳐야만 위 요건이 충족될 수 있는 것은 아니고, 경우에 따라서는 비록 그와 같은 절차를 거치지 않더라도 법원이 그 진술을 요할 자를 법정에서 신문할 것을 기대하기 어려운 사정이 있다고 인정할 수 있다면, 이로써 그 요건은 충족된다고 보아야 한다.[219)] 판례 중에는

---

215) 대판 2002.2.5. 2001도4286, 2004.7.15. 2003도7185(전).

216) 대판 1989.6.27. 89도351 참조.

217) 대판 2006.5.25. 2004도3619.

218) 대판 1999.4.23. 99도915.

미국인이 진술 후 미국으로 돌아갔으나 강제절차에 의하여 출석시킬 수 있는 방법이 없는 것으로 인정되는 경우,[220] 일본에 거주하는 사람을 증인으로 채택하여 신문하려고 하였으나 외무부로부터 현재 일본 측에서 형사사건에 대하여는 양국 형법체계상의 상이함을 이유로 송달에 응하지 않고 있어 그 송달이 불가능하다는 취지의 회신을 받고 위 증인을 취소한 경우[221] 위와 같은 사유는 본조 소정의 진술할 수 없는 때에 해당한다고 본 것이 있다.

(4) '소재불명 그 밖에 이에 준하는 사유' 중 소재불명의 사유는 현행 형사소송법에서 새로 규정된 것이기는 하나 구 형사소송법하에서의 종전의 판례에 의하더라도 '기타 사유'에 해당한다고 보았다.

소재불명이란 수회에 걸쳐 원진술자를 소환하였으나 증인소환장이 송달되지 아니하여 법원이 그 소재탐지촉탁까지 하였으나 주거가 없이 떠돌아다니거나 주거를 이탈하는 등 그 소재를 알지 못하게 된 경우를 말한다.

'그 밖에 이에 준하는 사유'라 함은 사망 또는 질병에 준하여 증인으로 소환될 당시부터 기억력이나 분별력의 상실 상태에 있다거나, 증인소환장을 송달받고 출석하지 아니하여 구인을 명하였으니 끝내 구인의 집행이 되지 아니하는 등으로 진술을 요할 자가 공판준비 또는 공판기일에 진술할 수 없는 예외적인 사유가 있어야 한다고 볼 것이다.[222] 원진술자가 제1심에서 증인으로 소환당할 당시부터 노인성 치매로 인한 기억력 장애·분별력상실 등으로 인하여 진술 할 수 없는 상태하에 있었던 경우[223]는 본 조 소정의 진술할 수 없는 때

---

219) 대판 2002.3.26. 2001도5666 [특정범죄가중처벌등에관한법률위반(알선수재)혐의로 수사를 받던 중 미국으로 불법도피하여 그곳에 거주하고 있는 원진술자에 대하여 그 소재를 확인하여 소환장을 발송한다고 하더라도 법정에 증인으로 출석할 것을 기대하기는 어렵다고 할 것이므로, 원진술자가 미국에 거주하고 있는 사실이 확인된 후 검찰이 그의 미국 내 소재를 확인하여 증인소환장을 발송하는 등의 조치를 다하지 않았다고 하더라도 '외국거주'의 요건은 충족이 되었다고 본 사안], 대판 2004.10.8. 2004도3987 [수사기관에서 수사를 받던 중 미국으로 출국하여 귀국을 거부하고 잠적하여 그 소재를 확인할 수 없는 경우 '외국거주'의 요건이 충족되었다고 본 사안].

220) 대판 1987.1.20. 86도2322.

221) 대판 1987.9.8. 87도1446.

222) 대판 2006.5.25. 2004도3619.

223) 대판 1992.3.13. 91도2281.

에 해당한다.

'소재불명 그 밖에 이에 준하는 사유'로서 가장 흔히 문제되는 것은 원진술자에 대한 증인 소환이 되지 아니한 경우인데, 수회에 걸쳐 원진술자에 대한 증인소환장이 송달되지 아니하여 법원이 그 소재탐지촉탁까지 하였으나 그 소재를 알지 못하게 된 경우[224]가 전형적인 경우이나, 원진술자가 일정한 주거를 가지고 있더라도 피고인의 보복 등을 이유로 법원의 소환에 계속 불응하고 구인하여도 구인장이 집행되지 아니하는 등 법정에서의 신문이 불가능한 상태의 경우[225]에도 본 조 소정의 진술할 수 없는 때에 해당한다.

결국, 소재탐지가 불능 되었다는 요건이 필수적이라고 볼 것은 아니고 다른 사유로 이를 못하였거나 그 결과가 도착하지 않았다고 하더라도 그 소재를 알 수 없음을 소명할 수 있는 자료가 있는 경우에는 소재불명으로 볼 수 있다고 할 것이다.

그러나 단지 소환장이 주소불명 등으로 송달불능 되었다거나 소재탐지촉탁을 하였으나 그 회보가 오지 않은 상태인 것만으로는 이에 해당한다고 보기에 부족하고,[226] 소환장이 송달불능 되자 검사가 소재탐사도 한 바 없이 소환신청을 철회하거나 소환장을 수령하였으면서 출석하지 아니하였음에도 불구하고 검사가 구인신청도 하지 아니하고 도리어 소환신청을 철회한 경우,[227] 증인의

---

224) 대판 1983.7.26. 83도968, 1990.4.10. 90도246, 1999.4.23. 98도1923, 2004.3.11. 2003도171, 2005.9.30. 2005도2654 등 다수
대판 1999.4.23. 98도1923에 의하면, 수사기관에서의 진술 당시 일정한 주거가 없이 거처를 자주 옮겨 다니는 형편이었음에도 불구하고 수사기관이 추후 공판정에서 진술을 요할 경우를 대비하여 그 소재를 알 수 있는 방법을 강구하지 않았거나, 진술조서에 실제 거주지가 아닌 주민등록지를 주소지로 기재하였다고 하더라도 달리 볼 것이 아니라고 한다.

225) 대판 1995.6.13. 95도523, 1997.7.11. 97도1097,97감도34. 다만, 증인에 대한 구인장 집행불능이 '그 밖의 사유'에 해당한다고 인정하기 위하여는 형식적으로 구인장 집행이 불가능하다는 취지의 서면이 제출되었다는 것만으로는 부족하고, 증인에 대한 구인장의 강제력에 기하여 증인의 법정 출석을 위하여 가능하고도 충분한 노력을 다하였음에도 부득이 증인의 법정 출석이 불가능하게 되었다는 사정을 검사가 입증하여야 한다(대판 2007.1.11. 2006도7228).

226) 대판 1985.2.26. 84도1697, 1996.5.14. 96도575.

227) 대판 1969.5.13. 69도364.

주소지가 아닌 곳으로 소환장을 보내 송달불능이 되자 그 곳을 중심한 소재탐지 끝에 소재불능회보를 받은 경우에는[228] 본 조에서 말하는 원진술자가 공판정에서 진술할 수 없는 때라고 할 수 없다.[229]

(5) 판례[230]는 법정에 출석한 증인이 증언거부권을 행사하여 증언을 거절한 때도 본 조 소정의 진술할 수 없는 때에 포함된다고 본다. 한편, 판례는 검사가 피의자 아닌 자의 진술을 기재한 조서에 대하여 그 원진술자가 공판기일에서 그 성립의 진정을 인정하면 그 조서의 증거능력이 있는 것이고, 원진술자가 공판기일에서 그 조서의 내용과 다른 진술을 하거나 변호인 또는 피고인의 반대신문에 대하여 아무런 답변을 하지 아니하였다 하여 곧 증거능력 자체를 부정할 사유가 되지는 아니한다고 보고 있다.[231]

또한, 판례는, 원진술자(사건 당시 4세 6개월, 증언 당시 6세 11개월 된 유아[232] 및 사건 당시 3세 3개월 내지 3세 7개월, 원진술 당시 5세 내지 5세 9개월, 증언 당시 6세 남짓 된 유아[233])가 증인신문 당시 일정한 사항에 관하여 기억이 나지 않는다는 취지로 진술하여 그 진술의 일부가 재현 불가능하게 된 경우도 본 조 소정의 진술할 수 없는 때에 해당한다고 본다. 그러나 만 5세 무렵에 당한 성추행으로 인하여 외상 후 스트레스 증후군을 앓고 있다는 등의 이유로 공판정에 출석하지 아니한 약 19세 남짓 된 성추행 피해자에 대한 진술조서의 경우에는 제314조에 정한 필요성의 요건을 갖추지 못한 경우에 해당한다고 판시하였다.[234]

---

228) 대판 1979.12.11. 79도1002.

229) 대판 1973.10.31. 73도2124.

230) 대판 1992.8.14. 92도1211, 1992.8.18. 92도1244.

231) 대판 2001.9.14. 2001도1550, 그렇지만 위 판례는 검사 작성의 진술조서에 대하여 원진술자가 공판기일에서 그 성립의 진정을 인정하면서도 그 진술조서상의 진술내용을 탄핵하려는 변호인의 반대신문에 대하여 묵비한 것이 피고인 또는 변호인의 책임있는 사유에 기인한 것이라고 인정할 수 없는 경우에 그 진술기재는 반대신문에 의한 증명력의 탄핵이 제대로 이루어지지 아니한 것이므로 그 신빙성을 선뜻 인정하기 어렵다고 하고 있다.

232) 대판 1999.11.26. 99도3786.

233) 대판 2006.4.14. 2005도9561.

234) 대판 2006.5.25. 2004도3619.

라. 특히 신빙할 수 있는 상태

(1) 판례는 본 조에서 '특히 신빙할 수 있는 상태하에서 행하여졌음이 증명된 때'라 함은 그 진술내용이나 조서 또는 서류의 작성에 허위개입의 여지가 거의 없고 그 진술내용의 신빙성이나 임의성을 담보할 구체적이고 외부적인 정황이 있는 경우를 가리킨다고 하고,[235] 학설도 대체로 이에 찬동한다.[236]

(2) 본 조의 특신상호과 관련하여 구 형사소송법하에서의 판례는, 절도범들이 피해자 집에 침입함을 목격하였다고 진술한 참고인이 경찰 및 검찰의 진술조서에 기재된 주거지에 거주한 사실이 없는 소재불명자이고 그의 진술이 엇갈린 경우,[237] 검사 및 사법경찰관 작성의 각 진술조서의 진술내용이 서로 상치되어 그 중 어느 진술이 진실인지 알 수 없을 뿐 아니라 제1심 법정에서 증인으로 채택되어 소환장을 두 번이나 받고도 소환에 불응하고 주소지를 떠나 행방을 감춘 경우,[238] 피고인을 붙잡아 파출소로 인계한 자가 당시 주변에 피고인이 소매치기 범인이라고 말한 일이 전혀 없고 경찰에서 진술함에 있어 인적사항을 모두 거짓으로 진술하였으며 당시 술을 약간 마신 상태였던 경우,[239] 강도강간의 피해를 당하였다고 정식으로 고소한 바 없이 다만 개인적으로 아는 경찰관에게 범인의 인상착의를 말하고 같이 범인을 잡으러 다녔으나 잡지 못하였는데 그 범행 일시로부터 6개월이 지나 피고인이 그 범행과는 다른 사건으로 구속된 뒤 범인이 잡혔으니 한번 와서 보라는 위 경찰관의 연락을 받고 비로소 경찰과 검찰에 출석하여 진술조서를 작성한 경우,[240] 가출하여 다방 종업원으로 일하던 피해자가 강간이 있었다는 일시 이후에도 계속 피고인 경영의 다방에서 일하다가 1개월 이상 경과하여 고소 및 진술을 하고 진술시 주민등록상 주소지와 전화번호 이외에 신병인수인의 연락처 등 다른 어떤 연락수

---

235) 대판 1987.3.24. 87도81, 1997.4.11. 96도2865, 1999.11.26. 99도3786, 2004.10.8. 2004도3987.

236) 신동운, 961면, 이재상, 576면.

237) 대판 1976.12.28. 76도3727.

238) 대판 1986.2.25. 85도2788.

239) 대판 1987.3.24. 87도81.

240) 대판 1995.12.26. 95도2340.

단도 남기지 아니하였으며 그 후 신병인수인의 집에서 바로 가출하여 소재를 감춘 경우,[241] 수사가 개시되기 전에 외국으로 출국한 이후 도피 중인 상태에서 외국의 호텔방에서 변호인과 마주앉아 구술내용을 변호인이 녹취하는 방식으로 진술서가 작성되었고, 계속하여 그 소재를 감추고 재판과정에서의 거듭된 귀국·증언요구를 거부함으로써 그 진술서의 진술내용을 확인 내지 탄핵하려는 피고인측의 반대신문의 기회를 봉쇄하고 있으며, 그 진술서의 내용은 자신과 관련된 부분은 은폐 내지 축소하는 것으로 일관하고 있는 경우[242] 등에는 특히 신빙할 수 있는 상태하에서 진술한 것으로 인정할 수 없다고 하였다.

만약 증거능력이 부여되는 경우라 하더라도 반대신문이 없었으므로 그 증명력은 원진술자가 출석하여 증언한 경우와 비교하여 낮게 평가할 수밖에 없을 것이다.[243]

8. 제315조에 의한 예외

가. 개 설

제315조는 일정한 서류에 대하여 당연히 증거능력을 인정하고 있다. 이들 서류는 특히 신용성의 정황적 보장이 고도로 인정되고 그 작성자를 증인으로 신문하는 것이 부적당하거나 실익이 없기 때문에 당연히 그 증거능력을 인정하도록 한 것이다.[244]

나. 공무원 등이 직무상 증명할 수 있는 사항에 관하여 작성한 문서

(1) 가족관계기록사항에 관한 증명서(종전의 호적의 등본 또는 초본), 공정증서등본 기타 공무원 또는 외국공무원의 직무상 증명할 수 있는 사항에 관하여 작성한 문서는 당연히 증거능력이 있다(제1호). 이른바 공권적 증명문서의 증거능력을 인정한 것으로서, 가족관계기록사항에 관한 증명서, 공정증서등본은 그 예

241) 대판 1999.4.23. 98도1923.

242) 대판 2004.10.8. 2004도3987.

243) 대판 2006.12.8. 2005도9730.

244) 신동운, 962면, 이재상, 585면.

시에 지나지 않는다.

(2) 등기부 등·초본, 주민등록 등·초본, 인감증명, 전과조회회보, 신원증명서 등이 이에 해당하고, 보건사회부장관의 마약에 대한 시가조사보고서,[245] 세관 공무원의 범칙물자에 대한 시가감정서,[246] 일본국 세관원 작성의 히로뽕에 대한 범칙물건감정서등본과 분석의뢰서 및 분석회답서등본[247]도 이에 해당한다.

다. 업무상 필요로 작성한 통상문서

(1) 상업장부, 항해일지 기타 업무상 필요로 작성한 통상문서는 당연히 증거능력이 있다(제2호). 일상의 업무과정에서 작성되는 문서는 업무의 기계적 반복성으로 인하여 허위가 개입할 여지가 적고, 작성자를 소환해 보아도 서면을 제출하는 것 이상의 의미가 없다는 점에 그 근거가 있다.

(2) 금전출납부, 전표, 통계표, 전산자료 등이 여기에 속한다. 의사의 진단서는 당연히 증거능력 있는 문서에 해당하지 않지만 진료부는 여기에 포함된다.[248]

(3) 한편, 제315조 소정의 문서에는 전자적 형태로 이루어진 전자문서 등도 포함하므로 메모리카드에 저장된 파일이 영업상 필요로 작성된 통상문서라면 제315조 제2호 소정의 당연히 증거능력 있는 서류에 해당한다.[249]

라. 기타 특히 신용할 만한 정황에 의하여 작성된 문서

(1) 기타 특히 신용할 만한 정황에 의하여 작성된 문서(제3호)는 당연히 증거능력이 있는데, 이는 제1호, 제2호에 준할 정도로 신용성의 정황적 보장이 강력한 문서에 대하여 증거능력을 부여하기 위함이다.

(2) 공공기록, 역서, 정기간행물상의 시장가격표, 스포츠기록, 공무소 작성의 각종 통계와 연감 등이 이에 속한다. 다른 피고사건에서 공범의 피고인으로서

245) 대판 1967.6.13. 67도544.
246) 대판 1985.4.9. 85도225.
247) 대판 1984.2.28. 83도3145.
248) 배종대·이상돈·정승환, 620면, 이재상, 586면, 임동규, 516면.
249) 대판 2007.7.26. 2007도3219 참조.

의 진술을 기재한 공판조서,[250] 다른 피고인에 대한 형사사건의 공판조서 중 일부인 증인신문조서,[251] 군법회의 판결사본,[252] 구속적부심사절차에서 피의자를 심문하고 그 진술 등을 기재한 구속적부심문조서[253]는 이에 해당한다.

9. 제316조에 의한 예외

가. 개 설

제311조 내지 제315조가 서면의 형식에 의한 전문증거에 대한 증거능력 인정의 예외규정임에 반하여, 본 조는 구두진술에 의한 전문증거, 즉 전문진술에 대한 증거능력 인정의 예외규정이다.

나. 피고인의 진술을 내용으로 하는 제3자의 진술

(1) 피고인 아닌 자의 공판준비 또는 공판기일에서의 진술이 피고인의 진술을 그 내용으로 하는 것인 때에는 그 진술이 특히 신빙할 수 있는 상태에서 행하여졌음이 증명된 때에 한하여 이를 증거로 할 수 있다(제316조 제1항).

피고인의 진술이란 피고인의 지위에서 행하여진 것임을 요하지 않고, 조사절차나 그 밖의 단계에서 행하여진 것도 포함한다.

(2) 제316조 제1항에서 구 형사소송법과 달리 피고인이 아닌 자에 '공소제기 전에 피고인을 피의자로 조사하였거나 그 조사에 참여하였던 자를 포함한다'라는 규정을 신설하여 조사관에 의한 증언을 허용하고 있는바, 이는 조서관 등이 증인으로 나와 위증죄의 부담을 안고 피고인 측의 반대신문을 받으면서 한 증언에 증거능력을 부여함으로써 실체적 진실발견과 피고인의 방어권 보장 사이에 조화를 도모할 목적이라고 설명된다. 검사 이외의 수사기관 작성의 피의자신문조서에 관한 종래 판례는 이러한 경우 피고인이 경찰에서의 진술을 부인하는 이상 구 형사소송법 제312조 제2항(제312조 제3항에 해당)의 취지에 비추어

250) 대판 1965.6.22. 65도372.

251) 대판 2005.4.28. 2004도4428.

252) 대판 1981.11.24. 81도2591.

253) 대판 2004.1.16. 2003도5693.

증거능력이 없다는 확고한 입장을 취하고 있었는 바,[254][255] 제316조 제1항에서 새로이 규정하고 있는 조사자의 증언 허용범위와 그 증거능력 및 증명력 등에 관하여는 앞으로 판례와 학설로 구체화되어야 할 것이다.

(3) '특히 신빙할 수 있는 상태'와 관련하여 피고인이 경찰 조사시 파출소 2층에서 친구에게 범행사실을 순순히 자복하였다는 내용의 그 친구의 증언 및 그에 대한 검사 작성의 진술조서에 대하여, 피고인이 사건 당일부터 5일간 경찰관에 의해 연행, 호텔에 연금되어 잠을 자지 못하고 조사를 받은 사실 등에 비추어 보면 피고인의 그 같은 진술이 특히 신빙할 수 있는 상태에서 이루어졌다고 보기 어려워 증거능력이 없다고 한 판례[256]와, 피고인과의 전화통화 중에 자백하는 것을 들은 경우 특히 신빙할 수 있는 상태에서 행하여진 것으로 볼 수 있다고 한 판례[257]가 있다.

(4) 한편, 피고인 아닌 자의 진술을 기재한 조서가 피고인의 진술을 그 내용으로 하는 것인 때에는 그 전문진술이 기재된 조서는 제312조 내지 제314조의 규정에 의하여 그 증거능력이 인정될 수 있는 경우에 해당하여야 함은 물론 나아가 제316조 제1항의 규정에 따른 조건을 갖춘 때에 예외적으로 증거능력이 인정되어야 한다.[258]

---

254) 즉, 피고인을 조사하였더니 경찰관이 법정에 나와 "피고인의 진술대로 조서가 작성되었고, 작성 후 피고인이 조서를 읽어보고 내용을 확인한 후 서명·무인하였다"고 증언하더라도 그 피의자신문조서가 증거능력을 가지게 되는 것은 아니며, 피고인이 공판정에서 경찰에서의 진술내용을 부인하고 있는 이상 피고인이 '검거 당시 또는 조사 당시' 범행을 시인하는 것을 직접 보고 들었다거나 그 자백경위 등에 관한 조사 경찰관이나 피해자 기타 참고인 등의 증언 및 그들에 대한 검사나 그 이외의 수사기관 작성의 각 진술조서도 모두 피고인이 경찰에서 조사받을 때의 진술을 그 내용으로 하는 것에 다름없어 그 증거능력이 없다고 하였다.

255) 다만, 종래의 판례에 의하더라도 현행범을 체포한 경찰관의 진술은 범행을 목격한 부분에 관하여는 여느 목격자의 진술과 다름없이 증거능력이 있다고 할 것이다(대판 1995.5.9. 95도535).

256) 대판 1984.1.24. 83도3032.

257) 대판 2000.9.8. 99도4814.

258) 대판 2002.5.10. 2002도1187, 2005.11.25. 2005도5831 등.

다. 피고인 아닌 타인의 진술을 내용으로 하는 제3자의 진술

(1) 피고인 아닌 자의 공판준비 또는 공판기일에서의 진술이 피고인 아닌 타인의 진술을 그 내용으로 하는 것인 때에는 원진술자가 사망, 질병, 외국거주, 소재불명, 그 밖에 이에 준하는 사유로 인하여 진술할 수 없고 그 진술이 특히 신빙할 수 있는 상태하에서 행하여졌음이 증명된 때에 한하여 이를 증거로 할 수 있다(제316조 제2항).

(2) 피고인 아닌 타인에는 공범과 공통피고인도 포함된다.[259)]

(3) 원진술자의 진술불능과 특신상황의 내용은 제314조의 그것과 같다.[260)]

즉, 여기서의 특신상황이라 함은 (원진술자가) 그 진술을 하였다는 것에 허위개입의 여지가 거의 없고, 그 진술내용의 신빙성이나 임의성을 담보할 구체적이고 외부적인 정황이 있는 경우를 가리킨다.[261)]

간통이 문제된 사건에서 상간자로부터 간통사실을 들었다는 증인의 증언 및 그에 대한 검사 작성의 진술조서는, 그 상간자가 당해 피고인과 함께 재판을 받고 있는 한 원진술자가 진술할 수 없는 때에 해당되지 아니하므로 증거능력이 없고,[262)] 원진술자가 공판정에 나와 전문진술과 일치하는 진술을 하였다 하여 그 전문증거(전문진술)가 증거능력을 취득한다고는 할 수 없다.[263)]

(4) 여기서의 전문진술은 실질상 단순한 전문의 형태를 취하는 경우에 한하고, 원진술자로부터 들은 사람으로부터 다시 전해들은 사람의 진술과 같은 재

---

259) 신동운, 972면, 이재상, 589면, 임동규, 519면. 대판 1984.11.27. 84도2279, 2000.12.27. 99도5679.

260) 신동운, 972면.

261) 대판 2000.3.10. 2000도159.

262) 대판 1984.11.27. 84도2279, 이 사안에 있어 간통자와 상간자가 공동피고인으로 함께 재판을 받고 있고, 법정에서 모두 범행을 부인하고 있으며, 공소사실에 부합하는 증거로는 상간자로부터 범행을 자백하는 진술을 들은 제3자의 법정에서의 증언밖에 없는 경우, 간통자의 입장에서는 제316조 제2항에 따라 제3자의 증언이 증거능력이 없어 무죄이고, 상간자의 입장에서는 제316조 제1항에 따라 상간자의 자백진술에 특신상황을 인정할 수 있다면 제3자의 증언이 증거능력이 있으므로 유죄가 되어, 동일한 증거를 가지고 공범 간에 유·무죄가 달라지는 결론에 이르게 되는바, 이러한 점을 들어 제316조 제2항의 '타인'에는 공범이 포함되지 않는다는 견해도 있다

263) 대판 1984.5.9. 84도297.

전문진술(그 사람의 진술을 기재한 재전문진술조서도 마찬가지이다)은 피고인이 증거로 하는 데 동의하지 아니하는 한 증거능력을 취득할 수 없다.264)

(5) 한편, 피고인 아닌 자의 진술을 기재한 조서가 피고인 아닌 타인의 진술을 그 내용으로 하는 것인 때에도 그 전문진술이 기재된 조서는 제312조 내지 제314조의 규정에 의하여 그 증거능력이 인정될 수 있는 경우에 해당하여야 함은 물론 나아가 제316조 제2항의 규정에 따른 조건을 갖춘 때에 예외적으로 증거능력이 인정되어야 한다.265)

10. 관련문제

가. 녹음테이프의 증거능력

녹음테이프는 사람의 음성 기타 음향을 기계적 장치를 통하여 기록하여 재생할 수 있도록 한 것으로서 기록과 재생능력의 기계적·과학적 정확성이 인간의 지각과 기억능력을 초월할 뿐 아니라 수록된 음성은 살아 있는 음성으로서 법정에 제공된다는 점에서 사진과 함께 높은 증거가치를 가진다고 할 수 있다. 그런데 그것이 설명증거로서 타인의 진술을 내용으로 하는 경우에는 진술증거로서의 성격을 가짐을 부인할 수 없다. 뿐만 아니라 디지털사진과 마찬가지로 디지털기기 등으로 녹음하는 경우 녹음자와 편집자의 의도나 특정한 기술에 의하여 녹음과 편집이 손쉽게 조작될 위험성이 높다.

이러한 녹음·녹화매체 등에 대한 증거조사를 신청하는 때에는 음성이나 영상이 녹음·녹화 등이 된 사람, 녹음·녹화 등을 한 사람 및 녹음·녹화 등을 한 일시·장소를 밝혀야 하고, 녹음·녹화매체 등에 대한 증거조사를 신청한 당사자는 법원이 명하거나 상대방이 요구한 때에는 녹음·녹화매체 등의 녹취서, 그 밖에 그 내용을 설명하는 서면을 제출하여야 한다(규칙 제134조의8 제1항, 제2항).

(1) 진술녹음의 증거능력

(가) 녹음테이프에 녹음되어 있는 진술내용이 증명대상(요증사실)이 되는 것을

264) 대판 2000.3.10. 2000도159.

265) 대판 2000.3.10. 2000도159, 2001.7.27. 2001도2891, 2004.4.23. 2004도805, 2004.6.25. 2003도4934, 2006.4.14. 2005도9561.

진술녹음이라고 한다. 진술녹음에 대하여도 제310조의2의 전문법칙이 적용된다는 점에 대하여는 이설이 없고, 이러한 진술녹음은 법 제313조 제1항에 따라 증거능력의 인정 여부가 결정될 것이다.

(나) 수사기관이 아닌 사인이 피고인이나 피고인 아닌 사람과의 대화내용을 녹음한 녹음테이프 중 그 대화내용은 실질적으로 제311조, 제312조 규정 이외의 피고인이나 피고인 아닌 자의 진술을 기재한 서류와 다를 바 없으므로, 피고인이 그 녹음테이프를 증거로 할 수 있음에 동의하지 않은 이상 그 증거능력을 부여하기 위해서는 첫째, 녹음테이프가 원본이거나 원본으로부터 복사한 사본일 경우(녹음디스크에 복사할 경우에도 동일하다)에는 복사과정에서 편집되는 등의 인위적 개작 없이 원본의 내용 그대로 복사된 사본일 것, 둘째, 증거로 사용하기 위한 진술내용이 피고인의 진술인 경우 제313조 제1항 단서에 따라 공판준비 또는 공판기일에서 그 작성자의 진술에 의하여 녹음테이프에 녹음된 피고인의 진술 내용이 피고인이 진술한대로 녹음된 것임이 증명되고 나아가 그 진술이 특히 신빙할 수 있는 상태하에서 행하여진 것임이 인정되어야 하며,[266] 피고인이 아닌 자의 진술인 경우 제313조 제1항 본문에 따라 공판준비나 공판기일에서 원진술자의 진술에 의하여 그 녹음테이프에 녹음된 각자의 진술내용이 자신이 진술한 대로 녹음된 것이라는 점이 인정되어야 한다고[267] 하는바, 다만, 이때에는 특신상황이 필요없음은 앞에서 본 바와 같다.

(다) 녹음테이프를 증거로 하기 위해서 피의자신문조서나 진술조서처럼 진술자의 서명·날인을 필요로 하는지 여부에 대하여, 위에 나온 판례들도 서명·날인은 별도로 요구하고 있지 않은 것으로 보이나, 진술자의 음성임과 녹음의 정확성이 원진술자의 진술에 의하여만 증명될 수 있다는 것인지 녹음자의 진술이나 성문감정 등 다른 방법에 의하여서도 증명될 수 있다는 것인지 여부에 대하여는 태도가 명백하지 않다.

(2) 비밀녹음의 증거능력

(가) 통신비밀보호법은 누구든지 이 법과 형사소송법 또는 군사법원법의 규정

---

266) 대판 2005.12.23. 2005도2945.

267) 대판 1997.3.28. 96도2417, 1999.3.9. 98도3169, 2005.2.18. 2004도6323.

에 의하지 아니하고는 우편물의 검열·전기통신의 감청 또는 통신사실확인자료의 제공을 하거나, 공개되지 아니한 타인간의 대화를 녹음하거나 전자장치 또는 기계적 수단을 이용하여 청취하지 못하고(같은 법 제3조 제1항 본문, 제14조 제1항), 다른 법률에 특별한 규정이 있거나 위 법에서 규정하고 있는 절차에 의하지 아니하고 불법검열에 의하여 취득한 우편물이나 그 내용, 불법감청에 의하여 지득 또는 채록된 전기통신의 내용 및 불법 대화 녹음·청취의 내용은 재판 또는 징계절차에서 증거로 사용할 수 없다(같은 법 제4조, 제14조 제2항)고 규정하고 있으므로, 이에 위반하여 타인간의 전화통화나 공개되지 아니한 타인간의 대화를 동의 없이 녹음한 녹음테이프나 그 녹취서는 증거능력이 없다.[268)]

(나) 한편, 판례는, 피해자나 수사기관 등 제3자가 타인간의 대화나 전화통화를 몰래 녹음하거나 감청한 것은 공개되지 아니한 타인과의 대화를 불법으로 녹음하거나 불법감청한 것으로 증거능력이 없다고 보고 있는 반면,[269)] 통신비밀보호법 제2조 제7호가 규정한 '전기통신의 감청'은 제3자가 전기통신의 당사자인 송신인과 수신인의 동의를 받지 아니하고 같은 호 소정의 각 행위를 하는 것만을 의미한다고 보고,[270)] 따라서 전기통신에 해당하는 전화통화 당사자의 일방이 상대방 모르게 통화내용을 녹음하는 것은 여기의 감청에 해당하지 아니하지만(따라서 전화통화 당사자의 일방이 상대방 몰래 통화내용을 녹음하더라도 대화당사자 일방이 상대방 모르게 그 대화내용을 녹음한 경우와 마찬가지로 위 법 제3조 제1항 위반이 되지 아니한다), 제3자의 경우는 설령 전화통화 당사자 일방의 동의를 받고 그 통화내용을 녹음하였다 하더라도 그 상대방의 동의가 없었던 이상, 위 법 제3조 제1항 위반이 된다고 본다(제3자가 공개되지 아니한 타인간의 대화를 녹음한 경우도 마찬가지이다).[271)]

---

268) 통신제한조치허가 없이 한 대화녹음의 증거능력을 부정한 사례로 대판 1999.9.3. 99도2317 참조.

269) 대판 2001.10.9. 2001도3106.

270) 통신비밀보호법 제2조 제7호 "감청"의 정의규정, 즉 '당사자의 동의 없이'에 따른 해석이다.

271) 대판 2002.10.8. 2002도123, 2006.10.12. 2006도4981. 전화통화의 당사자 일방이 상대방의 동의 없이 녹음한 테이프의 증거능력을 인정한 대판 1997.3.28. 97도240 판결과 녹음테이프 검증조서의 기재 중 제3자가 전화통화 당사자 일방의 동의하에 다른 당사자의 동의 없이 녹음한 부분의 증거능력을 부인한 대판 2001.10.9. 2001도3106 판결도 같은

나. 사진의 증거능력

(1) 사본으로서의 사진

(가) 문서의 복사본이나 증거물의 사진과 같이 사진이 원래 증거로 제출되어야 할 서면이나 증거물의 대체물로 사용되는 경우를 말한다.

(나) 판례로는, 문서의 원물을 법정에 현출함이 곤란한 경우에는 그 문서의 원물의 존재와 이를 촬영한 사진인 것이 확인되는 이상 그 사진은 증거물로 하여 조사하고 이를 증거로 할 수 있다고 한 것,[272] 피고인에 대한 검사 작성의 피의자신문조서가 그 내용 중 일부를 가린 채 복사를 한 다음 원본과 상위 없다는 인증을 하여 초본의 형식으로 제출된 경우에, 위와 같은 피의자신문조서초본은 피의자신문조서원본 중 가려진 부분의 내용이 가려지지 않은 부분과 분리 가능하고 당해 공소사실과 관련성이 없는 경우에만, 그 피의자신문조서의 원본이 존재하거나 존재하였을 것, 피의자신문조서의 원본 제출이 불능 또는 곤란한 사정이 있을 것, 원본을 정확하게 전사하였을 것 등 3가지 요건을 전제로 피고인에 대한 검사 작성의 피의자신문조서원본과 동일하게 취급할 수 있다고 한 것[273] 등이 있는바, 이는 원본의 존재, 정확성, 필요성의 세 가지 요건을 요구하는 입장으로 보인다.

(다) 이상의 논의는 문서의 등본이나 초본 및 기록보존을 위해서 문서에 대신하여 문서의 사진을 수록한 마이크로필름에 대하여도 그대로 타당하다.

(2) 진술증거의 일부를 이루는 사진

(가) 피고인 또는 피고인 아닌 자가 사진을 사용하여 진술하고 이를 진술서면에 첨부하는 경우가 이에 해당한다. 검증조서나 감정서에 사진이 첨부되어 있는 경우도 이에 준한다고 볼 수 있다.

(나) 이와 같은 경우 사진은 진술증거의 일부를 구성하는 보조수단에 불과하므로 그 증거능력은 진술증거 또는 검증조서나 감정서와 일체로 판단하면 된

취지이다.

272) 대판 1961.3.31. 4293형상440.

273) 대판 2002.10.22. 2000도5461.

다는 데에 이설이 없다.

(3) 비밀촬영사진

사진이 비밀로 촬영된 경우에는 위법수집증거 여부가 문제된다.

종래 판례 중에는 수사기관이 범죄를 수사함에 있어 현재 범행이 행하여지고 있거나 행하여진 직후이고 증거보전의 필요성 및 긴급성이 있으며 일반적으로 되는 상당한 방법에 의하여 촬영을 한 경우라면 위 촬영이 영장 없이 이루어졌다고 하여 위법한 것으로 단정할 수 없다고 판시한 것이 있다.[274]

한편, 무인장비에 의한 제한속도 위반차량 단속은 제한속도를 위반하여 차량을 주행하는 범죄가 현재 행하여지고 있고, 그 범죄의 성질·태양으로 보아 긴급하게 증거보전을 할 필요가 있는 상태에서 일반적으로 허용되는 한도를 넘지 않는 상당한 방법에 의한 것이라고 판단되므로 이를 통하여 운전 차량의 차량번호 등을 촬영한 사진을 두고 위법하게 수집된 증거로서 증거능력이 없다고 말할 수 없을 것이다.[275]

다. 비디오테이프 등의 증거능력

(1) 비디오테이프나 영화필름의 증거능력에 관하여는, 그 중 영상 부분은 사진에 관한, 진술 내지 음성 부분은 녹음테이프에 관한 각 이론에 따라 증거능력을 따지면 될 것이다.[276]

판례도 수사기관이 아닌 사인이 피고인 아닌 사람과의 대화내용을 촬영한 비디오테이프는 제311조, 제312조의 규정 이외에 피고인 아닌 자의 진술을 기재한 서류와 다를 바 없으므로 피고인이 그 비디오테이프를 증거로 함에 동의하지 아니하는 이상 그 진술 부분에 대하여 증거능력을 부여하기 위하여는 첫째

---

274) 대판 1999.9.3. 99도2317(비디오테이프 촬영에 관한 사안임). 다만, 위 판결은 제308조의2 규정이 신설되고 대법원 2007.11.15. 선고 2007도3061 판결을 통하여 적법한 절차를 따르지 아니하고 수집된 증거는 원칙적으로 유죄의 증거로 사용할 수 없다는 원칙을 전면적으로 채택하기 이전의 것으로 향후 판례와 학설의 동향을 지켜보아야 할 것이다(실무제요II, 132면).

275) 대판 1999.12.7. 98도3329.

276) 배동대·이상돈·정승환, 635면, 실무제요II, 132면.

비디오테이프가 원본이거나 원본으로부터 복사한 사본일 경우에는 복사과정에서 편집되는 등 인위적 개작 없이 원본의 내용 그대로 복사된 사본일 것, 둘째 제313조 제1항에 따라 공판준비나 공판기일에서 원진술자의 진술에 의하여 그 비디오테이프에 녹음된 각자의 진술내용이 자신이 진술한 대로 녹음된 것이라는 점이 인정되어야 할 것이라고 하여 녹음테이프와 같은 요건을 필요로 한다고 하면서, 비디오테이프는 녹음테이프와는 달리 촬영대상의 상황과 피촬영자의 동태 및 대화가 녹화된 것으로서, 피촬영자의 동태를 그대로 재현할 수 있기 때문에 비디오테이프의 내용에 인위적인 조작이 가해지지 않은 것이 전제된다면, 비디오테이프에 촬영, 녹음된 내용을 재생기에 의해 시청을 마친 원진술자가 비디오테이프의 피촬영자의 모습과 음성을 확인하고 자신과 동일인이라고 진술한 것은 비디오테이프에 녹음된 진술내용이 자신이 진술한 대로 녹음된 것이라는 취지의 진술을 한 것으로 보아야 할 것이다고[277]하여 녹음테이프보다는 증거능력 인정요건을 완화하고 있는 것으로 보인다.[278]

(2) 한편, 성폭력범죄의 처벌 및 피해자보호 등에 관한 법률 제21조의3에서는 피해자 또는 법정대리인이 이를 원하지 않는 의사를 표시한 때를 제외하고는 검사 또는 사법경찰관은 같은 법률 제2조 소정의 성폭력범죄의 피해자가 16세 미만이거나 신체장애 또는 정신상의 장애로 사물을 변별하거나 의사를 결정할 능력이 미약한 때에는 피해자의 진술내용과 조사과정을 비디오녹화기 등 영상물 녹화장치에 의하여 촬영·보존하여야 하고, 이에 따라 촬영한 영상물에 수록된 피해자의 진술은 공판준비 또는 공판기일에서 피해자 또는 조사과정에 동석하였던 신뢰관계에 있는 자의 진술에 의하여 그 성립의 진정함이 인정된 때에는 증거로 할 수 있다고 규정하여 원진술자인 피해자의 진술 이외에 도석하였던 신뢰관계에 있는 자의 진술에 의해서도 진정성립을 인정시킬 수 있도록 형사소송법 제312조의 예외를 허용하고 있다.[279]

(3) 컴퓨터디스켓이나 자기디스크 등 전자기록의 증거능력에 관하여도 유사

277) 대판 2004.9.13. 2004도3161.

278) 한편, 피고인의 진술을 내용으로 하는 경우에는 그 외에 제313조 제1항 단서에 의한 특신상황이 인정되어야 할 것이다.

279) 대판 2006.4.14. 2005도9561 참조.

한 법리가 적용될 수 있다.즉, 그것이 직접의 증거물인 경우 이외에는 그 안에 수록된 자료의 내용에 따라 진술증거로 볼 수 있는 경우에는 전문법칙이 적용된다고 볼 것이다.[280] 판례도, 컴퓨터디스켓에 들어 있는 문건이 증거로 사용되는 경우 그 컴퓨터디스켓은 그 기재의 매체가 다를 뿐 실질에 있어서는 피고인 또는 피고인 아닌 자의 진술을 기재한 서류와 크게 다를 바 없고, 압수 후의 보관 및 출력과정에 조작의 가능성이 있으며, 기본적으로 반대신문의 기회가 보장되지 않는 점 등에 비추어 그 기재내용의 진실성에 관하여는 전문법칙이 적용된다고 할 것이고, 따라서 제313조 제1항에 의하여 그 작성자 또는 진술자의 진술에 의하여 그 성립의 진정함이 증명된 때에 한하여 이를 증거로 사용할 수 있다고 하면서, 다만 컴퓨터디스켓에 담긴 문건의 내용의 진실성이 아닌 그러한 내용의 문건의 존재 자체가 직접 증거로 되는 경우에는(증거물로서)그 증거능력이 인정된다고 한다.[281]

이러한 원본파일이 공무원이 직무상 증명할 사항에 관하여 작성한 (전자)문서라거나(예컨대 전자결재시스템에서 이루어지는 기안과 결재 등) 업무상 필요로 작성한 통상의 (전자)문서에 해당하는 경우라면, 그 진정성의 요건을 갖추는 한 제315조에 의하여 당연히 증거능력이 인정될 수 있다. 판례는 성매매업소에서 영업에 참고하기 위하여 성매매 상대방에 관한 정보를 입력하여 작성한 메모리카드의 내용이 '영업상 필요로 작성한 통상문서'로서 당연히 증거능력이 있는 문서에 해당한다고 본다.[282]

이와 같이 정보저장매체에 기억된 문자정보에 대한 조사는 읽을 수 있도록 출력하여 인증한 등본을 낼 수 있고(규칙 제134조의7 제1항), 도면이나 사진의 경우도 마찬가지이다(규칙 제134조의7 제3항). 다만, 이 경우에도 출력된 문서를 독립된 증거로 신청하는 경우와는 달리, 증거자료가 되는 것은 문자정보 자체이므로 출력문서에 대하여 별도의 증거능력을 조사할 필요는 없다. 다만, 법원이 명하거나 상대방이 요구한 때에는 증거조사를 신청한 당사자는 컴퓨터디스크 등에 입력한 사람과 입력한 일시, 출력한 사람과 출력한 일시를 밝혀야 한다(규

280) 실무재요II, 134면.
281) 대판 1999.9.3. 99도2317.
282) 대판 2007.7.26. 2007도3219.

칙 제134조의7 제2항).

라. 거짓말탐지기 검사결과의 증거능력

(1) 거짓말탐지기의 의의

사람이 거짓말을 할 때에는 정신적·감정적 동요를 일으키게 되고 이에 따라 안색이 변하거나 호흡이나 맥박이 빨라지고 손에 땀이 나거나 입이 마르는 등 생리적 변화와 신체적 반응을 야기하는 것이 보통이다. 거짓말탐지기의 검사결과란 피의자 등의 피검자에 대하여 피의사실과 관계있는 질문을 하여 진술하게 하고 그 때 피검자의 호흡·혈압·맥박·피부전기반사 등에 나타난 생리적 반응을 특별한 과학적 기기인 거짓말탐지기의 검사지에 기록한 후, 이를 관찰·분석하여 피검자의 피의사실에 대한 진술의 허위나 피의사실에 관한 인식의 유무를 판단하는 것을 말한다.

(2) 판례의 태도

대법원은 일찍이 거짓말탐지기 검사결과와 그 보고서의 증거능력을 인정하기 위하여는 기계의 성능, 피검자의 정신상태, 질문방법, 검사자 및 판정자의 지식·경험, 검사장소의 상황 등의 제반사정에 비추어 검사결과의 정확성이 보증되고 피검자의 동의가 있는 경우에 한하여 증거능력이 인정된다고 판시하면서, 이러한 조건이 갖추어진 상태에서 검사가 시행되었다고 볼 자료가 없는 검사결과의 증거능력은 부정되어야 한다고 한 바 있다. 그 후에도 대법원은 거짓말탐지기의 검사결과에 대하여 증거능력을 인정할 수 있으려면 ① 거짓말을 하면 반드시 일정한 심리상태의 변동이 일어나고, ② 그 심리상태의 변동은 반드시 일정한 생리적 반응을 일으키며, ③ 그 생리적 반응에 의하여 피검사자의 말이 거짓인지의 여부가 정확히 판정될 수 있다는 전제요건이 충족되어야 하며, ④ 특히 생리적 반응에 대한 거짓 여부의 판정은 거짓말탐지기가 위 생리적 반응을 정확히 측정할 수 있는 장치이어야 하고, ⑤ 검사자가 탐지기의 측정내용을 객관성 있고 정확하게 판독할 능력을 갖춘 경우라야 그 정확성을 담보할 수 있어 증거능력을 부여할 것이다라고 판시하였으며,[283] 이러한 이유에서 검

283) 대판 1983.9.13. 83도712; 대판 1986.11.25. 85도2208; 대판 1987.7.21. 87도968; 대판

사결과의 증거능력을 부정하는 것은 대법원의 일관된 판례의 태도라고 할 수 있다.[284)]

한편 대법원은 거짓말탐지기의 검사결과가 위에서 들고 있는 요건을 갖추어 증거능력이 인정되는 경우라 할지라도 그 검사, 즉 감정의 결과는 검사를 받는 사람의 신빙성을 가늠하는 정황증거로서의 기능을 다하는 데 그친다고 한다.[285)]

마. 기 타

(1) 피해신고서, 고소장 등

피해신고서는 피고인 아닌 자가 작성한 진술서로 보아 제313조 제1항에 의하여 그 증거능력을 인정할 수 있다. 고소장, 고발장 중 범죄사실을 신고하는 보고 부분을 범죄사실의 입증에 사용하는 경우에도 마찬가지로 볼 수 있을 것이다.

고소장, 고발장을 소송조건의 입증을 위해서 사용하는 경우에는 소송조건은 자유로운 증명으로 족하므로 증거능력의 제한은 문제되지 않는다.

(2) 수사보고서

사법경찰관리 등이 수사과정에서 필요한 조사를 하여 그 결과를 상사앞으로 보고하는 수사보고서도 제313조 제1항에 의하여 그 증거능력을 판단한다.[286)]

다만, 수사보고서의 내용이 작성자의 단순한 의견 또는 추측에 불과한 때에는 의사표시적 문서로 보아야 하고, 작성자가 타인으로부터 들은 내용을 기재한 때에는 재전문의 문제가 생긴다.[287)]

2005.5.26. 2005도130.

284) 대판 1983.11.22. 82도2087; 대판 1985.4.9. 84도2277; 대판 1985.9.24. 85도306; 대판 1986.11.25. 85도2208.

285) 대판 1984.2.14. 83도3146; 대판 1987.7.21. 87도968.

286) 대판 1999.7.9. 99도4.

287) 대판 1999.2.26. 98도2742는, 수사기관인 검찰주사보가 외국에 거주하는 참고인과의 전화 대화내용을 문답형식으로 기재하고 참고인의 서명 또는 날인 없이 자신의 기명날인만 한 수사보고서는 그 진술자(참고인)의 서명 또는 날인이 없어 구 형사소송법 제313조(현행 형사소송법 제312조 제4항에 해당)에 정한 진술을 기재한 서류에 해당한다 할 수 없으므로 제314조에 의한 증거능력의 유무를 따질 필요가 없다고 하나, 이는 위와

그러나 수사보고서에 검증의 결과에 해당하는 기재가 있는 경우, 그 기재 부분은 실황조사서에 해당하지 아니하며 단지 수사의 경위 및 결과를 내부적으로 보고하기 위해여 작성된 서류에 불과하므로, 그 안에 검증의 결과에 해당하는 기재가 있다고 하여 이를 제312조 제6항의 '검사 또는 사법경찰관이 검증의 결과를 기재한 조서'라고 할 수 없을 뿐만 아니라 이를 제313조 제1항의 '피고인 또는 피고인이 아닌 자가 작성한 진술서나 그 진술을 기재한 서류'라고 할 수도 없고, 제311조, 제315조, 제316조의 적용대상이 되지 아니함이 분명하므로 그 기재 부분은 증거로 할 수 없다.[288]

(3) 검시조서

변사자 등을 검시하고(제222조) 작성한 검시조서는 실황조사서에 준하여 그 증거능력을 판단하면 될 것이다.

(4) 음주측정서

사법경찰관리가 음주운전을 단속하면서 작성한 음주측정서 중 알코올농도의 검사결과를 기입한 부분은 검증조서에 준하여 그 증거능력을 판단할 것이다.

(5) 속도측정서

속도위반을 단속함에 있어서, 스피드건에 의하여 측정하고 그 결과를 기재한 경우는 검증조서에 준하여 증거능력을 판단하고, 무인카메라에 의하여 촬영된 사진의 경우는 현장사진으로 보면 될 것이다.

(6) 범죄경력조회 등

피고인의 전과에 관하여, 수사기관에 보관되어 있는 전산자료 등에 기하여 작성된 범죄경력조회나 지문을 대조하여 확인한 수사자료카드 등은 제315조 제1호에 해당하는 서류로서 당연히 증거능력이 있다고 볼 것이다.

같은 수사보고서를 참고인의 진술조서 또는 진술서로 보아줄 수 없다는 점을 판시한 데에만 의미가 있다고 볼 것이다.

288) 대판 2001.5.29. 2000도2933.

(7) 판 결 서

판결서도 법관의 판단 내지 의견을 나타낸 문서이기는 하지만, 이는 단순한 의견은 아니고 엄격한 소송절차와 증거에 기하여 형성된 의견이므로 증거능력이 있다고 본다.

판결서도 전문법칙의 적용을 받지만, 제315조 제3호의 서류로서 당연히 증거능력이 있음은 앞서 살펴본 바와 같다.

(8) 재 전 문

(가) 예컨대 검사 작성의 피고인 아닌 자에 대한 진술조서에 피고인 또는 피고인 아닌 자로부터 전문한 내용이 포함되어 있는 경우와 같이 전문증거중에 전문진술이 포함되어 있는 때에, 판례는, 전문진술이 기재된 조서(즉, 전문진술조서)는 제312조 또는 제314조의 규정에 의하여 그 증거능력이 인정될 수 있는 경우에 해당하여야 함은 물론, 나아가 제316조 제1항(피고인으로부터 전문한 경우) 또는 제2항(피고인 아닌 자로부터 전문한 경우)의 규정에 따른 요건도 갖추어야 예외적으로 증거능력이 있다고 하고 있다.[289)]

(나) 그러나 판례는, 법은 전문진술에 대하여 제316조에서 실질상 단순한 전문의 형태를 취하는 경우에 한하여 예외적으로 그 증거능력을 인정하는 규정을 두고 있을 뿐, 재전문진술이나 재전문진술을 기재한 조서에 대하여는 달리 그 증거능력을 인정하는 규정을 두고 있지 아니하고 있으므로, 피고인이 증거로 하는 데 동의하지 아니하는 한 이를 증거로 할 수 없다고 한다.[290)]

V. 당사자의 동의와 증거능력

1. 동의의 의의

검사와 피고인이 증거로 할 수 있음을 동의한 서류 또는 물건은 진정한 것으로 인정한 때에는 증거로 할 수 있다(제318조 제1항). 전문법칙에 의하여 증거능

---

289) 대판 2000.3.10. 2000도159, 2000.9.8. 99도4814.

290) 대판 2000.3.10. 2000도159, 2004.3.11. 2003도171.

력이 없는 증거라 할지라도 당사자가 동의한 때에는 증거로 할 수 있도록 하여 불필요한 증인신문을 회피하는 것이 재판의 신속과 소송경제에 부합한다는 점을 고려한 것이라고 할 수 있다. 이와 같이 동의는 입증절차에 있어서 당사자주의의 이념을 구현한 당사자처분권주의적 색채가 강한 소송행위이다. 그러나 형사소송법은 당사자의 타협에 의한 당사자처분권주의를 인정하지 않는다. 따라서 당사자의 동의가 있다고 하여 바로 증거능력이 인정되는 것이 아니라 법원이 진정하다고 인정한 때에 한하여 증거로 할 수 있도록 하고 있다. 즉 동의는 증거능력발생의 전제조건에 불과하고 법원의 진정성의 인정에 의하여 비로소 증거능력이 인정된다. 이러한 의미에서 증거로 함에 대한 당사자의 동의에 있어서도 당사자주의와 직권주의가 조화를 이루고 있다고 할 수 있다.

2. 동의의 본질

증거로 함에 대한 당사자의 동의는 형식적으로는 증거능력 없는 증거에 대하여 증거능력을 부여하기 위한 당사자의 소송행위라고 할 수 있다. 동의의 본질이 무엇인가에 대하여는 학설이 대립되고 있다.

가. 처분권설

동의의 대상을 서류 또는 물건이라고 규정하고 있는 점에서 보아 동의는 반대신문권의 포기에 그치는 것이 아니라 모든 증거능력의 제한은 동의를 해제조건으로 하는 것이고 따라서 증거의 증거능력에 대한 당사자의 처분권을 인정하는 것이라고 보아야 한다는 견해이다.[291] 동의를 그 증거의 증거능력과 증명력을 다툴 권리를 포기하는 것이라고 해석하는 권리포기설[292]도 같은 입장이라고 할 수 있다. 이에 의하면 전문증거뿐만 아니라 위법한 절차에 의하여 수집된 증거 등 모든 증거물이 동의의 대상이 된다.

나. 반대신문권 포기설

동의가 실질적으로 반대신문권의 포기를 의미하는 것이라고 해석하는 견해

---

291) 신현주, 656면.

292) 백형구, 475면, 강의 655면.

이다. 통설의 태도이다.[293] 이에 의하면 반대신문권과 관계없는 것은 당사자의 동의가 있더라도 증거로 할 수 없게 된다.

다. 검 토

증거로 함에 대한 당사자의 동의는 ① 본래 증거능력이 없는 전문증거에 대하여 증거능력을 부여하는 소송행위를 의미하며 전문법칙의 주된 이유가 반대신문권의 보장에 있고 반대신문권도 포기할 수 없는 권리는 아니며, ② 모든 증거물이 동의의 대상이 된다고 하는 것은 증거에 대한 당사자처분권주의를 인정하는 결과가 된다는 점에서 볼 때 동의의 본질이 반대신문권의 포기에 있다고 하는 통설이 타당하다고 하겠다.[294] 따라서 동의에 의하여 증거능력이 인정되는 것은 반대신문권의 보장과 관련된 증거여야 하며, 임의성 없는 자백은 물론 위법하게 수집된 증거는 동의의 대상이 될 수 없다.[295]

3. 동의와 전문법칙

당사자의 동의가 전문증거에 대하여만 적용된다고 해석하는 경우에도 전문법칙과 동의와의 관계에 대하여는 제318조가 전문법칙의 예외를 규정한 것이라고 해석하는 전문법칙예외설[296]과 전문법칙의 적용이 배제되는 경우를 규정한 것이라고 해석하는 전문법칙 부적용설[297]이 대립하고 있다. 전문법칙의 예외라고 보는 견해는 제318조의 진정성이 신용성과 같은 의미에 불과하다는 것을 이유로 한다. 대법원도 이를 전문법칙의 예외에 관한 규정이라고 판시하고 있다.[298] 그러나 제318조는 ① 전문법칙에 의하여 증거능력이 배제되고 제311

293) 강구진, 465면; 김기두, 145면; 배종대·이상돈·정승환, 662면; 신양균, 777면; 이영란, 797면; 정영석·이형국, 363면; 정웅석, 1021면; 차용석·최용성, 605면.

294) 대판 1983.3.8. 82도2873.

295) 강구진, 467면; 배종대·이상돈·정승환, 661면; 신동운, 895면; 정영석·이형국, 363면; 차용석·최용성, 605면; 이진록, "증거로 함에 대한 당사자의 동의"(고시계 1985.7), 56면.

296) 백형구 강의, 653면; 서일교, 188면; 차용석·최용성, 604면; 이진록, 전게논문, 56면.

297) 강구진, 465면; 김기두, 145면; 배종대·이상돈·정승환, 661면; 신동운, 896면; 신양균, 778면; 이영란, 796면; 임동규, 532면; 정영석·이형국, 362면; 정웅석, 1022면.

조 내지 제316조에도 해당하지 않기 때문에 증거능력 없는 증거가 증거능력을 부여받는 경우이며, ② 전문법칙의 예외이론인 신용성을 이유로 증거능력이 인정되는 것이 아니라 입증절차에 당사자주의의 이념이 구현된 것에 지나지 않으므로 전문법칙이 적용되지 않는 경우라고 해석하는 다수설이 타당하다고 생각한다.

4. 동의의 방법

가. 동의의 주체와 상대방

(1) 동의의 주체

동의의 주체는 당사자, 즉 검사와 피고인이다. 그러나 일방당사자가 신청한 증거에 대하여는 타방당사자의 동의가 있으면 족하다. 이에 반하여 법원에서 직권으로 수집한 증거에 대하여는 양 당사자의 동의가 있어야 한다.

피고인의 동의가 있는 경우에는 별도로 변호인의 동의를 요하지 않는다. 그러나 변호인에게는 포괄대리권이 인정되고 있으므로 변호인도 동의할 수 있다고 해야 한다.[299] 변호인의 동의권은 종속대리권이므로 적어도 피고인의 묵시의 동의 또는 추인을 요한다. 따라서 변호인이 피고인의 의사에 반하여 동의한 경우에는 동의의 효력이 없으며, 변호인의 동의에 대하여 피고인이 즉시 이의하거나 취소한때에는 피고인이 동의한 것과 같은 효과는 발생하지 않는다. 이에 반하여 피고인의 동의를 변호인이 취소할 수는 없다.[300]

판례는 변호인이 피고인의 명시의 의사에 반하지 않는 한 피고인을 대리하여 동의할 수 있다고 판시하고 있다.[301] 변호인의 동의권을 독립대리권으로 이해한 결과라고 할 수 있다.

---

298) 대판 1983.3.8. 82도2873 〈형사소송법 제318조 제1항은 전문증거금지의 원칙에 대한 예외로서 반대신문권을 포기하겠다는 피고인의 의사표시에 의하여 서류 또는 물건의 증거능력을 부여하려는 규정이다.〉.

299) 법원실무제요(형사), 393면.

300) 차용석·최용성, 607면; 배종대·이상돈·정승환, 663면; 신동운, 900면은 피고인이 중대한 착오에 의하여 증거동의를 한 때에는 변호인이 이를 취소할 수 있다고 한다.

301) 대판 1988.11.8. 88도1628; 1999.8.20. 99도2029.

(2) 동의의 상대방

동의의 상대방은 법원이어야 한다. 동의의 본질은 반대신문권의 포기이며 증거능력 없는 증거에 대하여 증거능력을 부여하는 의사표시이기 때문이다. 따라서 반대당사자, 특히 검사에 대한 증거의 동의는 동의로서의 효력이 없다.

나. 동의의 대상

(1) 서류 또는 물건

(가) 서 류

형사소송법은 동의의 대상으로 서류 또는 물건을 규정하고 있다. 그러나 동의가 반대신문권의 포기를 의미하므로 서류 이외에 전문증거가 되는 진술도 동의의 대상에 포함되어야 한다는 점에는 견해가 일치하고 있다. 서류에 관하여는 공동피고인 또는 상피의자에 대한 피의자신문조서[302] 뿐만 아니라, 진술조서[303]는 물론 조서나 서류의 사본[304]과 사진[305]도 또한 동의의 대상이 된다. 검사가 작성한 피고인에 대한 피의자신문조서도 피고인이 동의한 때에는 성립의 진정과 특신상태를 조사할 필요가 없다는 점에서 동의의 대상이 된다.[306] 조서의 일부에 대한 동의도 가능하다.[307]

(나) 물 건

물건, 즉 증거물이 동의의 대상이 되는가에 대하여는 이를 포함한다고 해석하는 적극설[308]과 증거물은 동의의 대상이 되지 않는다는 소극설[309]이 대립되고 있다. 생각건대 증거물은 반대신문과 관계없는 증거이고 물적 증거의 증거

---

302) 대판 1982.9.14. 82도1000.

303) 대판 1972.9.26. 72도1556; 1990.6.26. 90도827; 1999.10.22. 99도3273.

304) 대판 1986.5.27. 86도593; 1986.7.8. 86도893; 1996.1.26. 95도2526.

305) 대판 1969.8.19. 69도938.

306) 대판 1965.7.20. 65도453.

307) 대판 1990.7.24. 90도1303.

308) 백형구 강의, 656면; 신동운, 898면; 신현주. 656면.

309) 배종대·이상돈·정승환, 664면; 신양균, 780면; 임동규, 534면; 정영석·이형국, 365면; 차용석·최용성, 605면; 이진록, 전게논문, 57면.

능력에는 전문법칙의 제한이 없으므로 동의의 대상이 되지 않는다고 해석하는 것이 타당하다.

(2) 증거능력 없는 증거

동의의 대상이 되는 것은 증거능력 없는 증거에 한한다. 이미 증거능력이 인정된 증거, 예컨대 피고인이 성립의 진정을 인정한 검사작성의 피고인에 대한 피의자신문조서는 동의 여부에 불구하고 증거로 삼을 수 있으므로 동의의 대상이 되지 않는다.[310]

판례는 유죄증거에 대하여 반대증거로 제출된 서류는 성립의 진정이 증명되지 않거나 동의가 없어도 증거판단의 자료로 삼을 수 있으므로 동의의 대상이 되지 않는다고 한다.[311] 그러나 반증은 증거능력 있는 증거에 의할 것을 요하므로 동의의 대상이 된다고 해야 한다.

다. 동의의 시기와 방식

(1) 동의의 시기

동의는 원칙적으로 증거조사 전에 하여야 한다. 동의가 증거능력의 요건이고 증거능력 없는 증거에 대한 증거조사는 허용되지 않기 때문이다. 그러나 증거조사 후에 동의가 있는 때에도 그 하자가 치유되어 증거능력이 소급적으로 인정된다고 하는 것이 타당하다.[312] 이 경우의 사후동의는 변론종결시까지 가능하다고 해야 한다. 동의는 반드시 공판기일에서 할 것을 요하지 않고 공판준비기일에서 하더라도 관계없다.

(2) 동의의 방식

통설은 동의가 증거능력을 부여하는 중요한 소송행위라는 이유로 동의는 적극적으로 명시되지 않으면 안 된다고 해석하고 있다.[313] 이에 의하면 반드시

---

310) 대판 1968.12.6. 67도657.

311) 대판 1972.1.31. 71도2060; 1981.12.22. 80도1547.

312) 강구진, 466면; 배종대·이상돈·정승환, 665면; 신동운, 900면; 신현주, 657면; 임동규, 509면; 이진록, 전게논문, 58면.

313) 강구진, 466면; 배종대·이상돈·정승환, 666면; 백형구 강의, 657면; 서일교, 189면; 신동

동의임을 명시할 필요는 없지만 증거조사에 대하여 이의를 하지 않은 것만으로는 족하지 않고, 적어도 반대신문권을 포기하는 의사 또는 증거능력을 부여하는 의사가 표현될 것을 요한다고 한다. 그러나 동의임을 명시할 필요가 없다는 의미에서는 동의는 명시적일 것을 요하지 않고 묵시의 동의로 족하다고 하는 것이 타당하다. 즉 동의는 동의임을 명시할 것을 요하지 않고 피고인의 발언 태도에 비추어 반대신문권을 포기하였다고 해석할 수 있는 정도이면 족하다고 해야 한다.

대법원은 피고인의 공판정에서의 진술과 부합하는 피고인 아닌 자의 진술조서에 대하여 이견이 없다고 하거나,[314] 피고인이 신청한 증인의 전문진술에 대하여 이견 없다고 진술하였다면[315] 이는 증거로 함에 동의한 것으로 볼 수 있다고 판시하고 있다.

동의의 의사표시는 개개의 증거에 대하여 하여야 하며 포괄적 증거동의는 허용되지 않는다는 견해[316]도 있다. 그러나 개개의 증거에 대하여 동의하지 않고 검사가 제시한 모든 증거에 대하여 동의하였다고 하여 동의의 효력을 부정해야 할 이유는 없다고 생각된다.[317]

5. 동의의 의제

가. 피고인의 불출석

피고인의 출정 없이 증거조사를 할 수 있는 경우에 피고인이 출정하지 아니한 때에는 피고인의 대리인 또는 변호인이 출정한 때를 제외하고 피고인이 증거로 함에 동의한 것으로 간주한다(제318조 제2항). 피고인이 불출정한 경우에

운, 901면; 신현주, 658면; 정영석·이형국, 365면.

314) 대판 1972.6.13. 72도922.

315) 대판 1983.9.27. 83도516.

316) 배종대·이상돈·정승환, 666면; 신동운, 901면; 신양균, 782면; 신현주, 658면; 이영란, 801면; 이진록, 전게논문, 58면.

317) 대판 1983.3.8. 82도2873, 〈개개의 증거에 대하여 개별적 증거조사의 방식을 거치지 아니하고 검사가 제시한 모든 증거에 대하여 피고인이 증거로 함에 동의한다는 방식으로 이루어진 것이라 하여도 증거동의로서의 효력을 부정할 이유가 되지 못한다〉.

전문증거의 증거능력을 결정하지 못하여 소송이 지연되는 것을 방지하기 위하여 경미사건에 한하여 동의를 의제하는 것이다. 피고인이 법인인 경우에 대리인이 출석하지 아니한 때(제276조 단서)와 경미사건과 공소기각 또는 면소의 재판을 할 것이 명백한 사건에 피고인이 출석하지 아니한 때(제277조)가 여기에 해당한다는 점에 대하여는 의문이 없다.

문제는 피고인이 재판장의 허가 없이 퇴정하거나, 재판장의 퇴정명령에 의하여 출석하지 않은 때(제330조, 제365조, 제438조)에도 동의가 의제될 것인가에 있다. 소극설은 ① 동의의 의제는 소송진행의 편의를 위한 것이지 불출석에 대한 제재는 아니며, ② 이 때 모든 증거가 제출되면 그대로 증거능력이 인정되는 부당한 결과를 초래하며, ③ 피고인의 권리행사에 대한 의사를 인정해야 한다는 이유로 동의가 의제될 수 없다고 해석하고 있다.[318] 그러나 피고인이 출석하지 않거나 허가 없이 퇴정한 때에는 반대신문권을 포기한 것으로 볼 수 있으므로 동의를 의제할 수 있으나 퇴정명령에 의하여 출석하지 아니한 때에는 동의를 의제하여서는 안 된다고 해석하는 적극설이 타당하다고 하겠다.[319] 판례도 피고인과 변호인이 출석하지 않은 상태에서 증거조사를 할 수밖에 없는 경우에는 동의가 있는 것으로 간주된다고 하고 있다.[320]

소송촉진 등에 관한 특례법 제23조에 의하여 피고인의 진술 없이 재판할 경우에 동의가 의제되는가에 대하여 대법원은 이를 긍정하고 있다.[321] 그러나 이 경우에도 피고인은 반대신문권을 포기한 것이라고 할 수 없으므로 동의를 의제해서는 안 된다고 해야 한다. 소송촉진 등에 관한 특례법 제23조는 적법절차의 원칙에 반한다는 이유로 헌법재판소에서 위헌결정을 받았다.

나. 간이공판절차에서의 특칙

간이공판절차의 결정(제286조의 2)이 있는 사건의 증거에 관하여는 전문증거

---

318) 강구진, 468면; 배종대·이상돈·정승환, 668면; 백형구, 478면, 강의, 658면; 서일교, 189면; 신동운, 907면; 정영석·이형국, 367면.

319) 차용석·최용성, 608면; 이진록, 전게논문, 61면.

320) 대판 1991.6.28. 91도865.

321) 대판 송형 81-11 예규.

에 대하여도 동의가 있는 것으로 간주한다. 다만 검사·피고인 또는 변호인이 증거로 함에 이의가 있는 때에는 그러하지 아니하다(제318조의 3). 간이공판절차에 있어서 피고인이 공소사실에 대하여 자백한 이상 증거에 대한 반대신문권도 포기한 것으로 보아야 한다는 취지에서 인정된 특례이다. 다만 간이공판절차에서의 특칙은 당사자 또는 변호인의 반대의사가 있는 경우에는 적용될 수 없다.

6. 동의의 효과

가. 전문증거의 증거능력

(1) 증거능력의 인정

당사자가 동의한 서류 또는 물건은 제311조 내지 제316조의 요건을 갖추지 않은 때에도 진정성이 인정되면 증거능력이 부여된다. 동의를 한 당사자가 동의한 증거의 증명력을 다툴 수 있는가에 대하여 동의한 후에 증명력을 따지는 것을 허용하는 것은 불필요한 절차의 지연을 초래한다는 이유로 부정하는 견해[322]도 있다. 그러나 증거능력과 증명력은 구별되는 것이고 반대신문권은 증명력을 다투는 권리와는 다른 것이므로 반대신문 이외의 방법으로 증명력을 다투는 것은 허용된다고 해야 한다. 다만 동의의 본질은 반대신문권의 포기에 있으므로 증거의 증명력을 다투기 위하여 원진술자를 증인으로 신청하는 것은 허용되지 않는다. 당사자가 동의한 후에 법원이 진정성을 조사하기 위하여 원진술자를 증인으로 신문하는 경우에도 동의한 당사자는 반대신문을 할 수 없다.[323]

(2) 동의의 효력이 미치는 범위

(가) 물적 범위

동의의 효력은 원칙적으로 동의의 대상으로 특정된 서류 또는 물건의 전체에

322) 백형구, 481면, 강의, 659면; 정영석·이형국, 368면.

323) 배종대·이상돈·정승환, 670면; 백형구 강의, 659면; 신동운, 903면; 임동규, 538면; 정웅석, 1030면.

미치며, 일부에 대한 동의는 허용되지 않는다. 다만 동의한 서류 또는 물건의 내용이 가분인 때에는 그 일부에 대하여도 동의할 수 있다.[324)]

(나) 인적 범위

피고인이 수인인 경우에 피고인은 각자가 독립하여 반대신문권을 가지므로 동의의 효력은 동의한 피고인에게만 미치고 다른 피고인에게는 미치지 않는다. 따라서 공동피고인 중의 1인이 동의한 경우에도 다른 공동피고인에 대하여는 동의의 효력이 미치지 않는다.

(다) 시간적 범위

동의의 효력은 공판절차의 갱신이 있거나 심급을 달리한다고 하여 소멸되지 않는다.[325)]

나. 진정성의 조사

당사자가 증거로 함에 동의한 경우에도 법원이 진정한 것으로 인정한 때에 한하여 증거로 할 수 있다. 진정성의 의미에 관하여는 이를 순수하게 증거의 증명력을 의미하는 것이라고 보는 견해[326)]도 있다. 그러나 진정성은 증거능력의 요건이므로 증명력과는 구별되어야 한다. 여기서 진정성이란 진술서에 서명·날인이 없거나 진술서의 기재내용이 진술과 상이한 경우 또는 진술내용이 진실과 다른 경우와 같이 신용성을 의심스럽게 하는 유형적 상황이 없는 것을 의미한다고 할 수 있다.[327)] 다만 진정성의 조사에 있어서 증거의 내용을 검토해야 한다는 것을 부정할 수는 없다.[328)] 진정성은 증거능력의 요건에 불과하므

---

324) 대판 1984.10.10. 84도1552 〈검사작성의 피고인 아닌 자에 대한 진술조서에 관하여 피고인이 공판정 진술과 배치되는 부분은 부동의한다고 진술한 것은 조서내용의 특정부분에 대하여 증거로 함에 동의한다는 특별한 사정이 있는 때에는 달리 그 조서를 증거로 함에 동의하지 아니한다는 취지로 해석하여야 한다.〉

325) 대판 1965.6.25. 65도346 〈제1심에서 증거로 함에 동의한 서류를 제2심에서 동의하지 아니하였다 하여 일단 적법히 부여된 조서의 증거능력이 상실될 수는 없는 것이다.〉

326) 강구진, 467면.

327) 신양균, 784면; 임동규, 538면은 진정성을 증거수집과정의 신용성 또는 임의성을 의미한다고 해석한다. 진정성을 증거능력의 요건으로 이해하는 점에서는 같은 태도이다.

328) 신동운, 902면; 차용석·최용성, 609면.

로 자유로운 증명에 의하여 인정하면 족하다.

7. 동의의 철회(취소)

가. 증거동의의 철회

동의는 절차형성행위이므로 절차의 안정성을 해하지 않는 범위에서는 철회가 허용된다는 점에 견해가 일치하고 있다. 다만 언제까지 철회가 허용되는가에 대하여는 증거조사시행 전까지 가능하다는 견해,[329] 증거조사완료시까지 해야 한다는 견해[330] 및 구두변론종결시까지는 가능하다는 견해[331]가 대립되고 있다. 생각건대 증거조사가 끝난 후에도 동의의 철회를 허용하는 것은 소송상태의 안정을 침해할 우려가 있으므로 절차의 확실성과 소송경제를 고려할 때 증거조사완료 후에는 동의의 철회가 허용될 수 없다고 해석하는 다수설이 타당하다. 대법원도 제1심에서 한 증거동의를 제2심에서 취소할 수 없다고 판시하면서 같은 태도를 취하고 있다.[332]

나. 동의의 취소

협의의 취소, 즉 착오나 강박을 이유로 하는 공의의 철회가 허용되는가에 대하여도 중대한 착오에 의하여 동의한 경우나 수사기관의 강박에 의한 경우에는 이를 인정하는 것이 타당하다는 견해[333]와 책임 없는 사유로 인한 착오의 경우에는 취소할 수 있다고 해석하는 견해[334]가 있다. 그러나 형사소송의 형식적 확실성에 비추어 착오나 강박을 이유로 하는 동의의 철회는 원칙적으로 허용될 수 없다고 해야 한다.[335] 변호인의 동의를 피고인이 취소할 수 있음은 물론이다.

329) 강구진, 467면.

330) 김기두, 146면; 백형구 강의, 657면; 서일교, 161면; 정영석·이형국, 368면; 차용석·최용성, 610면; 이진록, 전게논문, 59면.

331) 배종대·이상돈·정승환, 672면; 신동운, 905면; 신현주, 662면.

332) 대판 1983.4.26. 83도267; 1990.2.13. 89도2366; 1991.1.11. 90도2525; 1999.8.20. 99도2029.

333) 배종대·이상돈·정승환, 672면; 백형구 강의, 657면; 서일교, 191면.

334) 신동운, 905면; 신양균, 777면.

Ⅵ. 공범의 자백의 증거능력

1. 서 설

공범의 진술[336]은 형사증거법상 여러 가지 문제점을 안고 있다. 그 문제점은 증거법의 전반에 걸쳐 문제가 될 수 있는바, 먼저 증거능력에 관하여 보면 공범의 진술이 어느 단계에서 이루어졌는가, 다시 말하면 공범의 법정에서의 진술, 검찰에서의 진술, 경찰에서의 진술 등이 각각의 상황에 따라 문제로 되고, 또 공범이 병합기소되었는지, 분리기소되었는지에 따라 문제상황을 달리할 수 있다.

2. 공범의 범위

판례는 여기에서 말하는 공범에 공동정범,[337] 합동범,[338] 필요적 공범(간통자와 상간자, 수뢰자와 증뢰자[339] 등)이 포함되는 것으로 보고 있고, 실무는 그 밖에 교사범 및 종범과 정범도 여기에 포함되는 것으로 보고 있다.

그러나 본범과 장물범의 경우,[340] 서로 싸움을 한 경우 등은 여기에서 말하

---

335) 이영란, 807면; 임동규, 540면, 정영석·이형국, 370면.

336) 제목을 공범의 '자백'이라고 하였으나, 공범이 자신과 상대방인 공범의 범행을 모두 자백하는 경우뿐만 아니라, 자신의 범행은 부인하면서 상대방인 공범의 범행을 인정하는 진술을 하는 경우도 있으므로 엄밀하게 말하자면 '자백'이라는 용어보다는 '진술'이라는 용어가 더욱 적절한 것이 아닌가 한다.

337) 대판 1963.7.25. 63도185('사전에 공모'로 미루어 공동정범인 듯), 1990.10.30. 90도1939(공동정범), 1985.7.9. 85도951('공동가담'이라는 판시로 공동정범인 듯), 1996.3.8. 95도2930(뇌물공여의 공동정범), 1993.6.22. 91도3346('가담', '공모하여'로 미루어 공동정범인 듯).

338) 대판 1990.12.26. 90도2362, 1992.7.28. 92도917.

339) 대판 1985.6.25. 85도691(공동피고인인 증뢰자의 법정 자백은 수뢰자에 대하여 독립하여 증거능력이 있다) 및 2005.1.14. 2004도6646(배임증재자에 대한 다른 피고사건에서의 공판조서는 배임수재자에 대하여 제315조 제3호의 문서로서 당연히 증거능력이 있다)은 수뢰죄와 증뢰자, 배임수재자와 배임증재자가 여기에서 말하는 공범에 해당함을 전제로 한 것으로 보인다.

340) 대판 2006.1.2. 2005도7601(공동피고인인 절도범과 장물범은 서로 다른 공동피고인의 범죄사실에 관하여는 증인의 지위에 있으므로, 피고인이 증거로 함에 동의하지 아니한 검사 작성의 공동피고인에 대한 피의자신문조서가 증거능력을 갖기 위하여는 공동피고

는 공범에 포함되지 않는 것으로 보고 있다.

3. 공범의 진술의 증거능력

가. 공동피고인의 법정 진술의 증거능력

이에 관한 대법원 판결은, 공범인 공동피고인의 법정진술은 당해 피고인에 의한 반대신문권이 보장되어 있음을 이유로(그것이 실제로 충분히 행하여졌는지의 여부는 따지지 않고 있다) 그대로 증거능력을 인정하고 있다.[341]

반면 공범이 아닌 공동피고인의 법정진술에 대하여는 증거능력을 부정(즉 피고인신문의 형식으로 얻어 낸 법정진술은 그 자체로 증거능력이 없고, 공범이 아닌 공동피고인에 대한 변론을 분리하고 동 피고인을 증인으로 신문하여야 당해 피고인에 대하여 그 진술에 증거능력이 부여된다)하는 것으로 정리할 수 있다.[342]

나. 공동피고인의 법정 외 진술의 증거능력

(1) 당해 사건에서 법원 또는 법관의 면전에서의 공동피고인의 진술을 기재한 공판조서 또는 증인신문조서의 증거능력(제300조)

판례는 제184조의 규정에 의한 증거보전절차에서의 증인신문에 관하여 대판

인의 증언에 의하여 그 성립의 진정이 인정되어야 한다)

341) 대판 1985.6.25. 85도691, 1985.7.9. 85도951, 1990.10.30. 90도1939, 1992.7.25. 92도917.

342) 대판 1963.7.25. 63도185는 "제310조에서 말하는 피고인의 자백이라 함은 문리 해석상으로도 다른 공동피고인(공범인 경우이건 아니건 가리지 않는다)의 자백을 포함한다는 취지로 되어 있지 않을 뿐 아니라, 실지 문제로서도 이 공동피고인의 자백에 대하여는 반대신문권도 충분히 보장되어 있는 것이므로 마치 이 공동피고인을 증인으로 심문한 경우나 다를 바 없는 것"이라는 이유로 증거능력을 인정하여 공범인지의 여부를 불문하고 공동피고인의 법정진술에 증거능력을 인정하였다가 그 후 대판 1979.3.27. 78도1031에서는 "상피고인 갑은 피고인들과 동일한 범죄사실로 소추되어 재판을 받은 것이 아니요 서로 다른 죄에 의하여 단죄되는 사정이 기록상 분명하므로 위 갑의 피고인으로서의 공판정에서의 진술을 피고인의 공소범행사실을 인정하는 증거로 할 수 없다 하리니 위 갑은 병합심리로 상피고인이 되었을 뿐 피고인에 대한 관계로는 증인에 불과한데, 선서 없이 한 것이 분명한 그의 공판정에서의 진술을 증거로 쓸 수 없기 때문"이라고 판시함으로써 공범이 아닌 공동피고인의 법정진술은 상피고인에 대한 증거로 쓸 수 없음을 명백히 하였고, 이후 같은 취지의 판례(대판 1982.6.22. 82도898, 1982.9.14. 82도1000)가 거듭되고 있다.

1988.11.8. 86도1646에서 "공동피고인과 피고인이 뇌물을 주고받은 사이로 필요적 공범관계에 있다고 하더라도 검사는 수사단계에서 피고인에 대한 증거를 미리 보전하기 위해서 필요한 경우에는 판사에게 공동피고인을 증인으로 신문할 것을 청구할 수 있다"라고 판시하였고[343] 또 대판 1966.7.12. 66도617은 "다른 피고사건의 공판조서는 제315조의 제3호의 문서로서 당연히 증거능력이 있다"고 판시함으로써 제311조의 해석에 있어 공범이나 공동피고인은 '피고인 아닌 자'에 해당하는 것으로 보고 있고, 제311조의 조서는 당해 사건의 조서에 한한다는 견해를 취하고 있다.[344]

한편, 대판 1966.5.17. 66도316은 "공판정에 있어서의 공동피고인의 진술을 기재한 조서는 피고인의 동의를 필요로 할 것 없이 증거능력이 있다"고 판시하고 있는 점으로 보아 당해 사건에 있어서 공범인 공동피고인의 법정진술을 기재한 공판조서는 항상 증거능력이 있고, 공범이 아닌 공동피고인의 피고인으로서의 법정진술을 기재한 공판조서는 위에서 본 법정진술의 증거능력과의 균형상 그 자체로는 증거능력이 없는 것으로 봄이 타당하다.

(2) 공동피고인의 검찰진술(검사 작성의 피의자신문조서)의 증거능력

이에 관한 판례를 보면, 첫째, 공범인 공동피고인의 검찰에서의 피의자신문조서에 관하여 대판 1996.3.8. 95도2930이 "검사 작성의 공동피고인에 대한 피의자신문조서는 공동피고인이 그 성립 및 임의성을 인정한 이상 피고인이 이를 증거로 함에 부동의하였다고 하더라도 그 증거능력이 있다"고 판시하는 등 다수의 판례가 있다.[345]

둘째, 공범이 아닌 공동피고인의 검찰에서의 피의자신문조서에 관하여 대판 1982.9.14. 82도1000은 "피고인 갑, 을은 본건과는 다른 공소사실로 기소되어

---

343) 동지 대판 1966.5.17. 66도276.

344) 동지 대판 1964.4.28. 64도135, 1965.6.22. 65도372. 따라서 공판기일에서의 피고인 아닌 자, 즉 공동피고인의 진술을 기재한 조서란 공판절차갱신전의 공판조서, 상소심에 의한 파기환송전의 공판조서, 이송된 사건의 이소전의 공판조서, 관할위반의 판결이 확정된 후에 재기소된 경우의 공판조서 등을 말한다.

345) 대판 1990.12.26. 90도2362, 1991.4.23. 91도314, 1991.11.8. 91도1984, 1993.6.22. 91도3346, 1995.5.12. 95도484.

병합심리되는 공동피고인이었음이 기록상 명백하므로 이 사건에 관하여는 증인의 지위에 있다 할 것인데, 피고인이 증거로 함에 동의한 바 없는 동인들에 대한 검사 작성의 피의자신문조서는 증거로 쓸 수도 없는 것이다"라고 판시함으로써[346] 공범이 아닌 공동피고인은 순수한 제3자의 지위에 있음을 명백히 밝히고 있다.

따라서, 공범인 공동피고인의 검찰진술은 그에 대한 증거결정에 관한 의견진술 과정에서 진정성립 및 임의성이 인정되고, 당해 피고인 측에서 공동 피고인에 대한 반대신문의 기회를 부여받은 경우(제312조 제4항)에는 증거능력이 있다고 할 것이며,[347] 공범이 아닌 공동피고인의 검찰진술은 당해 피고인이 증거로 함에 동의하지 않는 한 공동피고인을 증인으로 신문하여 진정성립이 인정되어야 증거능력이 생긴다.

(3) 공동피고인의 경찰진술(사법경찰관 작성의 피의자신문조서, 경찰조서과정에서 작성된 진술서도 포함)의 증거능력

이에 관한 판례로서, 공범인 공동피고인의 경찰에서의 피의자신문조서에 관하여 대판 1986.11.11. 86도1783은 "제312조 제2항(현행 형사소송법 제312조 제3항)은 당해 피고인에 대한 검사 이외의 수사기관이 작성한 피의자신문조서를 유죄의 증거로 하는 경우뿐만 아니라 당해 피고인과 공범관계에 있는 다른 피고인에 대한 검사 이외의 수사기관이 작성한 피의자신문조서를 피고인에 대한 유죄의 증거로 채택할 경우에 있어서도 다 같이 적용된다고 보아야 할 것이다"라고 판시하면서,[348] "그 이유는 그 내용이 당해 피고인에 대한 피의자신문조서의 내용과 다름없기 때문이므로, 그 증거능력은 진정성립이 인정되는 외에 당해 피고인 또는 변호인이 그 내용을 인정하여야만 부여할 수 있는 것이며, 원진술자인 피의자 또는 그의 변호인이 내용을 인정하였다 하여 증거능력을

346) 동지 대판 1982.6.22. 82도898.

347) 여기서의 반대신문권의 보장은 실질적·효과적이어야 하나, 이는 반대신문권의 기회를 주어야 한다는 것이지, 현실적으로 반드시 반대신문이 이루어져야 한다는 것은 아니다(실무제요II, 109면).

348) 동지 대판 1979.4.10. 79도287, 1984.10.23. 84도505, 84감도80, 1987.12.22. 87도1020, 1992.4.14. 92도442, 1994.3.22. 93도3612.

부여할 수는 없는 것이라고 봄이 상당하다.

따라서, 공범인 공동피고인의 경찰진술은 당해 피고인이 그 내용을 인정하여야 증거능력이 있고, 공범인 공동피고인이 피고인신문 과정에서든 증인신문 과정에서든 그 진정성립 및 내용을 인정하더라도 당해 피고인의 내용인정이 없는 한 증거능력이 없다고 할 것이다.

그러나 공범인 공동피고인이 내용을 부인하더라도 당해 피고인이 내용을 인정하는 한 당해 피고인에 대하여는 증거능력이 있다고 보아도 무방하다.[349)][350)]

공범이 아닌 공동피고인의 경찰진술(피의자신문조서)에 관하여는, 순수한 제3자의 진술과 다를 바 없는 것으로 보아 공동피고인이 피고인의 지위에서 진정성립 또는 내용을 인정하더라도 당해 피고인이 증거로 함에 동의하지 않는 한 공동피고인을 증인으로 신문하여 진정성립이 증명[351)]된 경우에 한하여 증거능력이 있다고 본다.[352)]

다. 다른 사건에서 공범 또는 공범이 아닌 제3자의 진술을 기재한 공판조서의 증거능력

판례[353)]는 "다른 피고사건의 공판조서는 제315조 제3호의 문서로서 당연히 증거능력이 있다"고 판시하고 있으므로 공범의 법정진술을 기재한 다른 피고사건의 공판조서와 공범이 아닌 제3자에 대한 다른 피고사건에서의 증인신문조서는 각 증거능력이 있다 할 것이다. 나아가 공범이 아닌 제3자가 다른 피고사건에서 증인이 아닌 피고인으로서 한 진술을 기재한 공판조서의 증거능력에 대하여는 이의 인정 여부에 관한 명확한 대법원 판례가 없는 것으로 보인다.

---

349) 이재상, '공범 중 어느 한 사람에 대한 사법경찰관작성의 피의자신문조서가 다른 공범에 대한 증거로 될 수 있는 요건', 판례월보 207호, 45면.

350) 이러한 경우에 실무에서는 당해 피고인 또는 그 변호인은 공동피고인에 대한 사법경찰관 작성의 피의자신문조서에 대하여 '내용인정' 또는 '내용부인'이 아니라 '동의' 또는 '부동의'로 증거의견을 진술하는 경우가 대부분이다.

351) 제312조 제4항은 제312조 제1항과는 달리 '인정'이 아니라, '증명'이라는 표현을 쓰고 있다.

352) 김영신, '서증의 증거능력과 증거조사방법의 비교검토 - 특히 공동피고인 또는 공범과 관련하여', 형사재판의 제문제 제2권, 437면.

353) 대판 1964.4.28. 64도135, 1965.6.22. 65도372.

라. 다른 사건에서의 공범 또는 공범이 아닌 제3자의 검찰 또는 경찰에서의 진술의 증거능력

(1) 다른 사건에서의 공범 또는 제3자의 검찰진술(검찰조사과정에서 작성된 진술서를 포함한다)의 증거능력

전문법칙의 근거가 반대신문의 결여에 있다고 보는 이상, 공범 또는 제3자가 그의 사건에서 임의성 및 진정성립을 인정하였다 하더라도 현재의 피고인에게는 반대신문의 기회가 없었던 것이 명백하므로 공범 또는 제3자가 현재 피고사건의 증인으로 나와 진정성립을 인정하여야만 증거능력이 있다.

(2) 다른 사건에서의 공범 또는 제3자의 경찰진술(경찰조사과정에서 작성된 진술서를 포함하나)의 증거능력

이 점에 관하여는 공동피고인인 경우의 설명과 동일하다고 할 수 있다.[354) 다시 정리하면, 공범의 경찰진술은 공범이 그의 사건에서 내용을 인정하였든 현재 피고사건에서 증인으로 나와 내용을 인정하였든 관계없이 현재 피고인의 내용인정이 없는 한 증거능력이 없다고 볼 수밖에 없으나, 공범이 내용을 부인하더라도 현재 피고인이 내용을 인정하는 한 현재 피고인에 대하여는 증거능력이 있다고 보아도 무방하다.

공범이 아닌 제3자의 경찰진술은 제3자가 그의 사건에서 진정성립 또는 내용을 인정하였더라도 현재 피고인이 증거로 함에 동의하지 않는 한 제3자를 증인으로 신문하여 진정성립이 증명된 경우에 한하여 증거능력이 있다고 본다.

제4절 증 명 력

Ⅰ. 서 론

어떠한 사실을 증명할 수 있는 증거의 실질적 가치를 증명력이라고 한다. 형

---

354) 앞에 든 대판 1986.11.11. 86도1783, 1987.12.22. 87도1020, 1994.3.22. 93도3612는 모두 제312조 제2항(현행 형사소송법 제312조 제3항)은 공범관계에 있는 다른 피의자에 대하여도 적용된다고 판시하고 있다.

사소송법 제301조는 증거의 증명력은 법관의 자유판단에 의한다고 하여 자유심증주의를 선언하고 있다. 자유심증주의는 증거재판주의와 함께 현행 증거법의 양대 지주를 이루고 있다. 한편 자유심증주의에 대한 예외로써 자백의 증명력을 제한하는 규정(제310조)과 공판조서의 증명력에 관한 규정(제56조)이 있다.

Ⅱ. 자유심증주의

1. 의 의

제308조는 "증거의 증명력은 법관의 자유판단에 의한다"고 규정하고 있는바, 이를 자유심증주의라고 한다.

자유심증주의란 증거의 증명력을 법률로 규정하지 않고 법관의 자유로운 판단에 맡기는 원칙을 말하는 것으로서, 증거평가자유의 원칙이라고도 한다.

자유심증주의와 대립되는 역사적 개념은 법정증거주의로서, 이는 증거의 증명력을 법률로 정하여 일정한 증거가 존재하면 일정한 사실의 존재를 인정하여야 하고, 일정한 증거가 존재하지 아니하면 일정한 사실의 존재를 인정할 수 없도록 하는 것을 말한다.

법정증거주의는 법관이 사실판단을 함에 있어서 주관적·자의적으로 심증을 형성하는 것을 방지하기 위해서 고안되었던 원칙이지만, 다종다양한 증거의 증명력을 획일적으로 규정하여 놓는 것은 구체적 사건의 실체적 진실을 발견함에 있어서 오히려 부당한 결과를 초래할 위험을 안고 있는 것이다.

2. 자유심증주의의 내용

가. 증명력 판단의 주체

증거의 증명력을 판단하는 주체는 개개의 법관이다.

합의체의 법원에 있어서는 그 구성원인 각 법관의 자유심증의 결과를 기초로 하여 합의라는 형식으로 사실인정을 하게 된다. 그 결과 이는 법관의 심증과 합의체 법원의 결론이 달라질 수 있으나, 이는 합의체의 법원구성에 따른 필연적인 결과일 뿐 자유심증주의와는 관계없다.[355)]

나. 자유판단의 대상

(1) 자유심증주의에 의하여 법관이 자유롭게 판단할 수 있는 것은 증거의 증명력이다.

증거의 증명력은, 요증사실과의 관계를 떠나 증거 그 자체가 진실일 가능성을 뜻하는 신용력과, 신용력을 전제로 하여 요증사실의 존재를 인정하게 하는 힘을 뜻하는 협의의 증명력을 포함하는 개념이다.

(2) 엄격한 증명과 자유로운 증명은 그 증거능력과 증거조사절차에 있어 서는 차이가 있지만, 어느 경우에나 자유심증주의가 적용된다는 점에서는 동일하다.

증거능력은 형식적으로 법정되어 있는 경우가 많지만, 임의성이나 특신상황 등의 존부 판단에 있어서는 결국 자유심증주의가 작용한다.[356]

(3) 변론전체의 취지는 예컨대 증인의 표정이나 피고인의 반응 등과 같이 증거자료의 신빙성을 판단할 수 있는 살아 있는 정보의 총체를 가리키는 것으로서 형사재판에 있어서 변론전체의 취지를 직접 사실인정의 기초로 삼을 수 없지만, 실제로 증거의 증명력을 판단함에 있어서는 변론전체의 취지도 고려된다 할 것이다.

다수의 개별증거를 종합하여(즉, 종합증거에 의하여) 전체로서 어떠한 사실을 인정하는 것은 물론 허용된다.

다. 자유판단의 의미 및 한계

(1) 자유판단이란 법관이 증거의 증명력을 판단함에 있어서 미리 정하여져 있는 어떠한 기준이나 법칙에 따르지 않고 자산의 합리적 이성에 의하여 사실의 존부에 관한 판단을 행하는 것을 말한다.

따라서 법관은 자유롭게 증거의 취사선택을 할 수 있고, 모순되는 증거가 있는 경우에 이는 증거를 믿을 것인지 자유롭게 결정할 수 있으며, 동일 증거의 일부만을 믿거나 다수 증거를 종합한 종합증거에 의하여도 사실인정을 할 수 있다.

---

355) 배종대·이상돈·정승환, 661면, 신동운, 1087면.

356) 대판 1983.3.8. 82도3248, 1995.5.12. 95도484.

(2) 그러나 자유심증주의에 있어서의 자유가 자의를 의미할 수는 없으며, 사실인정이 법관의 전단이 되어서는 안 된다. 자유심증주의 하에서의 증거의 가치판단은 법관의 자유재량에 맡겨져 있기는 하나 자의적이 재량(또는 판단)이 허용되는 것은 아니며 합리성과 객관성을 결여한 증거가치의 판단은 위법하고,[357] 논리칙과 경험칙에 위배되지 않는 범위 내에서만 허용되는 것으로서,[358] 객관성과 합리성을 결하여 논리칙과 경험칙에 반하는 증거취사나 사실인정까지 허용될 수 있는 것은 아니다.[359]

라. 구체적 검토

(1) 피고인의 진술

(가) 검찰에서의 자백 등이 법정 진술과 다르다거나 제1심 법정에서의 자백이 항소심에서의 법정진술과 다르다는 사유만으로는 그 자백의 신빙성이 의심스럽다고 할 사유로 삼아야 한다고 볼 수는 없고,[360] 피고인의 자백에 제309조 소정의 사유가 없고, 또한 자백에 하게 된 동기와 과정 가운데 합리적인 의심을 갖게 할 상황이 없다면 그것은 보강증거를 수반하여 유력한 증거자료가 되는 것이다.[361]

(나) 자백의 신빙성 유무를 판단함에 있어서는, 첫째, 자백의 진술내용 자체가 객관적인 합리성을 띠고 있는가,[362] 둘째, 자백의 동기나 이유 및 자백에 이르게 된 경위가 어떠한가, 셋째, 자백 외의 정황증거 중 자백과 저촉되거나 모순되는 것이 없는가 하는 점 등을 고려하여 판단하여야 한다.[363][364]

---

357) 대판 1984.5.29. 84도554.

358) 대판 1985.11.26. 85도2109.

359) 대판 1991.11.26. 91도1956.

360) 대판 1995.10.12. 95도1957, 1999.1.15. 98도2605, 2001.9.28. 2001도4091.

361) 대판 1992.6.12. 92도873.

362) 대판 2003.2.11. 2002도6766(피고인이 평소 투약량의 20배에 달하는 1g의 메스암페타민을 한꺼번에 물에 타서 마시는 방법으로 투약하였다는 것은 쉽게 믿기 어렵고, 또 만약 그렇게 투약하였다면 피고인의 생명이나 건강에 위험이 발생하였을 가능성이 없지 않았을 것으로 보여져, 피고인의 자백을 신빙하기 어렵다고 판시).

363) 대판 1983.9.13. 83도712, 1985.2.26. 82도2413, 2000.3.28. 99도5023, 2003.9.26. 2003

한편, 피고인의 검찰 자백의 신빙성을 판단(배척)함에 있어서는 피고인이 그 내용을 부인함으로써 증거능력이 없는 경찰 자백을 이용할 수도 있다.[365]

(다) 피고인의 범행 부인 진술내용이 일관되지 아니하고 상호 모순되거나 저촉되는 점이 있다 하더라도 이것만으로는 유죄 인정의 증거가 될 수 없다.[366]

(2) 증인 또는 참고인의 진술

(가) 증언의 신빙성은 증인의 입장, 이해관계 및 그 내용은 물론 다른 증거와도 구체적으로 비교 검토하여 합리적으로 판단하여야 한다.[367]

(나) 13세 증인의 증언을 증거로 하여 사실인정한 것이 위법이 아니라고 하고,[368] 사고 당시 만 3년 3월 남짓 되고 증언 당시 만 3년 6월 남짓 된 강간치상죄에 피해자의 여아가 피해상황에 관하여 비록 구체적이지는 못하지만 개괄적으로 물어 본 검사의 질문에 이를 이해하고 고개를 끄덕이는 형식으로 답변한

도1520 등. 대판 2004.2.27. 2001도1381, 2004.10.28. 2003도8238 등은 피고인이 피의자신문조서에 기재된 피고인의 진술 및 공판기일에서의 피고인의 진술의 임의성을 다투면서 그것이 허위자백이라고 다투는 경우, 법원은 구체적인 사건에 따라 피고인의 학력, 경력, 직업, 사회적 지위, 지능 정도, 진술의 내용, 피의자신문조서의 경우 그 조서의 형식 등 제반 사정을 참작하여 자유로운 심증으로 위 진술이 임의로 된 것인지의 여부를 판단하면 된다고 판시한다. 한편, 자백이 명확하고 구체적이며 범행의 체험자가 아니면 말할 수 없는 이른바 '비밀의 폭로'를 포함하고 있는지, 자백이 일관되고 있는지, 자백 이외의 증거의 증명력은 어느 정도 되는지, 법정에서의 부인 진술은 어느 정도 신빙성이 있으며, 그에 부합하는 객관적인 증거는 없는지 여부 등도 고려의 대상이 될 수 있다 할 것이다.

364) 구속적부심문조서의 증명력에 대하여 대판 2004.1.16. 2003도5693은 구속적부심문조서의 증명력은 다른 증거와 마찬가지로 법관의 자유판단에 맡겨져 있다고 하면서, 피의자가 구속적부심문절차에서 범행을 자백한 경우라도 피의자가 그 당시 자백의 의미나 자백이 수사절차나 공판절차에서 가지는 중요성을 제대로 헤아리지 못한 나머지 허위자백을 하고라도 자유를 얻으려는 유혹을 받을 수가 있으므로, 법관은 구속적부심문조서의 자백의 기재에 관한 증명력을 평가함에 있어 이러한 점에 각별히 유의를 하여야 한다고 판시한다.

365) 대판 1985.2.26. 82도2413.

366) 대판 1984.5.15. 84도417.

367) 대판 1979.12.26. 77도2381.

368) 대판 1966.12.27. 66도1535, 1971.10.25. 71도1592.

것을 믿은 사례[369]가 있는 반면, 사건 당시 4세가 안된 피해자의 일관되지 않고 표현도 분명하지 않은 진술만으로 범죄사실(강간치상)을 인정하는 데 합리적 의심을 배제할 정도의 증명에 이르렀다고 보기 어렵고,[370] 모의 편향되고 유도적인 반복 질문에 따라 녹취한 만 3세 1개월 남짓한 피해자의 유일한 진술만으로 공소사실(미성년자의제강제추행)을 인정하기에 합리적인 의심을 배제할 정도의 증명에 이르렀다고 볼 수 없다고 한 사례[371]도 있다.

(다) 피고인의 처의 증언이라 하여 항상 신빙성이 없다고 단정할 수는 없으나,[372] 이미 형이 확정되어 복역중인 공범자들의 당초의 진술을 번복하여 피고인의 범행을 가담하지 않았다고 하는 증언은 믿기 어렵다.[373]

(라) 피해자의 경찰, 검찰 및 법원에서의 각 진술에 사소한 차이가 있으나 전체적으로 일관성이 있고 모순이 없다면 유죄 인정의 자료가 될 수 있으며,[374] 직접증거를 뒷받침할 수 있는 간접 또는 정황증거가 있는 경우에 그 직접증거를 배척하려면 이를 배척할 수 있는 상당한 합리적 이유가 있어야하며[375], 이에 반하여, 유일한 직접증거인 피해자의 진술이 경찰과 검찰에서 서로 모순되고 검찰에서의 진술도 공소제기 후에 이루어진 것으로서 피해자의 증인송환에 불응하여 피고인측에서 반대신문을 할 기회가 없었던 경우에는 그 신빙성을 인정하기고 어렵고,[376] 일관성이 없고 서로 모순되어 신빙성이 희박하거나 단

---

369) 대판 1991.5.10. 91도579. 대판 2004.10.14. 2002도2478도 사건 당시 3년 4개월 남짓, 증언 당시 3년 7월 남짓 된 여아의 증언에 관하여, 자신이 당한 추행 장면을 묘사하기까지 하여 피해자가 피고인으로부터 추행을 당한 사실을 일관되게 진술하면서 일부 진술은 직접 경험하지 않았다면 표현하기 어려운 부분까지 진술하고 있다는 등 이유로 신빙성이 있다고 판시하고 있다.

370) 대판 1992.7.14. 92도874.

371) 대판 2000.3.10. 2000도159.

372) 대판 1983.9.13. 83도823.

373) 대판 1984.3.27. 83도3283(피고인과 공범자들이 차를 이용해서 한 3회 범행의 시간, 장소, 주행방향으로 미루어 보아 피고인이 제1범행에 가담하지 아니하였다는 것이 부자연스럽다는 사정이 있다.).

374) 대판 1986.6.24. 86도555.

375) 대판 1986.3.25. 85도1572.

376) 대판 1992.12.8. 92도1880.

순한 추측에 불과하여 믿기 어려운 증거들을 채용하여 공소사실을 유죄로 인정한 것은 채증법칙을 위배한 것이 된다.[377)]

(마) 한편, 판례[378)]는 수사기관이 원진술자의 진술을 기재한 조서는 원본증거인 원진술자의 진술에 비하여 본질적으로 낮은 정도의 증명력을 가질 수밖에 없다는 한계를 지니는 것이고, 특히 원진술자의 법정 출석 및 반대신문이 이루어지지 못한 경우에는 그 진술이 기재된 조서는 법관의 올바른 심증 형성의 기초가 될 만한 진정한 증거가치를 가진 것으로 인정받을 수 없는 것이 원칙이라고 하면서, 피고인이 공소사실 및 이를 뒷받침하는 수사기관이 원진술자의 진술을 기재한 조서 내용을 부인하였음에도 불구하고, 원진술자의 법정 출석과 피고인에 의한 반대신문이 이루어지지 못하였다면, 그 조서에 기재된 진술이 직접 경험한 사실을 구체적인 경위와 정황의 세세한 부분까지 정확하고 상세하게 묘사하고 있어 구태여 반대신문을 거치지 않더라도 진술의 정확한 취지를 명확히 인식할 수 있고 그 내용이 경험칙에 부합하는 등 신빙성에 의문이 없어 조서의 형식과 내용에 비추어 강한 증명력을 인정할 만한 특별한 사정이 있거나, 그 조서에 기재된 진술의 신빙성과 증명력을 뒷받침할 만한 다른 유력한 증거가 따로 존재하는 등의 예외적인 경우가 아닌 이상, 그 조서는 진정한 증거가치를 가진 것으로 인정받을 수 없는 것이어서 이를 주된 증거로 하여 공소사실을 인정하는 것은 원칙적으로 허용될 수 없고, 이는 원진술자의 사망이나 질병 등으로 인하여 원진술자의 법정 출석 및 반대신문이 이루어지지 못한 경우는 물론 수사기관의 조서를 증거로 함에 피고인이 동의한 경우에도 마찬가지라고 한다.

(3) 감 정 서

(가) 전문감정인의 감정결과는 중요한 참고자료가 되기는 하나 이에 기속을 받는 것은 아니다.[379)]

---

377) 대판 1990.2.27. 89도1521, 1995.10.12. 93도93.

378) 대판 2006.12.8. 2005도9730.

379) 대판 1994.5.13. 94도581(심신상실상태라는 감정인의 의견을 배척하고 심신 미약만을 인정), 1995.2.24. 94도3163(심신장애유무 판단에 있어 법원이 전문감정인의 정신감정

하지만, 향정신성의약품관리법위반[380] 사건의 피고인 모발에서 메스암페타민 성분이 검출되었다는 국립과학수사연구소장의 사실조회회보가 있는 경우, 다른 특별한 사정이 없는 한, 논리와 경험의 법칙상 피고인은 감정의 대상이 된 모발을 채취하기 이전 언젠가에 메스암페타민을 투약한 사실이 있다고 인정하여야 할 것이고,[381] 필적감정결과는 고도의 개연성이 있는 것으로, 의문점에 대하여 원래의 감정인에게 물어 보거나 다른 감정인으로 하여금 다시 감정하게 하는 등의 조치를 취하지 아니한 채 육안으로 보아 일부자획에 상이한 점이 보인다고 하여 전문가의 감정결과에 대하여 의심을 품고 이를 배척하는 것은 합리적이라 할 수 없다.[382]

(나) 범행 당시 피고인의 심신장애의 정도를 판단함에 있어서 감정인의 감정서만에 의거한 판단을 하지 아니하였다 하여 심신상실에 관한 법리오해의 위법이 있다 할 수 없고,[383] 심신장애 여부를 목격자의 증언, 범행의 경위, 수단, 범행 전후의 피고인의 행동 등을 종합해서 판단하였다 하여 위법이 아니며,[384] 범행 당시 피고인의 음주 명정의 정도 등은 전문가로 하여금 감정을 하게 하지 않고서도 다른 거시증거에 의하여 이를 판정할 수 있다.[385]

(4) 진 단 서

(가) 상처를 진단한 의사의 진술이나 진단서의 기재는 폭행·상해 등의 사실 자체에 대한 직접증거가 되는 것은 아니고 다른 증거에 의하여 폭행·상해의 가해행위가 인정되는 경우에 그에 대한 상해의 부위나 정도의 점에 대한 증거가 되며,[386] 진단서의 기재만으로는 상해가 피고인의 행위에 기인한 것이라는 점

결과에 기속받지 않는다.).

380) 위 법은 폐지되고 2000.1.12. 법률 제6146호로 제정되어 같은 해 7. 1.부터 시행되고 있는 마약류관리에 관한 법률로 대체되었다.

381) 대판 1994.12.9. 94도1680.

382) 대판 1994.9.13. 94도1335.

383) 대판 1983.7.12. 83도1262.

384) 대판 1971.3.23. 71도212, 1987.10.13. 87도1240.

385) 대판 1983.10.25. 83도2431,83감도422.

386) 대판 1983.4.12. 82도2081.

에 대한 증거가 될 수 없다.[387)]

(나) 폭행을 가한 사실이 인정되는 경우라 하더라도 피해자가 그 폭행으로 인하여 상해를 입었다는 점은 피해자의 일방적 증언만으로는 인정하기 어렵고,[388)] 그 외 상해의 정도에 관하여 환자의 경혈에 대한 침시술행위가 업무인 침사[389)]의 의견서에 의사의 진단서와 대등한 증명력을 인정할 수 없다고 한 것[390)]이 있다.

(5) 처분문서

형사재판에 있어서는 처분문서라 하여도 이를 배척하는 이유 설시를 하여야 한다는 법칙이 없으며, 경험법칙 내지는 논리칙에 위배되지 아니하는 한 그 증거취사는 사실심의 전권에 속한다.[391)]

(6) 관련 사건의 판결

(가) 형사재판에서 관련된 민사사건의 판결에서 인정된 사실은 유력한 인정자료가 된다고 할지라도 반드시 그 판결의 확정사실에 구속받는 것은 아니어서 형사법원은 증거에 의하여 민사판결에서 확정된 사실과 다른 사실을 인정할 수 있기는 하나,[392)] 다른 한편, 반대사실을 인정한 관련된 민사판결이 있음에도

---

387) 대판 1984.4.24. 84도421.

388) 대판 1984.1.24. 83도940.

389) 의료법 제81조 소정의 의료유사업자이다.

390) 대판 1989.5.9. 88도1970.

391) 대판 1983.3.8. 81도3148.

392) 대판 1983.6.28. 81도3011, 1996.8.23. 95도192.
한편, 대판 1994.1.28. 93다29051은, 민사재판에 있어서 형사판결의 증명력에 관하여, 원래 민사재판에서는 형사재판의 사실인정에 구속받지 않는다고 할지라도 동일한 사실관계에 관하여 확정된 형사판결이 유죄로 인정한 사실은 유력한 증거자료가 된다 할 것이므로 민사재판에서 제출된 다른 증거들에 비추어 형사판결의 사실판단을 채용하기 어렵다고 인정되는 특별한 사정이 없는 한 이와 반대되는 사실을 인정할 수는 없는 것이고, 더욱이 민사판결이 있는 후에 형사절차에서 장기간에 걸친 신중한 심리 끝에 결국 그것이 소송사기에 의한 판결임이 밝혀져서 유죄의 형사판결이 확정된 경우에는 법원은 그 형사판결의 존재와 내용을 존중하여 거기에서 인정된 사실을 민사판결에서 인정된 사실보다 진실에 부합하고 신빙성이 있는 것으로 받아들여야 한다고 한다.

그 판결이 상소심에서 어떻게 되었는지 심리하지 않은 채 유죄로 단정한 원심 판결을 파기한 사례도 있다.[393]

(나) (변론 분리로) 다른 공동피고인들에 대하여 유죄판결이 상고심에서 확정된 후 하급심이 동일한 증거관계 하에서 피고인에 대하여 공소사실을 인정할 수 없다 하여 무죄를 선고한 조치는 채증법칙을 위반한 것이다.[394]

(7) 종합증거

(가) 진술조서의 기재 중 일부분을 믿고 다른 부분을 믿지 아니하여도 부당하다고 할 수 없고,[395] 공동피고인 중 1인이 다른 공동피고인들과 공동하여 범행을 하였다고 자백한 경우, 반드시 그 자백을 전부 믿어 공동피고인들 전부에 대하여 유죄를 인정하거나 그 전부를 배척하여야 하는 것은 아니고, 자유심증주의의 원칙상 법원으로서는 자백한 피고인 자신의 범행에 관한 부분만을 믿고, 다른 공동피고인들이 범행에 관여하였다는 부분을 배척 할 수 있으며,[396] 동일한 사항(범죄사실에 관한 피고인의 진술)에 관하여 두개의 서로 다른 내용이 기재된 공판조서가 병존하는 경우 양자는 동일한 증명력을 가지는 것으로서 그 증명력에 우열이 있을 수 없다고 보아야 할 것이므로 그 중 어느 쪽이 진실한 것으로 볼 것인지는 공판조서의 증명력을 판단하는 문제로서 법관의 자유로운 심증에 따를 수밖에 없다.[397]

---

393) 즉 대판 1992.11.24. 92도1914는 피고인이 피해자로부터 액면금 3500만 원인 당좌수표를 교부받은 후에 발행일자의 변경만을 허락받았을 뿐인데도 그 액면금액을 1억 원으로 고쳐서 변조하였다는 공소사실에 있어서 피해자의 사전 승낙이 있었다는 변호인의 주장을 받아들이면서, 그 근거의 하나로서 피고인이 피해자를 상대로 제기한 민사소송에서 피고인의 주장대로 이 사건 당좌수표가 피해자의 승낙을 얻어 정당하게 그 액면금액이 변경되었음이 인정되었다는 점을 들면서 관련된 민사사건에서 확정된 사실은 형사사건에서 유력한 증거자료가 될 수 있는 것이므로 위 민사사건이 상소심에서 어떻게 되었는지 살펴보지 아니한 채 이를 유죄로 인정한 원심의 조치에 심리미진의 위법이 있다고 판시하고 있다.

394) 대판 1990.11.27. 90도1215.

395) 대판 1980.3.11. 80도145.

396) 대판 1995.12.8. 95도2043.

397) 대판 1988.11.8. 86도1646.

(나) 같은 사람의 검찰에서의 진술과 법정에서의 증언이 다를 경우 반드시 후자의 것을 믿어야 된다는 법칙은 없고 법정에서의 증언과 다른 검찰에서의 진술을 믿고 사실을 인정한 것은 자유심증에 속하고,[398] 상반된 감정 중에 어느 것을 사실인정의 자료로 인용할 것인가는 사실심 법원의 자유심증에 속한다.[399]

(다) 증거를 종합하여 피고인의 범죄사실을 인정한 이상 피고인이 제출한 증거를 배척한 이유를 설시하지 않았다 하여 위법이라 할 수 없다.[400]

그리고 공소사실에 부합하는 증거를 배척하는 합리적인 이유를 설시하지 아니하였다 하더라도 위법은 아니지만,[401] 그 합리적인 이유를 적절하게 설시하는 것이 바람직한 경우도 많다.

(8) 기 타

증거보전된 증거가 항상 진실이라고 단정 지을 수는 없는 것이므로 믿지 않을 사유가 있어 믿지 않는 것에 자유심증주의의 남용이 있다고 볼 수 없고,[402] 경찰 및 검사가 작성한 실황조사서의 기재가 사고현장을 설명하면서 경찰이나 검사의 의견을 기재한 것에 불과하다면 이것만으로는 피고인이 이 사건 사고를 일으켰다고 인정할 자료가 될 수 없으며,[403] 압수물(피해품)은 피고인에 대한 범죄의 증명이 없게 된 경우에도 압수물의 존재만으로 유죄의 증거가 될 수 없다.[404]

3. 심증의 정도

가. 합리적 의심의 여지가 없는 증명과 의심스러운 때는 피고인의 이익으로

---

398) 대판 1987.6.9. 87도691, 1988.6.28. 88도740.

399) 대판 1986.9.23. 86도1547.

400) 대판 1984.5.29. 84도682.

401) 대판 1968.6.20. 68도449(전).

402) 대판 1980.4.8. 79도2125.

403) 대판 1983.6.28. 83도948.

404) 대판 1984.3.27. 83도3067,83감도513.

한다고 규정할 뿐 사실판단을 위한 심증형성의 정도에 관하여는 아무런 규정을 두고 있지 않았다.

그러나 형사재판에 있어서 유죄의 사실인정을 하려면 법관이 증거의 증명력을 자유롭게 판단하여 얻은 심증형성이 '합리적 의심의 여지가 없는 증명(proof beyond a reasonable doubt)'의 정도에 이르러야 한다는 점에 대하여 이론이 없었다.[405)]

현행 형사소송법은 제307조 제2항에서 "범죄사실의 인정은 합리적인 의심이 없는 정도의 증명에 이르러야 한다"라고 규정하여 종래의 학설과 판례에서 확립되어 온 원칙을 명문화하였다.

법원이 범죄사실의 존부에 대한 심리를 다하였음에도 합리적 의심의 여지가 없을 정도의 심증형성에 이르지 못하였을 때에는 '의심스러운 때는 피고인의 이익으로(in dubio pro reo)'의 원칙에 의하여 무죄를 선고하여야 한다.

(1) 종래의 판례도, 형사재판에 있어서 유죄의 인정은, 단지 우월한 증명력을 가진 정도로서는 부족하고,[406)] 법관으로 하여금 합리적인 의심을 할 여지가 없을 정도로 공소사실이 진실한 것이라는 확신을 가지게 할 수 있는 증명력을 가진 증거에 의하여야 하고, 이러한 정도의 심증을 형성하는 증거가 없다면 설령 피고인에게 유죄의 의심이 간다 하더라도 피고인의 이익으로 판단할 수밖에 없다고 누차 판시하여[407)] 위의 법리를 확인하고 있다.

(2) 여기서 합리적인 의심이라 함은 모든 의문, 불신을 포함하는 것이 아니라 논리와 경험칙에 기하여 요증사실과 양립할 수 없는 사실의 개연성에 대한 합리성 있는 의문을 의미하는 것으로서,[408)] 구체적인 증거에 의하여 발생한 의문

405) 신동운, 1096면, 이재상, 522면.

406) 대판 1987.7.7. 86도586.

407) 대판 1987.3.24. 86도2783, 1993.3.23. 92도3327, 1996.3.8. 95도3081, 2000.10.24. 2000도3145(위드마크 공식 적용에 관한 것임) 등 다수. 한편, 그 이전의 판례 중에는 '합리적인 의심을 할 여지가 없을 정도'라는 표현대신에 '고도의 개연성에 대한 심증을 갖게 되었을 때'(대판 1979.12.26. 77도2381) 또는 '통상인으로서의 합리적인 의심을 배제시킬 수 있는 정도의 확신 즉 진실에 대한 고도의 개연성을 갖게 되었을 때'(대판 1985.10.8. 85도1146)라고 표현한 것도 있으나, 결국 같은 취지로 볼 것이다.

408) 대판 1997.7.25. 97도974, 2000.2.25. 99도1252.

이 아니더라도 공소사실에 대한 증거가 불충분하여 반대되는 사실의 개연성을 배제할 수 없는 경우 즉 심증이 부족한 경우도 합리적인 의심이 있는 경우에 해당한다.[409]

그러나 합리적 의심의 여지가 없는 증명은 합리성이 없는 모든 가능한 의심을 배제할 정도에 이를 것까지 요구하는 것은 아니며 증명력이 있는 것으로 인정되는 증거를 합리적인 근거가 없는 의심을 일으켜 이를 배척하는 것은 오히려 자유심증주의의 한계를 벗어나는 것으로 허용될 수 없다.[410]

나. 합리적 의심의 여지가 없는 증명의 대상

엄격한 증명과 자유로운 증명은 증거능력과 증거조사절차 등 증명의 방법에 의한 구분이고, 합리적 의심의 여지가 없는 증명은 심증형성의 정도에 관한 기준인 점에서 서로 구별되는 개념이지만, 어쨌든 의심스러운 때는 피고인의 이익으로의 원칙에 의하여 법관이 피고사건에 관하여 합리적인 의심의 여지가 없는 정도의 심증을 얻지 못한 때에는 결국 범죄사실의 증명이 없는 때에 해당하여 무죄판결을 하지 않으면 안 되는 것이고, 따라서 피고인으로서는 검사가 주장하는 피고인에게 불리한 사실에 관하여 법관으로 하여금 합리적인 의심이 생기게 할 정도의 입증만 하면 무죄의 판결을 받게 될 것이므로, 결국 합리적인 의심의 여지가 없을 정도의 증명을 필요로 하는 사실은 검사가 주장하는 피고인에게 불리한 사실만에 한정된다고 할 수 있다.[411]

(1) 공소범죄사실은 인과관계를 포함한 객관적 사실이든 범의 등 주관적 사실이든 모두 합리적인 의심의 여지가 없을 정도의 증명을 요한다.

피고인측의 입증활동에 의하여 법관이 범죄성립조각사유가 있지 않는가에 관하여 합리적 의심을 갖게 된 경우에는 검사는 그러한 사유의 부존재에 대하여 합리적인 의심의 여지가 없을 정도로 증명하여야 한다. 알리바이의 주장이 있는 경우도 마찬가지이다.

(2) 누범전과와 같이 형벌의 범위를 확장시키는 사실도 합리적 의심의 여지

---

409) 곽동효, '형사재판과 증명의 정도', 형사증거법(상), 34면.

410) 대판 1994.9.13. 94도1335, 1995.5.9. 95도535, 2006.5.25. 2003도3945.

411) 곽동효, '형사재판과 증명의 정도', 형사증거법(상), 40면.

가 없을 정도로 증명되어야 한다.

(3) 간접사실에 경험칙을 적용하여 사실상 추정에 의하여 범죄사실을 인정함에 있어서는, 간접사실과 범죄사실과의 간격의 차이, 간접사실의 증명도, 적용된 경험칙의 내용 등을 고려하여 특히 합리적인 의심의 여지가 없을 정도로 증명되었느냐에 관하여 신중한 검토를 요한다고 할 것이다.[412)]

4. 자유심증주의의 제한

가. 자백의 증명력 제한(제310조) – 뒤에서 상술.

나. 공판조서의 증명력(제56조) – 뒤에서 상술.

제5절 자백과 보강증거

Ⅰ. 자백의 보강법칙

1. 보강법칙의 의의

자백의 보강법칙이란 피고인이 임의로 한 증거능력과 신용성이 있는 자백에 의하여 법관이 유죄의 심증을 얻었다 할지라도 보강증거가 없으면 유죄로 인정할 수 없다는 원칙을 말한다. 여기서 보강증거(corroborating evidence)는 피고인의 자백의 진실성을 확인하는 독립된 증거를 뜻한다. 형사소송법 제310조는 「피고인의 자백이 그 피고인에게 불이익한 유일의 증거인 때에는 이를 유죄의 증거로 하지 못한다」고 규정하여 자백의 보강법칙을 선언하고 있다. 뿐만 아니라 헌법 제12조 제7항 후단은 「정식재판에 있어서 피고인의 자백이 그에게 불리한 유일한 증거인 때에는 이를 유죄의 증거로 삼거나 이를 이유로 처벌할 수 없다」고 규정하여 보강법칙을 헌법상의 원칙으로 삼고 있다. 자백에 의하여 법관이 유죄의 심증을 얻은 때에는 보강증거가 없으면 유죄판결을 할 수 없다는 의미에서 자백의 보강법칙은 자유심증주의에 대한 예외가 된다.

---

412) 곽동효, '형사재판과 증명의 정도', 형사증거법(상), 50면.

2. 자백에 보강증거를 필요로 하는 이유

보강법칙의 근거는 자백의 진실성을 담보하여 오판의 위험성을 배제하고 자백 편중으로 인한 인권침해를 방지하려는 데 있다.[413)]

가. 자백의 진실성 담보

보강법칙의 직접적인 근거는 자백의 진실성을 담보하는 데서 찾을 수 있다. 합리적·타산적 인간이 자기에게 불이익한 진술을 한 자백은 높은 신용성을 가지며 따라서 자백은 증거의 왕으로서의 지위를 차지하고 있었다. 그러나 자백이라 하여 항상 진실한 것은 아니며, 자백이 허위일 때는 오판의 위험성은 더욱 커지지 않을 수 없다. 합리적 존재인 인간은 보다 중대한 범죄를 숨기기 위하여 가벼운 범죄를 자백하는 경우가 있고, 인간심리의 복합적 구조는 영웅심리나 의리 또는 대가를 얻기 위하여 허위자백 할 가능성도 배제할 수 없다. 그러므로 자백에 보강증거를 필요로 하는 가장 중대한 이유는 허위자백으로 인한 오판의 위험을 방지하는 데 있다고 해야 한다.[414)] 즉 보강법칙은 불충분한 증거에 의한 유죄판결을 방지하고, 믿을 수 없는 자백을 유죄의 증거로 사용하는 것에 대한 보장책이 된다.

나. 인권침해의 방지

자백편중에 의한 인권침해의 방지는 자백의 증거능력을 제한함에 의하여 달성되는 것이므로 보강법칙의 근거는 자백의 진실성을 담보하는 데서 찾아야 한다는 견해[415)]도 있다. 자백의 증거능력을 제한하여 자백채취과정의 적법절차를 보장하는 것이 인권침해를 방지하기 위한 것임을 부정할 수는 없다. 그러나 자백의 증거능력을 제한하는 외에 자백의 증거가치를 제한하는 것도 자백편중의 경향에 제동을 가하는 의미를 가진다고 해야 하며, 이러한 의미에서 자백편

413) 김기두, 155면; 배종대·이상돈, 695면; 백형구, 486면; 강의, 638면; 신동운, 958면; 신현주, 670면; 이영란, 822면; 정영석·이형국, 383면; 차용석·최용성, 527면.

414) 대법원 1967.12.18. 67도1084 [총람 22-1, 350-6]; 대법원 1983.7.26. 83도1372 [공보 83, 1378].

415) 신영철, "자백과 보강증거"(형사증거법 하), 277면.

중에 의한 인권침해의 방지도 보강법칙의 간접적인 근거가 된다고 하지 않을 수 없다.

자백의 증거가치에 대한 평가는 증거법의 역사라고 할 수 있다. 자백에 대하여 절대적 증명력을 인정하던 규문절차의 형사소송에서는 자백을 얻기 위한 고문이 성행하지 않을 수 없었다. 자백의 증명력을 제한하고 인권침해를 방지하기 위하여 대륙의 형사소송에서는 자유심증주의를 채택하고 있음에 반하여, 영미에서 확립된 것이 바로 자백의 보강법칙이다. 우리 형사소송법은 자유심증주의를 채택하면서(제308조) 법관의 심증형성이 자백에 편중되는 위험을 막기 위하여 다시 보강법칙을 규정하고 있다.

3. 보강법칙의 적용범위

자백의 보강법칙은 일반 형사소송절차에서 적용된다. 헌법 제12조 제7항의 정식재판이란 이런 의미에서의 형사사건을 의미한다고 볼 수 있다. 따라서 즉결심판에 관한 절차법의 적용을 받는 즉결심판과 소년법의 적용을 받는 소년보호사건[416)]에는 보강법칙이 적용되지 않으므로, 자백만으로 사실을 인정하여도 위법이 아니다. 그러나 형사사건인 이상 간이공판절차에 있어서는 물론 약식명령절차에 있어서도 자백의 보강법칙이 적용된다.

Ⅱ. 보강을 필요로 하는 자백

보강증거에 의하여 증명력의 보강을 요하는 것은 피고인의 자백이다. 그러므로 증인의 증언이나 참고인의 진술에는 보강증거를 필요로 하지 않는다. 피고인의 자백과 관련하여 공판정의 자백과 공범자의 자백이 포함되는가가 문제된다.

1. 피고인의 자백

보강법칙은 피고인의 자백에 대하여 적용된다. 피고인의 자백이란 반드시 피고인이 피고인의 지위에서 한 자백에 한하지 않는다. 피의자의 지위에서 수사

---

416) 대결 1982.10.15. 82모36.

기관에 대하여 한 자백이나 참고인 또는 증인으로서 한 자백도 그가 후에 피고인이 되었을 때에는 피고인의 자백이 된다. 수사기관 이외의 사인에 대하여 한 자백도 포함된다. 구두에 의한 자백뿐만 아니라 서면에 기재된 진술서나 일기장·수첩·비망록 등도 포함한다.

자백의 보강법칙은 증거능력 있는 자백을 전제로 한다. 따라서 임의성 없는 자백은 보강증거가 있다고 하여도 유죄의 증거로 될 수 없다. 보강법칙이 적용되기 위하여는 자백에 증거능력이 있어야 할 뿐만 아니라 자백의 신용성(증명력)도 긍정되어야 한다.[417] 자백의 신용성은 특히 피고인이 수사기관에서 자백하였으나 공판정에서 부인하거나, 원심에서 자백하였으나 상소심에서 부인하는 경우 또는 자백과 부인을 반복하는 경우에 문제된다. 자백의 신용성을 판단함에 있어서는 ① 자백의 내용이 객관적으로 합리성을 띠고 있는가, ② 자백의 동기나 이유 및 자백에 이르게 된 경위는 무엇인가, ③ 자백 이외의 정황증거 중 자백과 저촉되거나 모순되는 것이 없는가 등이 기준이 된다.[418]

2. 공판정의 자백

공판정에서의 피고인의 자백에도 보강법칙이 적용되는가가 문제된다. 영미법에서는 기소사실인부제도(arraignment)가 채택되어 재판상의 자백(judicial confession)은 유죄의 답변(plea of guilty)으로 배심에 의한 유죄의 평결과 같은 효력이 인정된다. 따라서 자백의 보강법칙은 수사기관에서의 자백편중을 경계하는 데 의미가 있고, 공판정의 자백에 대하여는 보강법칙이 적용되지 않는다는 견해가 있다.

그러나 ① 공판정의 자백이라 하여 언제나 진실이라고 할 수는 없고, ② 자백의 보강법칙은 임의성 있는 자백을 전제로 하므로 공판정의 자백에 임의성이 있다고 하여 보강법칙이 적용되지 않는다고 할 수 없으며, ③ 자백편중으로 인한 오판의 위험성은 공판정의 자백에도 있다고 해야 하고, ④ 형사소송법이 arraignment를 인정하지 않고 있는 점에 비추어 형사소송법상 보강법칙이 적용되는 피고인의 자백에는 공판정의 자백도 포함된다고 해야 한다.[419] 대법원도 형

417) 대판 1983.9.13. 83도712.

418) 대판 1985.2.26. 82도2413; 2003.2.11. 2002도6110.

사소송법 제310조의 자백은 공판정의 자백과 공판정 외의 자백을 불문한다고 판시하고 있다.[420)]

3. 공범자의 자백

가. 견해의 대립

피고인의 자백에 공법자의 자백이 포함되어 공범자의 자백이 있는 때에도 보강증거가 있어야 유죄로 인정할 수 있는가에 대하여는 견해가 대립되고 있다.

(1) 긍 정 설

공범자의 자백을 피고인의 자백에 포함시켜 공범자의 자백에도 보강증거가 있어야 한다고 해석하는 견해이다. 종래의 다수설의 태도[421)]이다.

긍정설은 ① 공범자는 다른 공범자에게 책임을 전가시키려는 경향이 농후하므로 보강법칙의 근거인 자백강요와 오판의 위험이라는 점에서 공범자의 자백과 피고인의 자백 사이에 차이가 없고, ② 공범자의 자백을 피고인의 자백에 포함시키지 않으면 공범자 중의 한 사람이 자백하고 다른 한 사람은 부인하였을 때에 다른 보강증거가 없으면 자백한 공범자는 무죄가 되고 부인한 공범자는 유죄로 되는 불합리한 결과가 되며, ③ 공범자의 자백을 공범자 자신의 자백과 다른 공범자에 대한 진술로 분리할 수 없다는 것을 이유로 한다.

(2) 부 정 설

공범자의 자백을 피고인의 자백이라고 할 수 없으므로 공범자의 자백에 대하여는 보강증거를 요하지 않는다고 해석하는 견해이다.[422)] 부정설은 ① 자백의

---

419) 강구진, 498면; 김기두, 155면; 배종대·이상돈·정승환, 699면; 백형구 강의, 639면; 서일교, 176면; 신동운, 962면; 신양균, 817면; 신현주, 673면; 이영란, 623면; 정영석·이형국, 384면; 차용석·최용성, 531면.

420) 대판 1966.7.26. (전원합의체판결), 66도634; 1981.7.7. 81도1314.

421) 김기두, 156면; 배종대·이상돈·정승환, 702면; 백형구, 488면, 강의, 640면; 서일교, 180면; 신양균, 821면; 정영석·이형국, 386면.

422) 강구진, 499면; 신현주, 672면; 임동규, 566면; 차용석·최용성, 537면; 신영철, 전게논문, 284면.

보강법칙은 자유심증주의에 대한 예외이므로 엄격히 해석할 필요가 있고, ② 공범자의 자백은 당해 피고인에 대한 관계에서는 증언에 지나지 않으므로 자백이라고 할 수는 없으며, ③ 피고인의 자백이 쉽게 신용을 얻을 수 없음에 반하여 공범자에 대하여는 피고인의 반대신문이 가능하고 법관의 증거평가의 심증에도 차이가 있다고 해야 하고, ④ 보강증거가 없는 경우에 자백한 공범자는 무죄가 되고 부인한 피고인이 유죄가 된다고 할지라도 자백한 공범자가 무죄로 되는 것은 보강법칙의 당연한 결론이며 부인한 피고인이 유죄로 되는 것은 법관의 자유로운 증거평가에 의한 심증형성에 기이한 것이므로 불합리하다고 할 수는 없다는 것을 이유로 한다.

(3) 절 충 설

공동피고인인 공범자의 자백에는 보강증거가 필요하지 아니하나 공동피고인이 아닌 공범자의 자백에는 보강증거가 필요하다고 해석하는 견해[423]이다. 공범자가 공동피고인으로 심리 받고 있는 공판절차에서 자백을 한 경우에는 법관이 그 진술태도를 직접 관찰하고 또 피고인이 반대신문권을 행사할 수 있다는 점에서 보강증거의 필요성이 없지만, 공범자가 피고사건의 수사절차나 또는 별개의 사건에서 자백진술을 행한 경우에는 이와 같은 보완장치가 갖추어져 있지 않기 때문에 보강증거를 통하여 법관으로 하여금 심증형성을 신중히 하도록 요구할 필요가 있기 때문이라고 한다.

나. 검 토

절충설에 대하여는 보강증거를 요하는가에 관하여 공동피고인의 자격에서 신문되었느냐라는 우연에 의하여 결론이 달라진다는 것은 타당하다고 할 수 없다는 비판이 제기된다. 생각건대 공범자는 피고인에 대한 관계에서 제3자에 불과하여 피고인 자신이라고 할 수는 없을 뿐만 아니라, 긍정설도 공범자의 자백이 보강증거가 될 수 있음을 인정하므로 공범자의 자백에 보강증거능력을 인정하면서 이를 피고인의 자백이라고 하는 것은 전후 모순되는 이론이라고 할 것이므로 부정설이 타당하다. 대법원도 일관하여 공범자의 자백에는 보강증

---

423) 신동운, 965면.

거를 요하지 않는다고 판시하고 있다.[424] 요컨대 공범자의 자백은 공동피고인의 지위에서 한 것인가 또는 공판정에서 한 것인가의 여부를 불문하고 독립된 증거로서의 가치를 가진다고 보아야 한다.

Ⅲ. 보강증거의 성질

어떤 증거가 자백에 대한 보강증거로 될 수 있는가를 보강증거의 성질 또는 보강증거의 능력에 관한 문제이다. 보강증거도 증거능력 있는 증거일 것을 요하므로 증거능력에 대한 제한이 보강증거에 대하여 적용된다는 점에는 의문이 없다. 따라서 전문증거는 전문법칙의 예외가 되는 경우를 제외하고는 보강증거로 될 수 없다.[425] 보강증거는 자백 이외의 독립증거일 것을 요한다. 보강증거능력에 관하여는 이 이외에 정황증거와 공범자의 자백이 보강증거로 될 수 있는가가 특히 문제된다.

1. 독립증거

자백을 보강하는 증거는 자백과는 독립된 증거여야 한다. 따라서 피고인의 자백은 보강증거가 될 수 없다. 피고인의 자백이 분리된 독립의 것이든 또 언제 이루어진 것이든 불문한다. 따라서 피고인의 공판정에서의 자백을 공판정 외의 자백, 즉 수사기관에서의 자백에 의하여 보강하는 것은 허용되지 않으며,[426] 자백은 아무리 반복되더라도 피고인의 자백만 있는 경우에 해당한다.

보강증거는 증거가치에 있어서 자백과 독립된 증거여야 하므로 자백의 내용이 서면화되었거나(조서진술서) 소송서류화된 경우(공판조서)는 물론,[427] 피고인의 자백을 내용으로 하는 피고인이 아닌 자의 진술도 보강증거가 될 수 없다.[428] 피고인이 범인으로 검거되기 전에 범죄혐의와 관계없이 작성한 일기장·

---

424) 대판 1960.7.8. 4293형상258; 1960.8.26. 4293형상168; 1985.7.9. 85도951; 1986.10.28. 86도1773; 1992.7.28. 92도917.

425) 대판 1971.5.31. 71도415.

426) 대판 1974.1.15. 73도1819; 1978.6.27. 78도743.

427) 대판 1960.10.31. 4293형상376.

수첩·자술서·메모 또는 상업장부도 피고인의 진술을 내용으로 하는 것인 한 보강증거가 될 수 없다고 해야 한다.[429] 피고인이 범행장면을 재현하는 것도 실연에 의한 자백(confession by demonstration)에 지나지 아니하며 독립증거는 아니므로 자백에 대한 보강증거가 될 수 없다.[430] 그러나 자백 이외의 증거능력 있는 독립증거인 이상 인증이든 물증이든 증거서류이든 묻지 않고 보강증거가 될 수 있다.

2. 정황증거

자백에 대한 보강증거는 반드시 직접 범죄사실을 증명하는 직접증거에 한하지 않고 간접증거 내지 정황증거로도 족하다는 점에 대하여는 이론이 없다. 물론 정황증거가 자백을 보강할 수 있는 범위는 보강증거의 범위에 관한 죄체설과 진실성담보설에 따라 일치하지 않는다. 죄체설에 의하면 죄체에 대한 정황증거만 보강증거가 될 수 있기 때문이다.[431] 그러나 보강증거의 범위는 모든

---

428) 대판 1981.7.7. 81도1314.

429) 대법원은 상업장부나 항해일지, 진료일지, 금전출납부뿐만 아니라 금전지출 내역을 기재해 둔 수첩의 기재내용도 자백에 해당하지 않는다고 판시하였다.
대판 1996.10.17(전원합의체판결), 94도2865「(1) 상업장부나 항해일지, 진료일지 또는 이와 유사한 금전출납부 등과 같이 범죄사실의 인정 여부와는 관계없이 자기에게 맡겨진 사무를 처리한 사무내역을 그때그때 기계적으로 기재한 문서 등의 경우는 사무처리 내역을 증명하기 위하여 존재하는 문서로서 그 존재 자체 및 기재가 그러한 내용의 사무가 처리되었음의 여부를 판단할 수 있는 별개의 독립된 증거자료이고, 설사 그 문서가 우연히 피고인이 작성하였고 그 문서의 내용 중 피고인의 범죄사실의 존재를 추론해 낼 수 있는, 즉 공소사실에 일부 부합 되는 사실의 기계가 있다고 하더라도 이를 일컬어 피고인의 범죄사실을 자백하는 문서라고 볼 수는 없다.
(2) 피고인이 뇌물공여 혐의를 받기 전에 이와는 관계없이 준설공사에 필요한 각종 인·허가 등의 업무를 위임받아 이를 추진하는 과정에서 그 업무수행에 필요한 자금을 지출하면서 스스로 그 지출한 자금 내역을 자료로 남겨 두기 위하여 뇌물자금과 기타 자금을 구별하지 아니하고 그 지출 일시, 금액, 상대방 등의 내역을 그때그때 계속적, 기계적으로 기입한 수첩의 기재내용은 피고인이 자신의 범죄사실을 시인하는 자백이라고 볼 수 없으므로, 증거능력이 있는 한 피고인의 금전출납을 증명할 수 있는 별개의 증거라고 할 것인즉, 피고인의 검찰에서의 자백에 대한 보강증거가 될 수 있다.」

430) 배종대·이상돈·정승환, 703면; 신동운, 967면; 임동규, 559면; 차용석·최용성, 540면.

431) 차용석·최용성, 539면.

정거에 공통된 문제이므로 간접증거나 정황증거가 보강증거로 될 수 있다는 점에는 의문이 있을 수 없다.[432]

3. 공범자의 자백

공범자의 자백이 보강증거가 될 수 있느냐의 문제는 보강을 요하는 자백에 공범자의 자백이 포함되느냐와 관련되는 문제이다. 피고인의 자백에는 공범자의 자백이 포함되지 않는다는 부정설에 의하면 공범자의 자백은 독립된 증거가 되므로 당연히 보강증거로 될 수 있다. 이에 반하여 공범자의 자백을 피고인의 자백이라고 해석하는 견해에 의하면 공범자의 자백을 보강증거가 될 수 없다고 하는 것이 논리상 당연하다. 그러나 현재 긍정설을 주장하는 학자들도 ① 형사소송은 논리뿐만 아니라 실제적 필요에도 충실해야 하며, ② 피고인의 자백이 있고 공범자의 자백이 있는 때에는 공범자의 자백을 보강증거로 하여 유죄로 인정할 수 있어야 하고, ③ 공범자의 자백만으로 유죄로 할 수 없다는 것이 보강증거가 될 수 있다는 것과 반드시 모순되는 것은 아니라는 이유로, 공범자의 자백에 반증거가치(half proof)를 인정하고 그것이 보강증거가 될 수는 있다고 해석하고 있다.[433] 생각건대 공범자의 자백은 피고인에 대한 관계에서 증언에 불과하므로 당연히 보강증거가 될 수 있다고 해석해야 한다.

Ⅳ. 보강증거의 범위

보강증거가 어느 범위까지 자백을 보강해야 하는가를 보강증거의 범위의 문제라고 한다. 자백한 범죄사실의 전부에 대하여 보강증거를 필요로 하는 것은 사실상 불가능할 뿐만 아니라 자백의 증거가치를 완전히 부정하는 결과가 된다. 따라서 보강증거는 범죄사실의 전부에 대한 증거임을 요하지 않고 그 일부에 대한 증거로도 족하다고 하지 않을 수 없다.[434] 반대로 보강증거로 어떤 증

---

432) 대판 1969.5.13. 69도436; 1970.1.23. 70도1737; 1981.2.24. 80도3278; 1986.10.14. 86도1484; 2003.12.26. 2003도6288; 2006.1.27. 2005도8704.

433) 김기두, 156면; 백형구 강의, 642면; 정영석·이형국, 388면.
다만 배종대·이상돈·정승환, 704면은 공범자의 자백은 보강증거가 될 수 없다고 한다.

거라도 있기만 하면 족하다고 해석할 때에는 자백의 보강법칙은 무의미하게 된다.[435] 여기서 자백에 대하여 보강증거를 필요로 하는 범위를 명백히 할 필요가 있다.

1. 견해의 대립

보강증거의 범위에 관하여는 죄체설과 진실성담보설이 대립되고 있다.

가. 죄 체 설

죄체에 대하여 보강증거가 필요하다는 견해이다. 죄체설은 다시 ① 죄체의 전부에 대하여 보강증거가 있어야 한다는 견해와, ② 죄체의 중요부분에 대하여 보강증거가 있어야 한다는 견해 및 ③ 죄체의 일부에 대하여 보강증거가 있으면 족하다는 견해가 있으나, 우리나라에서 죄체설을 취하는 학자들은 모두 죄체의 전부 또는 중요부분에 대하여 보강증거가 필요하며 죄체란 객관적 범죄구성사실을 의미한다고 해석하고 있다.[436]

나. 진실성담보설

죄체에 대하여 보강증거가 있음을 요하지 않고 자백에 대한 보강증거는 자백의 진실성을 담보하는 정도면 족하다는 견해이다. 진실설이라고도 하며, 우리나라의 다수설의 태도[437]이다. 대법원도 일관하여 「보강증거는 범죄사실 전체에 대한 것이 아니라 하더라도 임의적인 자백사실이 가공적인 것이 아니고 진실한 것이라고 인정할 수 있는 정도의 증거이면 족하다고 판시하여 진실성담보설의 입장을 명백히 하고 있다.[438]

---

434) 대판 1971.2.23. 71도44.

435) 대판 1960.3.16. 4292형상434; 1970.1.27. 69도2200; 1979.7.24. 78도3226.

436) 김기두, 156면; 정영석·이형국, 389면; 차용석·최용성, 545면.
다만 차용석 교수는 공판정 외의 자백에는 죄체설, 공판정의 자백에는 진실성담보설을 취하고 있다.

437) 강구진, 502면; 배종대·이상돈·정승환, 705면; 백형구, 490면; 강의, 643면; 서일교, 179면; 신동운, 970면; 신양균, 826면; 신현주, 675면; 임동규, 564면; 전게논문, 296면.

438) 대판 1969.6.10. 69도643; 1982.12.28. 81도2563; 1983.7.26. 83도1372; 1985.7.9. 85도

다. 검 토

죄체설은 진실성담보설에 의하면 자백에 보강증거를 필요로 하는 취지가 무의미하게 된다는 것을 이유로 한다. ① 그러나 보강법칙의 직접적 근거가 오판의 위험을 방지하는 데 있는 이상 보강증거가 자백의 진실성을 담보할 때에는 오판의 위험이 없어진다고 할 것이므로 보강법칙의 이유에 비추어 볼 때에도 진실성담보설이 타당하다고 해야 하고, ② 죄체는 공판정의 자백과 공판정 외의 자백을 구별하여 공판정 외의 자백에 대하여만 엄격한 보강증거를 필요로 하는 미국 증거법에서 사용하는 개념으로 이러한 구별이 없는 우리 형사소송법에서 반드시 필요한 개념이라고는 할 수 없고, ③ 죄체는 미국에서도 완전히 정의된 개념이 아니고, ④ 죄체설에 의할지라도 보강증거만으로 합리적 의심 없이 죄체를 증명할 것을 요하는 것이 아니라 죄체가 증명된 것인가는 자백과 보강증거를 종합하여 고려해야 한다는 점에서 진실성담보설과 차이가 없다고 할 것이므로 죄체의 중요부분에 대하여 보강증거가 있어야 한다는 견해는 실질적으로 진실성담보설과 같은 결론을 가져온다고 할 수 있다. 이러한 의미에서 진실성담보설이 타당하다고 생각된다.

2. 보강증거의 요부

범죄의 어느 부분에 보강증거가 있어야 하는가에 대하여는 이론상 죄체설과 진실성담보설에 따라 같은 기준이 적용될 수는 없다. 죄체설에 의하면 그것이 죄체 또는 그 중요부분인가가 문제됨에 반하여, 진실성담보설에 의하면 자백의 진실성을 담보할 것인가가 문제된다. 범죄에 대한 증명은 자백과 보강증거를 종합하여 판단해야 하므로 보강증거를 요하는 범위와 정도도 자백의 신용성에 반비례된다고 할 수 있다. 구체적으로 보강증거가 있어야 하는가가 문제되는 것은 다음과 같은 점에 있다.

826; 1985.11.26. 85도1876; 1986.2.25. 85도2656; 1987.6.23. 87도705; 1987.11.24. 87도2048; 1990.5.25. 90도191; 1995.7.25. 95도1148; 1999.8.24. 99도1858; 2000.9.26. 2000도2365; 2006.1.27. 2005도8704.

가. 범죄의 주관적 요소

미국에서는 범죄의 주관적 요소인 고의에 대하여도 보강증거를 필요로 한다는 판례가 있다. 그러나 우리나라에서는 고의나 목적과 같은 범죄의 주관적 요소에 대하여는 보강증거를 요하지 않는다는 점에 견해가 일치하고 있다. 죄체설은 죄체를 객관적 범죄구성사실이라고 이해하므로 이를 죄체가 아니라고 보게 되고, 주관적 요소에 대한 보강증거는 얻기 어려울 뿐만 아니라 보강증거가 없어도 오판의 위험이 없다고 할 수 있기 때문이다. 대법원도 「범의는 피고인의 자백만으로 인정할 수 있다」고 판시하고 있다.[439)]

나. 범죄구성요건사실 이외의 사실

처벌요건인 사실 또는 전과에 관한 사실은 엄격한 의미에서의 범죄사실과는 구별되는 것이므로 피고인의 자백에 의하여 인정하면 족하며, 보강증거를 필요로 하지 않는다는 점에 견해가 일치하고 있다.[440)]

다. 죄수와 보강증거

(1) 경 합 범

경합범은 수죄이므로 독립된 범죄에 대하여 각각 보강증거가 필요하다는 점에 대하여 이론이 없다.

(2) 상상적 경합범

상상적 경합은 실체법상 수죄이지만 소송법상으로는 일죄이므로 중한 죄에 대한 보강증거가 있으면 족하다는 견해[441)]도 있으나, 실체법상 수죄인 이상 각 범죄에 대하여 보강증거가 필요하다고 해야 한다.[442)] 다만 상상적 경합은 한 개의 행위가 수개의 죄에 해당하는 경우이므로 일죄에 대하여 보강증거가 있

---

439) 대판 1961.8.16. 4294형상171.

440) 배종대·이상돈·정승환, 706면; 백형구 강의, 643면; 신동운, 971면; 이영란, 833면; 정영석·이형국, 390면; 차용석·최용성, 546면. 대판 1979.8.21. 79도1528; 1981.6.9. 81도1353.

441) 백형구, 491면, 강의, 643면; 신영철, 전게논문, 304면.

442) 신양균, 828면; 이영란, 833면; 정영석·이형국, 390면; 차용석·최용성, 547면.

으면 다른 죄에 대하여도 보강증거가 있는 것이 보통이므로 실제상 논쟁의 실익은 없다고 할 수 있다.

(3) 포괄일죄

포괄일죄의 경우에는 포괄성 내지 집합성을 인정할 수 있는 범위에서 보강증거가 있으면 족하다는 견해[443]와 각 범죄에 대하여 보강증거를 요한다는 견해[444]가 있다. 그러나 포괄일죄에는 여러 가지 유형이 있으므로 이를 일률적으로 해결할 성질은 아니라고 생각된다. 개별적인 행위가 독립된 의미를 가지지 아니한 때에는 개개의 행위에 대한 보강증거를 요하지 않지만, 그것이 구성요건상 독립된 의미를 가지는 경우(예컨대 상습범·연속범)에는 보강증거를 요한다고 해석함이 타당하다고 생각된다.[445]

제6절 공판조서의 증명력

I. 공판조서의 증명력과 그 전제

1. 공판조서의 배타적 증명력

공판기일의 소송절차로서 공판조서에 기재된 것은 그 조서만으로써 증명한다(제56조). 공판조서란 공판기일의 소송절차를 기재한 조서를 말한다. 공판조서만으로써 증명한다는 것은 다른 증거를 참작하거나 반증을 허용하지 않고 공판조서에 기재된 대로 인정한다는 것을 의미한다.[446] 이와 같이 공판조서에 대하여 배타적 증명력을 인정한 것은 자유심증주의에 대한 예외가 된다는 의미이다. 공판기일에 있어서의 소송절차에 법령위반이 있는가를 상소심에서 심판하는 경우에 원심의 법관이나 법원사무관 등을 증인으로 신문하는 것은 번잡을 초래할 뿐만 아니라 타당하지 않다는 고려에서, 공판조서에 대하여 사전

---

443) 차용석·최용성, 547면.

444) 백형구 강의, 643면.

445) 배종대·이상돈·정승환, 708면; 신동운, 972면; 임동규, 565면; 정영석·이형국, 390면.

446) 대판 1983.10.25. 82도571; 2002.7.12. 2002도2134.

에 그 정확성을 보장하고 상소심의 판단자료를 공판조서에 한정하여 상소심에서의 심사의 편의를 도모하기 위한 것이라고 할 수 있다.

2. 공판조서의 정확성 보장

공판조서의 배타적 증명력은 공판조서의 기재의 정확성이 보장될 것을 전제로 한다. 형사소송법은 공판조서의 정확성을 담보하기 위하여 공판조서는 공판에 참여한 법원사무관 등이 작성하고 법원사무관 등의 기명날인 또는 서명 이외에 재판장이 기명날인 또는 서명하여 정확성을 인증하도록 하고 있다(제53조). 변호인과 피고인에게 공판조서를 열람·등사할 수 있게 하고(제35조, 제55조), 공판기일에 있어서는 전회의 공판심리에 관한 주요사항의 요지를 조서에 의하여 고지하게 하고, 검사·피고인·변호인에게 공판조서에 대한 변경을 청구하거나 이의를 제기할 수 있게 하고 있는 것은(제54조) 모두 공판조서의 정확성을 보장하기 위한 제도이다.

Ⅱ. 증명력이 인정되는 범위

공판조서의 배타적 증명력은 공판기일의 소송절차로서 공판조서에 기재된 것에 한하여 미친다.

1. 공판기일의 소송절차

공판기일의 소송절차에 대하여만 공판조서의 배타적 증명력이 미친다.

가. 공판기일의 절차

공판조서만에 의하여 증명할 수 있는 것은 공판기일의 절차에 한한다. 따라서 소송절차라 할지라도 공판기일에서의 소송절차가 아닌 것, 예컨대 공판기일 외에서의 증인신문 또는 검증에 대하여는 공판조서의 배타적 증명력이 인정되지 않는다.

나. 소송절차

공판기일의 절차라 할지라도 소송절차에 대하여만 배타적 증명력이 인정된다. 피고인이나 증인이 진술한 것은 소송절차에 해당하나, 진술내용과 같은 실체면에 관한 사항에 대하여는 공판조서에 기재되어 있다고 할지라도 다른 증거에 의하여 다툴 수 있다. 진술 자체는 소송절차가 아니기 때문이다. 소송절체에 관한 것인 이상 소송절차의 적법성뿐만 아니라 그 존부도 배타적 증명력의 대상이 된다. 예컨대 판결선고일이 언제인가 또는 판결선고가 있었는가, 피고인에게 증거조사결과에 대한 의견을 묻고 증거조사를 신청할 수 있음을 고지하고 최종의견진술의 기회를 주었는가와 같은 소송절차에 관한 사실은 공판조서에 의하여 증명되지만,[447] 출석한 변호인에게 변호사의 자격이 있는가는 증명력의 대상이 아니다.

2. 공판조서에 기재된 소송절차

공판조서의 배타적 증명력은 공판조서에 기재된 소송절차에 대하여만 인정된다. 따라서 공판기일의 중요한 소송절차에 관한 것이라 할지라도 공판조서에 기재되지 않은 사항에 대하여는 다른 자료에 의하여 증명할 수 있다. 다만 이 경우에도 소송법적 사실에 관한 증명이므로 자유로운 증명으로 족한 것은 물론이다. 공판조서에 기재되니 않았다고 하여 소송절차의 부존재가 증명되는 것은 아니다. 공판조서에 기재된 것인 이상 그것이 필요적 기재사항인가 아닌가는 불문한다. 여기의 공판조서란 당해 사건의 공판조서를 의미하므로 다른 사건의 공판조서는 배타적 증명력이 인정되지 않는다. 따라서 甲 사건에서 증언한 증인이 위증죄로 재판을 받는 경우에 선서를 하였는가를 판단함에 있어서 甲 사건의 공판조서가 배타적 증명력을 가지는 것은 아니다.

공판조서에 기재된 사항이라 할지라고 기재가 불명확하거나 모순이 있는 경우에는 공판조서의 배타적 증명력이 인정되지 않는다. 공판조서의 기재에 명백한 오기가 있는 경우에도 올바른 내용에 따라 판단할 수 있다.[448] 오기인가의

447) 대판 1990.2.27. 89도2304.

448) 대판 1995.4.14. 95도110「형사소송법 제56조는 공판기일의 소송절차로서 공판조서에

여부를 판단함에 있어서 다른 자료의 개입을 허용하는 것은 제56조의 취지에 반한다는 이유로 공판조서의 기재 만에 의하여 판단해야 한다는 견해와 다른 자료에 의하여도 판단할 수 있다는 견해가 대립되고 있다. 그러나 공판조서의 배타적 증명력이 기재내용의 진실성 판단에 대하여도 미친다고는 할 수 없으므로 후설이 타당하다고 해야 한다.

공판조서의 기재의 정확성에 대하여 이의신청이 있는 경우나 이의신청이 방해된 경우에는 그 공판조서의 배타적 증명력을 인정할 수 없다고 해야 한다.

Ⅲ. 배타적 증명력 있는 공판조서

공판조서의 배타적 증명력은 유효한 공판조서가 존재할 것을 전제로 한다. 따라서 공판조서가 작성되지 않았기 때문에 존재하지 않는 경우에 공판조서의 배타적 증명력이 문제될 수 없다는 것은 당연하다.

공판조서가 멸실되었거나 무효인 경우에 다른 자료에 의한 증명이 허용되는가에 대하여는 견해가 대립되고 있다. 소극설은 이 경우에도 다른 자료에 의한 증명이 허용되지 않는다고 한다. 다른 자료에 의한 증명을 인정할 때에는 공판조서에 판결에 영향을 미칠 절차위반의 기재가 있는 경우에 공판조서가 적법하면 판결이 파기됨에 반하여, 무효 또는 멸실된 경우에는 다른 자료에 의하여 파기를 면할 수 있는 불합리한 결과가 된다는 것을 이유로 한다.[449] 그러나 공판조서의 증명력은 유효한 공판조서를 전제로 할 뿐만 아니라 형사소송법이 항소심의 심판에 대하여 파기자판을 원칙으로 하고 있는 점에 비추어 다른 자료에 의한 사실인정이 가능하다고 해석하는 적극설이 타당하다.[450]

기재된 것은 그 조서만으로써 증명한다고 규정하고 있으므로 소송절차에 관한 사실은 공판조서에 기재된 대로 공판절차가 진행된 것으로 증명되고 다른 자료에 의한 반증은 허용되지 아니하나, 공판조서의 기재가 소송기록상 명백한 오기인 경우에는 공판조서는 그 올바른 내용에 따라 증명력을 가진다.」

449) 권오병, 317면; 김기두, 274면.

450) 강구진, 383면; 배종대·이상돈·정승환, 712면; 백형구 강의, 693면; 서일교, 117면; 신동운, 978면; 신양균, 832면; 임동규, 570면.

제7절 탄핵증거

I. 탄핵증거의 의의와 본질

1. 탄핵증거의 의의

가. 탄핵증거의 개념

형사소송법 제318조의 2는「제312조부터 제316조까지의 규정에 의하여 증거로 할 수 없는 서류나 진술이라도 공판준비 또는 공판기일에서의 피고인 또는 피고인이 아닌 자(공소제기 전에 피고인을 피의자로 조사하였거나 그 조사에 참여하였던 자를 포함한다)의 진술의 증명력을 다투기 위하여 증거로 할 수 있다」고 규정하고 있다. 진술의 증명력을 다투기 위한 증거를 보강증거(impeachment)라고 한다. 탄핵증거는 범죄사실을 인정하는 증거가 아니므로 소송법상의 엄격한 증거능력을 요하지 아니하며,[451] 전문법칙에 의하여 증거능력이 없는 전문증거라 하더라도 증거로 사용될 수 있는 것이다.[452]

진술의 증명력을 다투는 방법에는 두 가지가 있을 수 있다. 증인신문시에 반대신문에 의하여 증인의 신빙성을 감쇄하는 방법과 독립된 외부증거에 의하여 증인을 탄핵하는 것이 그것이다. 후자의 경우에도 탄핵증거는 반증과 구별되어야 한다. 반증은 범죄사실 또는 간접사실을 부정하는 사실의 증명에 사용되는 것이므로 증거능력이 있고 적법한 증거조사를 거친 증거임을 요함에 대하여, 탄핵증거에 있어서는 전문법칙이 적용되지 않는다.

나. 탄핵증거의 존재이유

탄핵증거에 전문법칙이 적용되지 않는 이유는 ① 탄핵증거가 적극적으로 범죄사실이나 간접사실을 인정하기 위한 것이 아니라 단순히 증명력을 다투기 위한 것에 불과하므로 이를 인정하여도 전문증거를 배제하는 취지에 반하지 않고, ② 반증에 의한 번잡한 절차를 거치지 않게 하여 소송경제에 도움이 될

451) 대판 1985.5.14. 85도441.

452) 대판 1969.9.23. 69도1028.

뿐만 아니라, ③ 오히려 당사자의 반대신문권을 효과적으로 보장할 수 있다는 점에 있다.

2. 탄핵증거의 연혁

탄핵증거는 증인의 신빙성(credibility)을 감쇄하기 위하여 제출하는 증거를 의미하는 영미 증거법상의 개념이다. 영미에서 증인의 신빙성을 공격하기 위하여 ① 증인의 불일치진술을 증명하거나, ② 증인이 친족관계·적대관계와 같은 감정적 영향이나 금전적 이익의 동기가 있다는 것, ③ 증인의 성격, ④ 증인의 관찰·기억 및 판단력의 결함을 지적하거나, ⑤ 실질적 사실(material facts)이 증언내용과 다르다는 것을 증명하는 방법이 사용되고 있으나 이 가운데 가장 자주 사용되는 것이 바로 증인의 자기모순의 진술이라 할 수 있다

형사소송법 제318조의2가 규정하고 있는 탄핵증거는 바로 영미의 자기모순의 진술에 의하여 증인을 탄핵하는 경우를 도입한 것이다.[453)]

3. 탄핵증거의 성질

가. 탄핵증거와 전문법칙

탄핵증거가 전문법칙의 예외인가 또는 전문법칙의 적용이 없는 경우인가에 대하여 현재 우리나라에서는 전문법칙의 적용이 없는 경우라고 보는 데 견해가 일치하고 있다.[454)] 생각건대 ① 전문법칙은 원진술자의 진술내용이 주요사실의 증거로 되는 경우에만 적용되는 것임에 반하여 탄핵증거는 증인의 자기모순의 진술을 증거로 하여 증인의 신빙성을 다투는 경우이므로 요증사실이 원진술의 내용이 아니며, ② 전문법칙의 예외가 되기 위하여는 신용성의 정황적 보장과 필요성이라는 요건이 있어야 하는데 탄핵증거는 그 어느 요건도 갖추지 않으면서 허용되는 경우이므로 전문법칙의 적용이 없는 경우라고 하지

---

453) 차용석·최용성, 611면.

454) 강구진, 434면; 김기두, 148면; 배종대·이상돈·정승환, 674면; 백형구 강의, 695면; 서일교, 191면; 신동운, 910면; 신양균, 790면; 신현주, 617면; 이영란, 809면; 임동규, 541면; 정영석·이형국, 370면; 차용석·최용성, 613면.

않을 수 없다.

나. 탄핵증거와 자유심증주의

탄핵증거에 있어서도 진술이 불일치하는가의 여부와 탄핵증거에 의하여 탄핵되는 증거의 증명력은 법관(배심원)의 자유판단에 의하여 결정된다. 이러한 의미에서 탄핵증거는 자유심증주의의 예외가 아니라 이를 보강하는 의미를 가진 제도라고 할 수 있다.[455)]

Ⅱ. 탄핵증거의 범위

1. 견해의 대립

탄핵증거로서 제출할 수 있는 증거의 범위에 관하여는 견해가 대립되고 있다.

가. 한 정 설

탄핵증거로 제출될 수 있는 증거를 자기모순의 진술, 즉 동일인의 법정에서의 진술과 상이한 법정 외의 진술에 제한하는 견해이다.[456)] 한정설은 자기모순의 진술로 증명력을 감쇄하는 경우와 타인의 진술에 의하여 증명력을 다투는 경우에는 질적 차이가 있다는 점을 근거로 한다. 즉 전자가 동일인이 다른 진술을 한 사실 자체를 가지고 진술의 증명력을 감쇄하는 경우임에 반하여, 후자의 경우에는 타인의 진술을 신용할 수 있어야 공판정에서의 진술의 증명력이 감쇄될 수 있는 것이므로 탄핵증거의 범위는 전자에 제한되어야 하며 후자를 탄핵증거로 허용하는 것은 전문법칙에 반한다는 것이다. 이에 의하면 제318조의 2는 당연히 전문법칙의 적용이 없는 경우를 주의적으로 규정한 것에 불과하다고 한다.

---

455) 차용석·최용성, 614면; 김희옥, "탄핵증거"(고시계 1986.11), 138면.

456) 강구진, 475면; 백형구, 494면, 강의, 696면; 신양균, 792면; 이영란, 814면; 정영석·이형국, 373면.

나. 비한정설

자기모순의 진술에 한하지 않고 또 범죄사실에 관한 것인가 아닌가를 불문하고 증명력을 다투기 위한 증거에는 널리 전문증거를 사용할 수 있다는 견해이다. 이에 의하면 제3자의 진술이 기재된 서면도 탄핵증거로 허용되며, 제318조 2는 전문법칙의 예외를 규정한 것이라고 이해한다. 비한정설은 ① 제318조의 2가 자기모순의 진술이라고 규정하지 않고 어떤 전문증거라도 진술의 증명력을 다투기 위한 탄핵증거로는 이용할 수 있다고 규정하고 있으므로 동조의 해석상 탄핵증거의 범위를 제한하지 않는 것이 타당하며, ② 전문법칙은 범죄사실을 인정할 증거에 대하여 적용하면 족하며, 사실인정을 법관이 행하는 형사소송법에서 탄핵증거의 범위를 엄격히 제한할 필요가 없다는 것을 근거로 들고 있다. 우리나라에서는 이 견해를 주장하는 학자는 없다.

다. 절 충 설

탄핵증거는 자기모순의 진술일 것을 요하지는 않지만 증인의 신빙성에 대한 순수한 보조사실의 입증을 위한 증거에 제한되어야 한다는 견해이다.[457] 탄핵증거라 함은 증거의 증명력을 감쇄하는 사실을 입증취지로 하는 증거를 말하며 증명력을 감쇄하는 사실은 증인의 신빙성에 관한 순수한 보조사실(증인의 교양·성격·편견·이해관계)을 의미하므로 순수한 보조사실을 입증하기 위한 탄핵증거에는 전문법칙이 적용되지 않지만, 범죄사실에 대한 증거를 탄핵증거로 제출할 수 있다고 하면 주요사실 또는 간접사실이 전문증거에 의하여 입증되는 것과 같은 결과를 초래한다는 점을 이유로 한다.

라. 이 원 설

피고인은 증명력을 다투기 위하여 모든 전문증거를 제출할 수 있으나 검사는 자기모순의 진술만을 제출할 수 있다는 견해이다.[458] 검사는 범죄수사를 위한 강대한 조직과 강제수사권을 가지고 피고인에 비하여 우월한 지위에 있기 때

---

457) 김기두, 150면; 서일교, 192면; 송광섭, 258면; 신동운, 914면; 신현주, 619면; 임동규, 543면; 정웅석, 1043면.

458) 배종대·이상돈·정승환, 677면; 차용석·최용성, 616면.

문에 탄핵증거의 범위도 피고인의 이익을 위한 방향으로 해석하여야 하며, 따라서 피고인에게 불이익한 증거는 자기모순의 증거에 제한되어야 하지만 피고인의 무죄입증은 검사의 유죄입증에 대한 탄핵으로서의 성질을 가지므로 피고인측에서는 탄핵증거, 즉 실질증거라고 할 수 있고 탄핵증거로서 제출할 수 있는 증거에는 제한이 있을 수 없다는 것이다.

2. 검 토

비한정설에 의하면 ① 진술의 증명력을 다툰다는 명목으로 범죄사실에 관한 전문증거가 무제한하게 제출되는 것을 방지할 수 없는 결과가 된다. 예컨대 피고인이 공판정에서 부인하는 때에는 검찰이나 경찰에서의 자백조서는 물론 구속영장·수사보고서·참고인진술조서 등 사건에 관련성 있는 증거라면 모두 탄핵증거로 제출할 수 있게 되어 전문법칙은 사실상 유명무실하게 된다. ② 형사소송법은 원칙적으로 법관의 사실인정을 전제로 하면서도 전문법칙을 규정하고 있는 것이므로 이를 이유로 탄핵증거를 무제한하게 확대할 수는 없다고 해야 한다. 이러한 이유에서 우리나라에서 비한정설을 주장하는 학자는 찾아볼 수 없다. 절충설이 범죄사실에 관한 전문증거를 탄핵증거의 범위에서 제외한 것은 타당하다고 하겠다. 그러나 절충설의 난점은 보조사실에 대한 증명에는 엄격한 증명을 요하지 않는다는 것을 전제로 하고 있다는 점에 있다. 범죄사실을 인정하기 위한 보조사실도 엄격한 증명의 대상이 되며, 따라서 전문증거는 허용되지 않는다고 해야 한다는 점에서 타당하다고 할 수 없다. 검사와 피고인이 제출할 수 있는 탄핵증거의 범위를 구별하는 이원설은 피고인의 권리를 보호하고자 하는 취지에서는 흥미로운 이론이지만. ① 탄핵증거의 범위에 있어서 검사와 피고인측의 증거를 구별해야 하는 이론적 근거가 없으며, ② 직권에 의한 증거조사의 경우에는 어느 범위까지 탄핵증거를 허용해야 하는가에 대한 기준을 제시할 수 없다는 비판을 면할 수 없다. 이러한 의미에서 증인의 자기모순의 진술만을 탄핵증거로 할 수 있다는 한정설이 가장 타당하다고 해야 한다.

Ⅲ. 탄핵의 범위와 대상

1. 증명력을 다투기 위하여의 의의

가. 견해의 대립

전문증거라 할지라도 증명력을 다투기 위하여는 증거로 할 수 있다. 여기서 증명력을 다투기 위하여란 증명력을 감쇄하는 경우만을 의미하는가 또는 이를 증강·지지하는 경우를 포함하는가가 문제된다. 먼저 증명력을 다투기 위하여란 증인의 신빙성을 공격하는 것을 의미할 뿐이며, 증거능력 없는 증거에 의하며 법관의 심증이 좌우되는 결과를 방지하기 위하여는 처음부터 증명력을 지지·보강하는 경우가 여기에 포함된다고 할 수 없다는 점에는 의문이 없다. 문제는 감쇄된 증명력을 회복하는 경우도 증명력을 다투기 위하여에 해당한다고 볼 것인가에 있다. 이에 대하여는 부정설과 긍정설이 대립되고 있다.

(1) 부 정 설

탄핵증거는 증거의 증명력을 다투기 위한 경우만을 말하며 회복증거, 즉 탄핵된 공판정에서의 진술과 일치하는 공판정 외에서의 진술은 형식적으로는 증명력을 회복하기 위한 것이라 할지라도 실질적으로 증강입증에 지나지 않으므로 허용되지 않는다는 견해이다.[459] 회복증거는 증거의 증명력을 감쇄하는 것이 아니라 이를 보강하는 것에 지나지 않으며, 법관에게 증거능력 없는 전문증거에 의하여 사실의 존재를 인정하게 되는 것이 되기 때문이라고 한다.

(2) 긍 정 설

증명력을 감쇄하는 경우뿐만 아니라 감쇄된 증명력을 회복하는 경우도 증명력을 다투는 경우에 해당한다고 보는 견해이다.[460] 증거의 증명력이 반대당사자에 의하여 감쇄된 경우에 이를 회복하기 위한 기회가 부여되지 않으면 공평의 원칙에 반하고, 회복증거가 탄핵되기 이전의 증명력을 회복하기 위한 것이

---

459) 강구진, 477면; 신현주, 619면; 정영성·이형국, 374면.

460) 김기두, 151면; 배종대·이상돈·정승환, 681면; 백형구 강의, 698면; 서일교, 192면; 신동운, 920면; 신양균, 796면; 이영란, 818면; 임동규, 547면; 차용석·차용성, 622면.

라면 탄핵증거에서 제외해야 할 이유가 없다는 것을 이유로 한다.

나. 검 토

탄핵증거에 의하여 감쇄된 증명력을 회복하기 위한 경우는 범죄사실 또는 간접사실을 전문증거에 의하여 입증하려고 하는 경우에 해당하지 않으며, 이를 인정하는 것이 공평의 원칙에도 부합한다고 할 것이므로 증명력을 다투기 위하여는 증명력을 감쇄하는 경우뿐만 아니라 감쇄된 증명력을 회복하는 경우를 포함한다고 해석하는 것이 타당하다고 생각된다. 미국에서도 감쇄된 증명력을 회복하는 경우를 탄핵증거의 범위에 포함시키고 있다.

다만 일치진술의 회복증거로서의 제출은 증인의 증언이 탄핵된 경우에 그 증인이 동일내용의 진술을 하였다는 사실을 증명력의 회복을 위하여 입증하는 경우에 한하여 인정되는 것이며, 다른 사람의 일치진술을 회복증거로 제출하는 것은 범죄사실에 관한 증거이므로 전문법칙에 의하여 허용되지 않는다.

2. 탄핵의 대상

가. 피고인 또는 피고인 아닌 자의 진술

탄핵의 대상은 공판준비 또는 공판기일에서의 피고인 또는 피고인 아닌 자의 진술의 증명력이다. 여기의 진술에 진술이 기재된 서면이 포함됨은 물론이다. 따라서 공판준비 또는 공판기일에서의 진술뿐만 아니라 공판정 외의 진술도 서면의 형식으로 증거가 된 경우에는 탄핵의 대상이 된다고 해야 한다.[461)]

피고인의 진술이 탄핵의 대상이 될 수 있는가에 대하여 이를 부인하는 소극설[462)]도 있다. 그러나 본조가 명문으로 피고인의 진술의 증명력을 다툴 수 있다고 규정하고 있는 이상 이를 부정할 수는 없다고 해야 한다(적극설).[463)] 따라서 피고인이 공판정에서 내용을 부인하는 사법경찰관작성의 피고인에 대한 피

461) 김기두, 151면; 배종대·이상돈·정승환, 679면; 서일교, 192면; 신동운, 917면; 이영란, 816면; 임동규, 545면.

462) 배종대·이상돈·정승환, 679면; 백형구, 495면; 신양균, 794면.

463) 강구진, 476면; 신동운, 917면; 신현주, 620면; 차용석·최용성, 617면.

의자신문조서도 피고인의 진술을 탄핵하는 증거가 될 수는 있다.[464] 입법론상으로는 재검토를 요한다.

나. 자기측 증인의 탄핵

자기측 증인의 증언이 탄핵의 대상이 될 수 있는가에 대하여 영미의 전통은 부정적으로 해석하고 있었다. 그 이유는 ① 증인의 탄핵은 증언의 신빙성이 없는 경우에만 필요한 것이므로 자기측 증인의 탄핵은 불필요하며, ② 이를 인정할 때에는 증언을 강요하는 결과를 초래한다는 점에 있었다. 그러나 당사자는 대부분의 경우에 자기측 증인을 자유롭게 선택한 것이 아니라 관찰자를 증인으로 신청할 따름이고, 적대적인 증인에 대한 탄핵은 자기측 증인에 대하여도 필요하다는 사실이 인정되어 ① 증인의 증언이 기대에 반하고, ② 증언내용이 그에게 해로운 경우에는 자기측 증인의 탄핵을 허용하는 경향을 보이고 있다. 형사소송법의 해석에 있어서도 이러한 경우에 자기측 증인의 탄핵이 허용된다고 해석하지 않을 수 없다.[465]

Ⅳ. 탄핵증거의 조사방법

1. 제출시기

탄핵증거는 그 성질상 그것에 의하여 증명력이 다투어질 진술이 행하여진 후가 아니면 사용할 수 없으므로, 증인의 경우는 그 신문 중 또는 신문의 종료 후에, 피고인의 경우는 증거조사절차에서 증거능력이 있는 증거에 의하여 할 수 있는 한도의 증명력 감쇄를 행한 후에 제출하는 것이 적절하다.[466]

---

464) 대판 1998.2.27. 97도1770,「사법경찰리작성의 피고인에 대한 피의자신문조서와 피고인이 작성한 자술서들은 모두 검사가 유죄의 자료」 제출한 증거들로서 피고인이 각 그 내용을 부인하는 이상 증거능력이 없으나, 그러한 증거라 하더라도 그것이 임의로 작성된 것이 아니라고 의심할 만한 사정이 없는 한, 피고인의 법정에서의 진술을 탄핵하기 위한 반대증거로 사용할 수 있다.
동지: 대판 2005.8.19. 2005도2617.

465) 배종대·이상돈·정승환, 679면; 백형구, 495면; 송광섭, 259면; 신동운, 919면; 임동규, 546면; 차용석·최용성, 621면; 김희옥, 전개논문, 147면.

2. 제출방법

입증취지, 즉 탄핵증거의 어느 부분에 의하여 진술의 어느 부분을 다투려고 하는지를 구체적으로 명시하여야 한다.

3. 조사방식

탄핵증거의 조사방식에 관하여, 판례[467]는, 공판정에서의 조사는 필요하나 법정의 엄격한 증거조사의 절차와 방식에 의할 필요는 없다고 본다.

엄격한 증거조사의 절차와 방식에 의하지 아니하고 조사하는 방법이 구체적으로 무엇을 의미하는지 확실하지 아니하나, 결국은 통상의 경우와 마찬가지로 그 탄핵증거가 증인인 경우에는 신문의 방법으로, 서증의 경우에는 낭독 또는 내용의 고지 등의 방법으로 조사할 수밖에 없을 것이다.[468]

V. 기억의 환기를 위한 영상녹화물

① 제318조의2 제2항은 "제1항에도 불구하고 피고인 또는 피고인이 아닌 자의 진술을 내용으로 하는 영상녹화물은 공판준비 또는 공판기일에 피고인 또는 피고인이 아닌 자가 진술함에 있어서 기억이 명백하지 아니한 사항에 관하여 기억을 환기시켜야 할 필요가 있다고 인정되는 때에 한하여 피고인 또는 피고인 아닌 자에게 재생하여 시청하게 할 수 있다"라고 규정하여 피고인 또는 피고인 아닌 자에게 기억의 환기를 위한 영상녹화물을 시청하게 할 수 있는 절차를 두고 있다.

---

466) 권건우, '증명력을 다투기 위한 증거', 형사증거법(상), 365면.

467) 대판 1978.10.31. 78도2292, 1998.2.27. 97도1770.

468) 한편, 대판 2005.8.19. 2005도2617은 피고인이 내용을 부인한 경찰 피의자신문조사에 대한 탄핵증거로서의 증거조사절차는 검사가 입증취지 등을 진술하고 피고인측에 열람의 기회를 준 후 그 의견을 듣는 방법에 의하여 이루어질 것이라고 하고(피고인의 법정진술에 대한 탄핵증거로 사용된 사안임), 대판 2006.5.26. 2005도6271은 공판과정에서 탄핵증거로서의 입증취지가 구체적으로 명시되고 그 서증이 제시까지 된 경우에는 탄핵증거로서의 증거조사가 이루어졌다고 보아야 할 것(공소사실에 부합하는 피해자의 진술에 대한 탄핵증거로 사용된 사안임)이라고 판시하였다.

위와 같이 현행 형사소송법은 탄핵증거에 관한 제318조의2 제1항의 규정에 이어 같은 조 제2항에서 피고인 또는 증인의 기억의 환기를 위한 영상녹화물에 관한 규정을 두었으나, 그 조문의 위치에도 불구하고 이를 탄핵증거로 사용할 수 없음은 법문상 명백하다고 할 것이다.[469)]

② 기억의 환기를 위한 영상녹화물의 재생은 검사의 신청이 있는 경우에 한하고, 법원이 시청하는 것이 아니라 기억의 환기가 필요한 피고인 또는 피고인 아닌 자에게만 시청하게 하도록 하고 있으므로(규칙 제134조의5 제1항), 피고인·변호인의 신청에 의한 조사는 원칙적으로 허용하지 아니하고, 재판장의 필요에 따라 직권으로 재생할 수도 없다.[470)]

③ 기억의 환기를 위한 영상녹화물인 경우에 우선 제244조의2 및 규칙 제134조의2 제3항부터 제5항까지에 규정된 조서의 진정성립 증명을 위한 피의자진술의 영상녹화물과 같은 적법한 절차와 방식에 따라야 함은 물론이다.

469) 실무제요II, 142면.

470) 실무제요II, 147면.

제4장 재 판

제1절 재판의 기본개념

Ⅰ. 재판의 의의와 종류

1. 재판의 의의

재판(judgement, decision, Entscheidung)이란 재판기관(법원 또는 법관)의 의사표시를 내용으로 하는 소송행위이다. 법원이 사건에 대하여 법률을 적용하여 공권적 해결을 위하여 내리는 판단(예컨대 유죄의 '재판')이나 법원이 행하는 심리절차 전체(예컨대 '재판' 계속 중)를 지칭하기도 하지만, 소송법적으로는 재판기관의 의사표시적 소송행위를 뜻한다. 따라서 수사상 영장 발부라든가 재판장의 소송지휘상 처분도 재판에 속한다. 재판은 첫째 재판기관의 소송행위라는 점에서 그 밖의 기관이 하는 소송행위와 구별되고, 둘째 의사표시적 소송행위라는 점에서 재판기관의 사실행위적 소송행위(예컨대 증거조사, 판결의 선고)와 구별된다. 때로 재판 이외의 소송행위라든가 이들 소송행위와 재판을 합쳐 "처분"이란 용어를 쓰기도 한다(제304조).

2. 재판의 종류

가. 종국재판과 종국 전 재판(기능에 의한 분류)

(1) 종국재판

종국재판이란 현재 법원에 계속되어 있는 소송을 일정한 사유로 종결시켜 사건을 그 심급에서 이탈시키는 것을 목적으로 하는 재판이다. 유죄, 무죄의 실체재판은 물론이고 관할위반, 공소기각 및 면소 등의 형식재판도 종국재판이다. 종국재판은 제1심의 종국재판만이 아니고 상소심에서의 종국재판도 포함한다. 법적 안정성의 원리의 적용으로 취소 또는 변경할 수 없다.

(2) 종국 전 재판

종국재판에 이르기까지의 소송절차상 문제를 해결하기 위한 재판이다. 합목적성원리의 지배로 취소 또는 변경을 할 수 있다. 원칙적으로 상소를 허용하지 않는다.

나. 판결·결정·명령(형식에 의한 분류)

(1) 판 결

- 종국재판의 원칙적 형식으로서 가장 중요한 재판이다.
- 원칙적으로 구두변론에 의하며 반드시 이유를 명시해야 한다.
- 불복방법은 항소 또는 상고이며 판결에 대해서만 재심이나 비상상고가 가능하다.
- 유·무죄판결, 관할위반판결, 공소기각판결, 면소판결 등

(2) 결 정

- 법원이 행하는 종국전 재판의 원칙적 형식이며, 절차에 관한 재판은 원칙적 형식이며 절차에 관한 재판은 원칙적으로 결정에 의한다.
- 결정은 구두변론을 요하지 않으나 필요한 경우에는 사실조사를 할 수 있다.
- 불복방법은 항고이다.
- 보석허가결정, 공소장변경허가결정, 증거신청에 대한 결정, 공소기각결정, 항소·상고·항고기각결정 등이 있다.

(3) 명 령

- 법원이 아니라 재판장, 수명법관, 수탁판사 등 개별법관이 행하는 재판을 말하며, 모두 종국전 재판에 해당한다.
- 구두변론에 의하지 아니할 수 있고 필요한 경우에는 사실조사를 할 수 있다는 점은 결정의 경우와 같다.
- 일반적인 상소방법은 없으며 특수한 경우에 이의신청 또는 준항고, 즉 법관소속의 법원에 재판의 취소 또는 변경을 청구할 수 있다.
- 재판정의 공판기일지정·변경명령, 피고인에 대한 퇴정명령, 피의자에 대한 구속영장발부명령 등이 있다.

다. 실체재판과 형식재판(재판의 내용에 의한 분류)

(1) 실체재판

- 사건의 실체, 즉 실체적 법률관계를 판단하는 재판이다(본안재판).
- 판 결
- 확정시 기판력이 발생한다.
- 유·무죄판결(실체재판은 모두 종국재판), 약식명령, 즉결심판, 항소기각판결, 상고기각판결 등이 있다.

(2) 형식재판

- 사건의 실체에 관하여 심리하지 않고, 사건의 절차적·형식적 법률관계를 판단하는 재판이다.
- 결 정
- 확정되어도 기판력은 발생하지 않으나, 예외적으로 면소판결에는 기판력이 발생한다.
- 모든 종국전 재판, 종국재판 중 관할위반의 판결, 공소기각판결·결정, 면소판결, 항소기각결정, 상고기각결정 등이 있다.

Ⅱ. 재판의 성립과 방식

1. 재판의 성립

가. 내부적 성립

(1) 재판의 내용이 1인의 법관(단독판사)인 경우에는 그 심증에 따른 재판서의 작성시에 형성되지만, 합의부의 경우에는 그 구성원인 법관의 합의(법원조직법 제66조)에 따라 형성된다. 이렇게 재판기관의 의사결정과정에서 재판의 판단내용이 형성되는 것을 재판의 내부적 성립이라고 한다. 당해 사건의 심리에 관여한 법관만이 재판의 내부적 성립에 관여할 수 있다. 객관적으로 재판의 내부적 성립이 있는 경우에는 법관이 경질되어도 판결의 선고에는 공판절차를 갱신할 필요가 없다(제301조 단서). 재판서의 작성이 없는 경우에는 고지시에 내부적, 외부적으로 함께 성립한다.

(2) 성립시기

(가) 합의부의 재판

- 합의부의 재판은 그 구성원인 법관의 합의에 의하여 내부적으로 성립한다.
- 재판의 합의는 과반수로 결정하며, 재판의 합의는 공개하지 아니한다. 다만, 대법원의 재판서에는 합의에 관여한 대법관의 의견을 표시하여야 한다.

(나) 단독판사의 재판

- 단독판사가 하는 재판에는 합의의 단계가 없으므로, 재판서의 작성시에 내부적으로 성립한다.
- 재판서의 작성이 없는 재판에 있어서는 재판의 고지 내지 선고에 의하여 내부적·외부적 성립이 동시에 있다.

나. 외부적 성립

(1) 외부적 성립과 시기

재판의 의사표시적 내용이 재판을 받는 자에게 인식될 수 있는 상태에 이른 것을 재판의 외부적 성립이라고 하며, 선고 또는 고지에 의하여 외부적으로 성립한다. 따라서 재판서 등본이 모사전송의 방법으로 구치소장에게 송부된 때 그 재판이 고지되었다고 보아야 한다.

(2) 재판의 선고와 고지의 방법

(가) 재판의 선고 또는 고지는 공판정에서는 재판서에 의하여야 하고, 기타의 경우에는 재판서의 등본의 송달 또는 다른 적당한 방법으로 하여야 한다. 다만, 법률에 다른 규정이 있는 때에는 예외로 한다.

(나) 재판의 선고 또는 고지는 재판장이 한다. 판결을 선고함에는 주문을 낭독하고 이유의 요지를 설명하여야 한다.

(다) 재판의 선고와 고지는 이미 내부적으로 성립한 재판을 대외적으로 공표하는 행위에 불과하므로, 반드시 재판의 내부적 성립에 관여한 법관에 의하여 행하여질 것을 요하지 않는다.

(라) 재판이 내부적으로 성립한 이상, 내부적 성립에 관여하지 않는 판사가 재

판을 선고하여도 재판의 외부적 성립에는 영향이 없다.

(3) 외부적 성립의 효력

(가) 종국재판

종국재판이 외부적으로 성립한 때에는 법적 안정성의 요청에 의하여 그 재판을 한 재판기관도 여기에 구속되어 철회하거나 변경할 수 없다(재판의 구속력).

(나) 종국 전 재판

종국 전의 재판에 있어서는 합목적성의 원리에 의하여 철회와 변경이 널리 인정된다.

(다) 구속영장의 실효

무죄, 면소, 형의 선고유예 및 집행유예, 공소기각 또는 벌금이나 과료를 과하는 판결이 선고된 때에는 구속영장은 효력을 잃는다(제331조).

(라) 압수해제의 효력

압수한 서류 또는 물건에 대하여 몰수의 선고가 없는 때에는 압수를 해제한 것으로 본다(제332조).

(마) 집행력의 발생

항고 또는 준항고는 즉시항고를 제외하고는 재판의 집행을 정지시키는 효력이 없다(제409조, 제419조). 따라서 항고, 준항고의 대상인 결정, 명령은 원칙적으로 고지에 의하여 즉시 집행력을 발생한다.

(바) 상소권의 발생

재판이 외부적으로 성립되면 상소권이 발생한다. 형의 선고를 받은 피고인은 선고와 동시에 상소기간과 상소법원을 고지 받을 권리가 생긴다(제324조). 따라서 재판의 선고 또는 고지가 있는 날로부터 상소기간이 진행된다.

2. 재판의 구성과 방식

가. 재판의 구성

재판은 주문과 이유로 구성된다.

(1) 주 문

주문은 재판의 대상이 된 사실에 대한 최종적 결론을 말한다.

(가) 형의 선고를 하는 판결의 경우에는 구체적인 선고형이 주문의 내용을 이룬다.

(나) 형의 집행유예, 미결구금일수의 산입, 노역장유치기간, 재산형의 가납명령 및 소송비용의 부담도 주문에 기재된다.

(다) 형을 선고하는 판결의 주문은 판결의 집행과 전과기록의 기초가 된다.

(2) 이 유

재판에는 이유를 명시하여야 한다. 다만, 상소를 불허하는 결정 또는 명령은 예외로 한다.

나. 재판의 방식

(1) 재판서의 작성

(가) 재판을 할 때에는 재판서를 작성하여야 한다. 다만 결정 또는 명령을 고지하는 경우에는 재판서를 작성하지 아니하고 조서에만 기재할 수 있다.

(나) 재판서는 재판의 형식에 따라 판결서·결정서 또는 명령서라고도 한다.

(2) 재판서의 기재사항

(가) 재판서에는 법률에 다른 규정이 없으면 재판을 받는 자의 성명·연령·직업과 주거를 기재하여야 하며, 판결서에는 공판에 관여한 검사의 관직·성명과 변호인의 성명을 기재하여야 한다.

(나) 재판서에는 재판한 법관이 서명·날인하여야 한다. 재판장이 서명·날인할 수 없는 때에는 다른 법관이 그 사유를 부기하고 서명·날인하여야 하며 다른 법관이 서명·날인할 수 없는 때에는 재판장이 그 사유를 부기하고 서명·날인하여야 한다.

(3) 재판서의 송부

검사의 집행지휘를 요하는 재판은 재판서 또는 재판을 기재한 조서의 등본 또는 초본을 재판의 선고 또는 고지한 때로부터 10일 이내에 검사에게 송부하여야 한다. 단, 법률에 다른 규정이 있는 때에는 예외로 한다.

(4) 재판서의 등·초본의 청구와 작성

피고인 기타 소송관계인은 비용을 납입하고, 재판서 또는 재판을 기재한 조서의 등본 또는 초본은 원본에 의하여 작성하여야 한다. 다만, 부득이한 경우에는 등본에 의하여 작성할 수 있다.

제2절 종국재판

피고사건에 대한 당해 소송을 그 심급에서 종결시키는 재판을 종국재판이라고 한다. 종국재판에는 실체재판과 형식재판이 있다. 유죄판결과 무죄판결이 실체재판이며 관할위반의 판결, 공소기각의 판결과 결정, 면소판결이 형식재판이다. 이러한 종국재판은 원칙적으로 공판기일에 심리와 변론을 거쳐 행하여진다. 다만, 공소기각의 결정은 결정이므로 구두변론에 의할 필요가 없다.

Ⅰ. 유죄판결

1. 유죄판결의 의의

법원이 유죄의 심증을 형성한 경우에는 형의 면제의 판결을 제외하고는 적정한 형벌을 과하는 것을 내용으로 하는 유죄판결을 선고한다. 유죄판결의 주문은 구체적인 선고형을 주된 내용으로 하면서 필요에 따라 미결구금일수의 본형 산입, 집행유예, 보호관찰, 가납부명령, 몰수 추징, 소송비용의 부담 등이 명시된다. 유죄판결과 형의 선고는 동시에 한다.

유죄판결에는 형의 선고판결, 형의 면제 및 선고유예의 판결이 있다(제321조, 제322조). 유죄판결은 "피고사건에 대하여 범죄의 증명이 있는 때"에 행하여진다.

2. 유죄판결에 명시할 이유

유죄판결은 피고인의 형사책임을 확정하는 판결이므로 충분한 이유설명을 필요로 한다. 형사소송법은 "형의 선고를 하는 때에는 판결이유에 범죄될 사실, 증거의 요지와 법령의 적용을 명시하여야 한다. 법률상 범죄의 성립을 조각하는 이유 또는 형의 가중·감면의 이유되는 사실의 진술이 있는 때에는 이에 대한 판단을 명시하여야 한다."고 규정하고 있다. 유죄판결에는 어떤 범죄사실에 대하여 어떤 법률을 적용하였는지 객관적으로 알 수 있도록 분명하게 기재할 것을 요구 하는 것이다.[1)]

형사소송법 제323조 제1항의 유죄판결에 명시할 이유는 유죄판결을 기초짓는 이유이므로, 그 위반은 이유에 모순이 있는 때에 해당하여 절대적 항소이유가 된다. 이에 반하여 동법 제323조 제2항은 법문의 의사결정 과정에서 당사자의 주장을 고려하였음을 표시하는 것을 목적으로 하고 있으므로 이에 대한 위반은 그 판단사항이 이유 자체는 아니므로, 단순한 소송절차의 법령위반이 되는데 그친다. 따라서 상대적 항소이유로 본다.

가. 범죄될 사실

(1) 범죄될 사실의 의의

범죄될 사실이란 특정한 구성요건에 해당하는 위법하고 유책한 구체적 사실을 말한다.

(2) 범죄될 사실의 범위

㈎ 구성요건해당사실

① 구성요건에 해당하는 구체적 사실은 범죄될 사실이므로 구성요건요소가 되는 행위의 주체와 객체 행위의 결과 및 인과관계, 고의와 과실도 범죄사실에 해당한다. 다만, 고의는 객관적 구성요건요소의 존재에 의하여 인정되는 것이므로, 특히 이를 명시할 것을 요하지 않는다.

② 공문서위조의 수단이나 방법, 증뢰죄에 있어서의 공무원의 직무범

---

1) 대판 1974.7.26. 74도1477 전원합의체.

위, 상해죄에 있어서의 상해의 부위와 정도에 관한 기재가 없는 경우에는 범죄사실을 명시하였다고 볼 수 없다. 목적범에 있어서의 목적, 재산죄의 불법영득의사도 구성요건해당사실이므로 명시할 것을 요한다.

③ 범죄의 일시와 장소는 그것이 구성요건요소로 되어 있는 경우를 제외하고는 범죄사실을 특정하기 위하여 필요한 범위에서 명시할 것을 요한다.

(나) 위법성과 책임

구성요건해당성은 위법성과 책임을 징표하므로, 위법성과 책임은 사실상 추정되어 특별한 판단을 요하지 않는다.

(다) 처벌조건

처벌조건인 사실은 구성요건해당사실은 아니나 형벌권의 존부를 좌우하는 범죄될 사실이므로 판결이유에 명시하여야 한다.

(라) 형의 가중·감면사유

누범의 전과와 같은 법률상 형의 가중사유나 법률상 형의 감면사유도 판결이유에 명시하여야 한다. 그러나 단순한 양형사유인 정상에 관한 사실은 명시할 필요가 없다.[2]

(3) 명시의 정도

범죄될 사실은 법적 구성요건과의 관계에서 구체적으로 명시할 것을 요한다.

(가) 범죄의 일시와 장소

범죄사실을 특정하기 위하여 필요한 정도로 기재하면 족하다. 대법원은 범죄의 일시는 형벌법규가 개정된 경우 그 적용법령을 결정하고 행위자의 책임능력을 명확히 하여 공소시효의 완성 여부를 명확히 할 수 있는 정도로 하면 된다고 본다.[3]

---

2) 대판 1969.11.18. 69도1782.

3) 대판 1971.3.9. 70도2536.

(나) 공범인 교사범과 방조범의 범죄사실

그 전제조건이 되는 정범의 범죄구성요건이 되는 사실도 적시하여야 한다.[4]

(다) 수죄의 명시방법

① 경합범(실체적 경합)은 각개의 범죄사실을 구체적으로 특정하여 명시하여야 한다.

② 상상적 경합도 사실상의 수죄이므로 각개의 범죄사실을 구체적으로 명시할 것을 요한다.

③ 포괄일죄의 경우에는 그 전체범행의 시기와 종기, 범행방법, 범행횟수, 피해액의 합계 등을 명시하여 포괄적으로 명시하여도 좋다.[5] 그러나 1975년 9월부터 1980년 7월 사이에 피고인이 교도소에 복역한 기간에 공제한 나머지 기간동안 매달 평균 2~3회 폭행하였다고 기재하는 것으로는 범죄사실이 명시되었다고 할 수 없다.[6]

나. 증거의 요지

(1) 증거요지의 의의

증거의 요지란 범죄될 사실을 인정하는 자료가 된 증거의 요지를 말한다. 판결이유에 증거의 요지를 기재할 것을 요구하는 것은 증거재판주의의 요청이다.

(2) 증거적시를 요하는 범위

(가) 증거의 요지를 적시할 것을 요하는 것은 범죄사실의 내용을 이루는 사실에 제한된다. 따라서 유죄판결의 증거는 범죄사실을 증명할 적극적 증거를 적시하면 족하고, 범죄사실의 인정에 배치되는 소극적 증거까지 들어 판단할 필요는 없다.[7]

---

4) 대판 1981.11.24. 81도2422.

5) 대판 1983.1.18. 82도2572 등.

6) 대판 1981.4.28. 81도809.

7) 대판 1982.6.8. 81도1517 등.

(나) 증거적시를 요하지 않는 경우

피고인이 알리바이(현장부재증명)를 내세우는 증거(대판 1982.9.28. 82도1798), 범죄의 원인과 동기, 일시와 장소, 고의 등이다.[8]

(3) 증거적시의 방법

(가) 증거의 요지를 적시함에 있어서는 어떤 증거로부터 어떤 사실을 인정하였는가를 알 수 이도록 당해 증거를 구체적·개별적으로 표시해야 한다.

(나) 증거적시는 반드시 범죄사실을 인정한 모든 증거를 나열할 필요는 없으며, 어떤 증거에 의하여 어떤 범죄사실을 인정하였는가를 알아볼 수 있을 정도로 증거의 중요부분을 표시하면 족하다.[9]

(다) 수개의 사실을 인정한 경우에 증거요지의 설시는 반드시 각 사실마다 나누어 쓸 것을 요하는 것이 아니다.[10]

(라) 적시한 증거는 적법한 증거조사를 거친 증거능력이 있는 증거에 한한다. 그러나 이러한 증거를 적시하면 족하며, 증거가 적법한 이유를 설명할 것은 요하지 않는다.

(마) 증거에 의하여 사실을 인정한 이유[11]나 증거를 취사한 경우에도 그 이유를 설명해야 하는 것도 아니다.[12]

다. 법령의 적용

(1) 의 의

법령의 적용이란 인정된 범죄사실에 대하여 실체형벌법법규를 적용하는 것을 말하며, 법령의 적용을 명시할 것을 요구하는 것은 인정된 범죄사실에 실체법이 올바르게 적용되고 적당한 형벌이 과하여졌는가를 알 수 있는 명백한 근거를 제시하기 위한 것이다.

---

8) 대판 1961.9.28. 4294형상431 등.

9) 대판 1971.2.23. 70도25291 등.

10) 대판 1969.9.23. 69도1219.

11) 대판 1970.12.29. 70도2376.

12) 대판 1986.10.14. 86도1606 외 다수.

(2) 적시범위

(가) 형법각칙의 각 본조와 처벌에 관한 규정을 명시해야 한다. 다만, 각 본조의 항을 기재하지 않았다고 하여 그것만으로 위법하다고 할 수 없다.[13]

(나) 중지미수·불능미수와 공범에 관한 규정도 원칙적으로 표시할 것을 요한다. 판례는 공동정범의 성립을 인정한 이상, 형법 제30조(공동정범)를 적시하지 않은 잘못만으로 위법이 아니라고 본다.[14]

(다) 몰수와 압수장물의 환부를 선고하면서 적용법률을 표시하지 않은 경우에도 위법이 아니다.[15]

라. 소송관계인의 주장에 대한 판단

(1) 형사소송법 제323조 제2항의 의의

(가) 제도의 취지

법률상 범죄의 성립을 조각하는 이유 또는 형의 가중·감면의 이유되는 사실의 진술이 있은 때에는 이에 대한 판단을 명시하여야 한다.

(나) 주장과 판단의 방법

주장에 대한 판단은 명시적이어야 한다. 판단에 있어서 주장 채부의 결론만을 표시하면 족하며, 이유설명을 요하지 않는다는 것이 다수설·판례[16]이다.

(2) 법률상 범죄성립을 조각하는 이유되는 사실의 주장

법률상 범죄의 성립을 조각하는 이유되는 사실이란 범죄구성요건 이외의 사실로서 법률상 범죄의 성립을 조각하는 이유되는 사실을 말하며, 위법성조각사유와 책임조각사유가 이에 해당한다.

---

13) 대판 1971.8.21. 71도1334.

14) 대판 1972.2.22. 71도2099.

15) 대판 1971.4.30. 71도510.

16) 대판 1952.7.29. 4285형상82.

(가) 위법성조각사유에 해당하는 사실의 진술

정당방위[17]·긴급피난·정당행위 또는 자구행위[18]에 해당하는 주장

(나) 책임조각사유에 해당하는 사실의 진술

심신상실,[19] 강요된 행위[20] 또는 기대가능성이 없다는 주장[21]

(다) 법률의 착오는 범죄의 성립을 조각하는 것이 아니므로 이에 대한 판단을 요하지 않는다.[22]

(3) 법률상 형의 가중·감면의 이유되는 사실의 진술

대법원은 판결이유에서 판단을 요하는 것은 필요적 가중·감면사유의 진술에 한한다는 입장[23] 명백히 하여 임의적 감면사유인 자수[24]나 정상[25]의 주장에 대한 판단은 요하지만 임의적 가중감면사유(과잉피난, 자수, 작량감경)의 주장에 대한 판단은 요하지 않는다.

Ⅱ. 무죄판결

1. 무죄판결의 의의

피고사건이 범죄로 되지 아니하거나 범죄사실의 증명이 없는 때에는 판결로써 무죄를 선고하여야 한다(제325조). 무죄판결은 실체판결이자 종국판결로서 피고사건에 대해 구체적인 형벌권이 존재하지 않는 것을 확인하는 피고인에게는 가장 유리한 판결이다.

---

17) 대판 1970.9.17. 70도1431 외 다수.
18) 대판 1961.4.21. 4294형상41.
19) 대판 1990.2.13. 89도2364 외 다수.
20) 대판 1966.6.7. 66도544.
21) 대판 1963.8.31. 63도165.
22) 대판 1965.11.23. 65도876.
23) 대판 1971.9.28. 71도1486 등.
24) 대판 1991.11.12. 91도2241 외 다수.
25) 대판 1971.5.11. 71도476.

2. 무죄판결의 사유

가. 피고사건이 범죄로 되지 아니한 때

(1) 의 의

공소사실로서 기재된 사실이 입증되었다고 하더라도 그 공소사실이 범죄의 구성요건에 해당하지 않거나 또는 해당하더라도 위법성조각사유 혹은 책임조각사유가 있는 경우이다. 그러나 혼인 전의 성행위를 기소한 경우와 같이 공소장에 기재된 사실이 진실하다 하더라도 공소사실 자체가 범죄를 구성하지 아니함이 명백하여 설사 동일성이 인정되는 범위 내에서 공소장변경을 하더라도 그 공소가 유지될 수 없는 경우, 즉 하등 범죄될 사실을 포함하고 있지 않은 때에는 결정으로 공소를 기각해야 할 것이다(제328조 제1항 제4호).

(2) 공소사실과 적용법조 사이의 현저한 불일치

공소장에 기재된 공소사실과 적용법조 사이에 현저한 차이가 있어서 피고인의 방어에 실질적인 불이익을 일으킬 우려가 있는 경우의 처리방법에 관하여는 무죄설과 공소기각설이 대립한다. 기소 당시부터 공소장 기재사실과 적용법조가 불일치하고 검사가 적용법조 변경 명령에 불응한 경우에는 당사자주의 및 피고인의 인권보장을 중시하여 범죄로 되지 않는다고 보아 무죄판결을 선고하여야 할 것이다. 공소기각을 하게 되면 재소가 가능해져 피고인의 인권을 현저히 위태롭게 할 수도 있기 때문이다.

나. 범죄사실의 증명이 없는 때

실체심리를 한 결과, 피고사건의 존재에 대하여 법원이 확신을 얻지 못한 경우이다. 범죄사실의 증명은 합리적인 의심이 없는 정도로 고도의 개연성에 대한 심증, 즉 확신을 요한다. 따라서 공소 사실의 부존재가 적극적으로 증명된 경우(예를 들면 알리바이의 입증)뿐만 아니라 협의의 개연성은 있어도 증거가 불충분한 경우에는 범죄사실의 증명이 없는 때에 포함된다. 피고인의 자백이 유일한 증거이고 보강증거가 없는 경우도 이에 해당한다. 법원은 공소사실에 구속되므로 법원이 공소장의 변경을 요구한 경우에 검사가 이에 응하지 않으면 공소사실에 대하여 무죄판결을 선고해야 한다.[26] 그러나 법원이 실체심리의 결과, 무죄를 확신하고 있고 피고인이 무죄판결을 적극 요구하고 있는 경우라도 소송조건이 결여되어 있으면 무죄판결을 선고할 것이 아니라 형식재판으로 소송을 종결해야 한다.[27]

3. 무죄판결의 판시방법

가. 무죄판결의 주문

무죄판결의 사유가 발생한 때에는 법원은 주문에서 "피고인은 무죄"라고 밝혀야 한다. 무죄는 일죄마다 선고하여야 한다. 따라서 경합범의 경우 일부에 관하여 무죄를 선고하는 때에는 그 부분에 관하여 무죄를 선고하여야 한다.[28] 과형상 일죄의 경우도 마찬가지이다. 단, 수죄 전부가 무죄인 때에는 예외이다. 그러나 일죄의 일부에 관하여 범죄사실의 증명이 없는 경우에는 그 부분에 대하여 주문에서 무죄를 선고하지 않아도 위법이 아니다.[29]

나. 무죄판결의 이유

(1) 문 제 점

무죄판결에도 이유를 명시하여야 한다(제39조). 그러나 명문규정으로 유형화되어 있지 않은 무죄판결에 어느 정도 이유를 명시할 것인지가 문제이다. 실무에서는 무죄판결의 이유를 유죄판결의 경우보다 더 세밀하게 기재하고 있다. 이것은 일제와 군사독재의 억압체제에서 국가권력의 직접적 대변자로 간주되던 검찰의 기소를 자유롭게 배척할 수 없었던 당시 법원의 태도가 관행으로 고착된 결과이다. 이처럼 무죄판결 작성이 어려워지다 보니 법원이 무죄판결을 회피하게 되고 실질적인 유죄추정으로 재판을 하는 결과가 초래된다. 속히 개선하여야 할 점이다.[30]

---

26) 강구진, 523면.

27) 대판 1964.4.28. 64도134; 1966.7.26. 66도634.

28) 강구진, 523면.

29) 대판 1969.2.18. 68도1601.

30) 강구진, 523면; 신동운, 1145면; 배종대·이상돈·정승환, 612면. 한편 신현주, 694면은 실무상 관행을 보면 무죄판결의 경우에 유죄판결의 경우보다 더 상세한 이유설시를 하고

(2) 범죄사실의 증명이 없는 때

증거조사를 거친 모든 증거에 의해서도 범죄의 증명이 없는 경우에는 이것을 알기 쉽게 간단히 설명하면 된다. 증거불충분의 경우에는 개개의 증거를 채용하지 아니한 이유를 개별적·구체적으로 설명하여야 한다는 견해도 있으나, 유죄판결에서조차 증거를 신용한 이유를 밝힐 필요는 없는 점으로 미루어 무죄인 경우에는 더더욱 구체적으로 설명할 필요가 없다고 하겠다.

(3) 범죄로 되지 아니한 때

범죄로 되지 않는 경우에는 피고사건이 법률상 범죄의 성립을 방해하는 이유의 어느 것에 해당하는가를 명확히 해서 간단히 설명하면 된다. 이 경우에는 공소사실이 증거에 의해서 인정되는 것을 판단할 필요는 없고 공소사실대로의 사실이 존재한다고 하더라도 범죄가 성립하지 않음을 설명하면 된다. 따라서 단순히 "본건 공소사실은 죄로 되지 아니한다" 또는 "본건 공소사실은 범죄가 될 사실의 증명이 없다"는 식으로 추상적인 이유만을 설시한 경우는 위법이 될 것이나(제361조의5 제11호)[31] 증거에 따라서 무죄이유를 표시하면 족할 것이다. 개개의 증거에 관하여 채증하지 않은 것에 대하여 믿지 아니하는 이유를 하나하나 정연하게 설명할 필요는 없다.

(4) 이유의 구분설시

무죄판결의 이유는 피고사건이 "범죄로 되지 아니하는 때"와 "범죄의 증명이 없는 때"의 어느 것에 의한 것인가를 명확히 구분해서 명시하여야 하나 구체적인 경우에 그 판단은 용이하지 않으므로, 전자의 경우를 후자의 경우로 또는 후자의 경우를 전자의 경우로 잘못 설시하는 것은 위법이라 하더라도 그 위법이 판결에 영향을 미치는 것은 아니므로 파기이유는 되지 않는다고 할 것이다.

있다면서 영미법과는 다르게 무죄판결에 대한 검사의 상소를 인정하는 우리 법제에서는 적어도 유죄판결의 경우와 같은 정도의 이유명시를 법정하는 것이 입법론으로서는 바람직하다고 주장하고 있다.

31) 대판 1973.3.13. 73도49.

4. 무죄판결의 효력

무죄판결은 실체판결이고 종국재판이므로 판결이 선고되면 구속력이 발생하고 소송은 당해 심급에서 종결된다. 또 선고와 더불어 구속영장은 그 효력을 상실한다(제331조). 일사부재리의 효력이 발생하며, 원칙적으로 형사보상의 사유가 된다(형사보상법 제1조). 재심절차에서 무죄가 선고된 경우에는 그 판결을 관보와 법원소재지의 신문에 공고하여야 한다(제440조). 재심에서 무죄가 선고되면 형의 집행력은 발생하지 않는다. 무죄선고에 의하여 상소권이 발생한다. 그러나 무죄재판에 대한 피고인의 유죄 주장은 상소의 이익이 없으므로 인정되지 않는다. 심신상실을 이유로 한 무죄재판에 대해 피고인은 다른 이유(예컨대 증거불충분)에 의한 무죄를 주장하면서 상소할 수 없다. 상소의 이익이 부정되기 때문이다.

Ⅲ. 면소의 판결

1. 의 의

면소의 판결은 확정판결이 있은 때, 사면이 있은 때, 공소의 시효가 완성되었을 때, 범죄 후의 법령개폐로 형이 폐지되었을 때 선고하는 판결이다(제326조). 실체재판이 확정되면 다시 실체심리를 할 수 없게 하는 일사부재리의 효력이 인정되는 반면 관할위반과 공소기각의 형식재판은 같은 조건에서 후소에 대한 불가변경적 효력은 인정되지만 조건의 결함이 보완되면 동일한 공소사실에 대하여 재소를 할 수 있어 일사부재리의 효력이 부인된다. 면소판결은 위의 재판들과는 다른 제3의 종국재판의 유형이어서 그 법적 성질과 관련하여 여러 가지 문제가 제기되고 있다.

2. 면소판결의 법적 성질

가. 쟁 점

면소판결의 법적 성질에 관하여 첫째 면소판결을 할 때 범죄사실의 존부에 대하여 실체심리가 필요한가, 둘째 면소의 확정판결에 일사부재리의 효력을 인정할 것인가, 셋째 피고인에게 무죄판결청구권을 인정할 것인가 등의 문제에 관하여 의견을 달리하고 있다.

나. 학 설

(1) 실체재판설

면소는 범죄에 의하여 발생한 형벌권이 사후에 일정한 사정으로 소멸된 경우에 선고되는 재판으로 형벌권의 부존재를 확인하는 의미에서 실체재판이라는 견해이다.

(2) 이 분 설

확정판결이 있음을 사유로 하는 면소판결은 형식재판이고, 사면·공소시효의 완성·형의 폐지를 사유로 하는 면소는 실체재판이라고 하는 견해이다.

(3) 실체관계적 형식재판설

공소기각 또는 관할위반의 재판은 형식적 소송조건이 결여된 경우에 선고되는 순수한 형식재판으로 기판력이 발생하지 않지만, 면소의 재판은 실체면에 관한 사유를 소송조건으로 한 실체적 소송조건이 결여된 경우에 선고하는 종국재판이라고 보는 견해[32)]이다. 실체적 소송조건에 대하여는 실체 자체에 대한 판단은 아니지만 어느 정도 실체에 대한 심리를 하여야 하고, 실체에 대하여 판단하는 이상 법적 안정의 요구는 실체판결의 경우와 다르지 않으므로 일사부재리의 효력이 생긴다고 한다.

(4) 형식재판설

형식재판설은 면소사유가 존재하는 경우에 실체심리를 행하지 않고 피고인을 조기에 절차로부터 해방하는 형식재판이라고 보는 견해[33)]이다. 대법원도 이

---

32) 신현주, 761면은 면소판결의 법적 성질에 관한 논의는 의미 없는 공론에 불과하지만 굳이 선택하라면 실체관계적 형식재판설이 면소판결의 양면성을 가장 근사하게 묘사하고 있다고 한다.

33) 강구진, 536면; 백형구, 강의, 764면; 신동운, 1154면; 신양균, 788면; 심희기, 쟁점, 503면; 이재상, 607면; 정웅석, 1018면.

와 같은 태도이다.[34] 면소사유의 존재가 명백하지 않은 경우 이를 밝히기 위하여 필요한 한도에서만 실체 심리가 필요하나 공소사실 자체에서 면소사유가 명백한 경우에는 실체심리를 인정하지 않는다고 한다. 다만 검사는 면소사유에 해당하지 않는 공소사실로 공소장변경을 신청할 수 있다.[35] 한편 피고인은 면소판결에 대하여 무죄를 주장하여 상소할 수 없다.[36]

(5) 형사정책설

면소사유의 본질에서 일사부재리의 효력이 도출되는 것이 아니라 면소사유는 형사정책에 의하여 결정되고 입법적으로 면소판결에 일사부재리의 효력이 부여되었다는 견해[37]이다. 면소사유는 실체적 공소권의 소멸사유이므로 면소사유를 형식적 소송조건과 동일시하는 것은 타당하지 않다고 한다.

다. 검 토

면소사유는 소인에 대하서 증거조사를 하여 그 존부를 확인하는 것이 부적당한 점에서 공통된다. 확정판결은 이중위험금지에 따라 실체심리가 금지되고, 사면은 범죄사실의 존부에 대한 심리 자체를 금지하며, 공소시효는 형벌권과 관계없이 시간의 경과에 따라 불안정한 개인의 지위를 안정시키고 신속한 재판을 받을 권리를 실현하므로 어떤 사유이든 사실심리 자체가 필요 없다. 이처럼 공소사실에 내재하는 사유에 대하여 선고하는 형식재판이 면소의 판결이다. 면소의 사유들은 국가가 개인에게 형벌권을 발동할 필요도 없고 발동하여서도 안되는 그런 것들이다. 따라서 면소 판결은 뒤에 절차적 조건이 보완되더라도 공소사실의 동일성 범위 내에서는 다시 기소할 수 없게 하여 소송추행의 가능성을 확정적으로 상실시키는 제도이다.

---

34) 대판 1964.3.31. 64도64.

35) 정웅석, 1018면.

36) 대판 1984.11.27. 84도2106.

37) 임동규, 608~609면.

3. 면소판결의 사유

가. 확정판결이 있은 때

확정판결에는 유죄·무죄의 확정판결만이 아니고 면소라는 형식재판도 포함된다.[38] 약식명령,[39] 즉결심판,[40] 군사법원의 판결이 확정된 경우도 포함되지만, 행정벌에 지나지 않는 과태료의 부과처분은 그렇지 않다.[41] 대법원은 확정판결 받은 사실과 포괄일죄의 관계에 있는 경우에 판결되지 않은 부분에 대한 공소에도 면소판결을 함이 타당하다고 한다.[42] 상습범 사건에서의 공소의 효력과 판결의 확정력은 사실심리의 가능성이 있는 최후 시점인 판결선고시를 기준으로 판단한다.[43]

유죄의 선고가 기간의 경과라든가 사면 등에 의하여 그 효력을 상실한 때에도 확정판결을 겪은 사실은 있으므로 이에 해당된다. 이중기소의 경우에 뒤의 기소가 먼저 확정된 때에는 앞의 기소에 대해서 면소를 하게 된다. 소년법의 보호처분도 이에 해당된다. 명문의 규정이 없는 경우에도 면소와 같이 피고인에게 유익한 규정은 형식적·제한적으로 해석할 것이 아니고 유추적용이 가능하다고 해석할 것이다.

나. 사면이 있은 때

여기에서의 사면은 대통령의 일반사면(헌법 제79조, 사면법 제2조)만을 가리킨다.[44] 일반사면은 죄의 종류를 정하고, 기준일 이전에 행한 범죄자를 사면한다. 일반사면은 형의 선고의 효력이 상실되며 선고를 받지 않은 자에 대하여는 공

---

38) 강구진, 537면; 김기두, 202면; 백형구, 강의, 765면; 신동운, 1156면; 이재상, 651면.

39) 대판 1968.5.21. 68도1; 1983.6.14. 83도939.

40) 대판 1954.11.9. 53형상181.

41) 대판 1992.2.11. 91도2536.

42) 대판 1971.2.23. 70도2612; 1978.2.14. 77도3564; 1978.2.28. 77도1280; 1978.11.14. 78도2121; 1980.5.27. 80도893; 1983.3.8. 83도122; 1992.10.13. 91도3170; 1993.5.14. 92도2585.

43) 대판 1973.8.31. 73도1366; 1979.2.27. 79도82; 1982.12.28. 82도2500.

44) 대판 2000.2.11. 99도2983.

소권을 소멸시킨다.[45](사면법 제5조 제1항 제2호)

다. 공소의 시효가 완성되었을 때

공소시효가 완성되면 공소를 제기할 수 없다. 공소가 제기되면, 설령 공소가 잘못되었다고 하더라도, 시효가 정지(제253조)되고 소송계속 중에는 시효가 완성되지 아니하므로 면소판결을 받게 된 사유는 기소 시점에 이미 공소시효가 완성된 경우일 것이다. 대법원은 공소장이 변경된 경우 공소시효의 완성 여부는 당초 공소제기시를 기준으로 판단할 것이지만 법정형에 차이가 있는 경우에는 변경된 공소사실에 대한 법정형을 기준으로 할 때 공소제기 당시 이미 공소시효가 완성된 경우에는 면소판결을 선고하여야 한다고 판시하고 있다.[46]

라. 범죄 후의 법령개폐로 형의 폐지가 있는 때

범죄 후의 법령개폐로 형의 폐지가 있는 때란 범죄 후에 그 행위에 적용될 법조가 법령의 개폐에 의하여 폐지되거나 실효된 경우를 가리킨다. 형벌에 처하던 행위를 감치에 처하도록 개정된 경우도 여기에 해당된다.[47] 폐지 후에도 추급효를 인정하는 규정이 있는 경우에는 물론 면소되지 않는다. "범죄 후"란 결과발생 후로 보아야 할 것이다. 범죄행위의 결과발생 이전에 형의 폐지가 있는 때에는 계속범의 경우(이때에는 면소)를 제외하고는 무죄를 선고하여야 할 것이다.

4. 면소판결의 효력

면소사유가 발생한 경우에는 법원이 무죄의 심증을 얻을 수 있는 경우(실체적 심리를 통하여)에도 실체심리를 함이 없이 조속히 피고인을 형사절차에서 해방시켜야 한다. 이 경우에 무죄판결을 내리는 것은 위법이다.[48] 피고인이 면소사

45) 특별사면은 형의 선고를 받은 자에게 그 형의 집행만을 면제하기 때문에(사면법 제5호 제1항 제2호) 공소권 소멸을 이유로 하는 면소판결의 대상이 되지 않는다.

46) 대판 2003.3.11. 2003도585.

47) 대판 2002.9.24. 2002도4300.

48) 대판 1964.4.28. 64도134; 1966.7.26. 66도634; 1969.2.25. 68도1578; 1969.12.30. 69도2018.

유가 있음에도 불구하고 무죄판결을 구하는 경우에는 면소판결을 하여야 할 것이다. 면소판결이 있는 때에는 구속영장의 효력은 상실된다(제331조). 면소판결은 일정한 경우에 형사보상의 사유로 된다. 면소재판을 할 것이 명백한 경우에는 일정한 사건에 한하여 피고인의 출석이 필요 없는 경우도 있다(제227조).

Ⅳ. 관할위반의 판결

1. 관할위반판결의 의의

피고사건이 법원의 관할에 속하지 아니한 때에는 관할위반판결을 선고하여야 한다(제319조). 관할위반의 판결은 형식적 종국재판이다. 따라서 관할위반의 판결은 형식적 확정력과 내용적 구속력을 가지지만, 일사부재리의 효력을 가질 수는 없다.

2. 관할위반판결의 사유

가. 원 칙

관할위반판결을 할 수 있는 사유는 피고사건이 법원의 관할에 속하지 않는 경우이다. 관할에는 토지관할과 사물관할을 포함한다. 다만, 사물관할은 공소제기시뿐만 아니라 재판시에도 존재하여야 하나, 토지관할은 공소제기시에 존재하면 족하다. 관할권의 유무는 공소장에 기재된 공소사실을 표준으로 결정하여야 한다. 공소장변경의 경우에는 변경된 공소사실이 기준이 된다.[49)]

나. 예 외

피고사건이 법원의 관할에 속하지 아니한 때에 관할위반의 판결을 하여야 한다는 원칙에 대하여는 예외가 인정되고 있다.

(1) 토지관할의 위반

법원은 피고인의 신청이 없으면 토지관할에 관하여 관할위반의 선고를 하지

---

49) 대판 1987.12.22. 87도2196.

못한다(제320조 제1항). 토지관할은 주로 피고인의 편의를 위하여 인정된 것이기 때문이다. 관할위반의 신청은 피고사건에 대한 진술 전에 하여야 한다(제320조 제2항). 피고사건에 대한 진술이란 피고인의 모두진술을 말한다.

(2) 관할의 창설

고등법원의 재정결정에 의하여 지방법원의 심판에 부하여진 사건에 대하여는 관할위반의 선고를 할 수 없다(제319조 단서).

3. 관할위반판결의 효력

가. 선고 및 확정의 효력

(1) 선고의 효력

구속력이 발생하며 종국재판이므로 당해 심급에서 소송이 종결된다. 그러나 구속영장은 실효되지 않는다(제331조).

(2) 확정의 효력

관할위반판결이 확정되면 형식적 확정력과 내용적 구속력이 발생하나, 기판력은 발생하지 않으며 내용적 구속력에 의해서 동일법원은 동일사실에 대하여 다른 판단을 할 수 없다. 공소제기에 의해 정지된 공소시효가 관할위반의 재판이 확정된 때로부터 다시 진행한다(제253조 제1항).

나. 소송행위의 효력 및 상소

(1) 소송행위의 효력

소송행위의 효력에는 영향이 없다(제2조). 소송경제를 고려한 규정으로 관할위반의 판결을 선고한 법원에서 작성한 공판조서, 증인신문조서, 검증조서 등은 동일한 사건이 공소제기된 법원의 공판절차에서 증거로 사용할 수 있으며, 관할권 있는 법원은 다시 공판 심리절차를 진행한다.

(2) 상 소

검사는 관할위반의 판결에 대해서 상소를 할 수 있으나, 피고인은 무죄를 구하는 상소가 허용되지 않는다.

Ⅴ. 공소기각의 재판

1. 공소기각의 결정

가. 공소기각결정의 의의

공소가 취소되었을 때, 피고인이 사망하거나 피고인인 법인이 존속하지 아니하게 되었을 때, 제12조 또는 제13조의 규정에 의하여 재판할 수 없는 때, 공소장에 기재된 사실이 진실하다 하더라도 범죄가 될 만한 사실이 포함되지 않은 때 결정으로 공소를 기각하여야 한다(제328조 제1항 제1호 내지 제4호). 공소장만으로도 소송조건의 결여가 명백한 사유이므로 구두변론을 거치지 않고 결정으로 공소를 기각하게 하고 있다. 항소심과 상고심에서도 제328조 제1항 각호의 사유가 있는 때에는 결정으로 공소를 기각하여야 한다(제363조, 제382조).

나. 공소기각결정의 사유

(1) 공소가 취소되었을 때

제1심판결의 선고시까지는 검사가 공소를 취소할 수 있다. 이는 공소제기 후의 불기소처분이라고 할 만한 것으로서 기소편의주의의 표현이다. 공소취소 시기를 법정한 것을 판결선고 후에 검사의 재량으로 판결선고를 무효화하는 것은 사법권 독립에 비춰 타당하지 않기 때문이다. 약식명령에 대한 정식재판청구가 있는 때에도 약식명령 후의 공소취소는 불가능하다고 해석된다. 재정결정에 의하여 사건이 제1심 법원에 계속된 경우에는 제1심 판결 전이라도 공소취소는 허용되지 않는다.

(2) 피고인의 당사자능력의 상실

피고인이 사망하거나 피고인인 법인이 존속하지 아니하게 되었을 때, 즉 피고인의 당사자 능력이 상실되었을 때에는 결정으로 공소를 기각하여야 한다(제328조 제1항 제2호). 공소제기 후에 피고인이 당사자능력을 상실한 경우에만 적용된다는 견해[50]와 공소제기 전후를 불문하고 적용된다는 견해[51]로 나뉘어져 있다. 공소제기시에 이미 피고인이 존재하지 않게 되었는데도 검사가 공소를 제기하는 것은 위법한 공소제기이므로 검사의 공소제기의 위법을 명백하게 비난한다는 점에서는 제327조 제2호에 의거해도 좋을 것이지만, 소송조건의 결여 때문에 내리는 공소기각 자체가 검사의 공소제기를 비난하는 것이므로 더 편리한 방법인 결정으로 공소기각하면 될 것이다. 약식명령은 검사와 피고인에 대한 재판서의 송달에 의하여 고지되므로 그 송달 전에 피고인의 당사자능력이 상실된 때에는 결정으로 공소기각하여야 할 것이다. 법인이 합병에 의하여 해산하는 경우는 청산절차 없이 즉시 소멸하기 때문에 문제가 없지만,[52] 청산절차를 겪게 되는 법인의 해산은 청산의 목적범위 내에서 청산법인으로서 존속하므로 어느 때 법인이 존속하지 않게 된 것으로 보느냐를 놓고 해산시설, 청산시설 및 판결확정시설 등이 대립한다. 대법원은 소추를 받는 것 자체가 청산인의 업무에 포함되므로 사건의 종료시까지 청산법인으로 존속한다고 보아 왔다.[53] 청산법인제도의 취지를 살려 실질적인 청산의 종료로 법인이 존속하지 않게 된다고 보면 될 것이다.

재심절차에서의 피고인의 사망에 대해서는 특별한 규정이 있다(제424조 제4호, 제438조 제2항).

(3) 제12조 또는 제13조의 규정에 의하여 재판할 수 없는 때

동일사건이 사물관할을 달리하는 수개의 법원에 계속된 때 법원합의부가, 또는 동일사건이 사물관할을 같이 하는 수개의 법원에 계속된 때에는 먼저 공소를 받은 법원이 심판하게 된다. 이때 재판할 수 없게 된 법원은 결정으로 공소를 기각하여야 한다. 이것은 주로 토지관할의 기준이 다양하므로 동일 사건이 여러 법원에 계속될 수 있는 경우가 생긴다는 데서 유래된 것이다.

---

50) 강구진, 110면은 공소제기의 유효요건으로서의 당사자능력의 흠결의 경우에는 현행법상 명문이 없다고 한다.

51) 백형구, 178면.

52) 대판 2007.8.23. 2005도4471은 합병으로 인하여 소멸한 법인이 그 종업원 등의 위법행위에 대해 양벌규정에 따라 부담하던 형사책임은 그 성질상 이전을 허용하지 않는 것으로서 합병으로 인하여 존속하는 법인에 승계되지 않는다고 한다.

53) 대판 1976.4.27. 75도2551; 1982.3.23. 81도1450.

(4) 공소장기재사실이 범죄될 사실이 아닌 때

공소장기재사실이 범죄사실이 아니란 것이 공소장만 보아도 명백한 경우이다. 예컨대 근친상간, 중혼 또는 신성모독 같은 것이다. 공소장기재사실이 범죄를 구성하고 또 혐의가 있는 경우에는 심리에 들어가야 한다.

다. 공소기각 결정의 고지와 효력

(1) 결정의 고지

공소기각의 결정의 고지는 공판정에서는 선고에 의하지만 기타의 경우에는 재판서의 등본을 당사자에게 송달하여 고지한다. 공소기각의 결정에 대해서는 검사가 불복하여 즉시항고를 할 수 있다(제328조 제2항). 본조에 해당하는 사유에 대해서는 항소법원도 결정으로써 공소를 기각하여야 하며 여기에 대해서 즉시항고를 할 수 있는 것은 제1심에서나 다름이 없다(제363조).

(2) 결정의 효력

피고인의 당사자 능력의 소멸의 경우에는 재기소는 문제되지 않는다. 공소취소 후에 신증거가 발견된 경우(제329조)에는 재기소가 가능하다. 그리고 확정된 공소기각결정의 판단내용과 기본적으로 모순되는 주장(공소취소가 없었다든가, 피고인인 법인이 존속하고 있었다든가 등)은 허용되지 않는다.

2. 공소기각의 판결

가. 공소기각판결의 의의

제327조는 절차적(형식적) 소송조건의 결여를 이유로 실체심판을 하지 않고 판결로써 공소를 기각하여 소송을 종결시키는 경우를 규정하고 있다. 그러한 사유가 존재하는 경우에는 법원은 검사의 공소제기를 부적법·무효로 판단하여 실체심리의 문 앞에서 사건을 추방한다. 따라서 공소기각판결은 형식재판이면서 종국재판이다. 검사의 공소제기를 적법·유효하게 하고 나아가서 실체심리를 할 수 있게 하는 조건을 소송조건이라고 하므로 제327조 사유의 부존재가 바로 소송조건이 된다. 실체심리를 하기에 필요한 절차적 조건이 구비되지 않는 경우에는 검사는 공소를 제기하지 않아야 하지만 만약 어떤 이유로 제기된

경우에는 실체심리를 함이 없이 소송을 신속하게 종결시킴으로써 검사의 위법한 공소제기를 억제하고, 법원과 피고인의 절차적 부담을 덜어 소송경제 및 피고인의 이익을 기하고자 하는 취지이다.

나. 공소기각판결의 사유

(1) 재판권의 부존재

피고인에 대하여 재판권이 없는 때를 말한다(제327조 제1호). 형사재판권은 원칙적으로 영토주권에 다른 것이므로 우리나라 영역 내에 있는 모든 사람에게 미치므로 피고인의 국적 여하를 불문한다. 그러나 예외적으로 첫째, 치외법원을 갖는 외국원수, 사절 및 그 수행원과 가족, 둘째, 외국군함 내의 범죄, 셋째, 미합중국당국의 전속 재판권(한미행정협정 제22조 제2항)이 미치는 미합중국 군대의 구성원, 군속 및 그들의 가족, 넷째, 우리 형법의 적용을 배제하는 외국인의 국외범(형법 제4조 및 제6조), 다섯째, 재직중 일정한 범죄로 형사소추된 대통령 등에 대해서는 형사재판권이 배제되므로 이들에 대하여 공소제기된 경우에는 공소기각의 판결을 한다.

재판권에 관한 법률문제가 아니고 사실문제, 예컨대 한미행정협정 제23조 제3항 (가)의 (2)에서의 '공무집행 중'이었느냐 여부의 문제와 같은 것에 관해서는 범죄사실에 준하여 검사가 재판권 존재의 거증책임을 부담한다고 생각한다. 다만 소송법상의 재판권의 존부의 판단에 관한 사실이므로 그 증명의 정도는 자유로운 증명으로 족할 것이다.

(2) 위법하여 무효인 공소제기

공소제기의 절차가 법률의 규정에 위반하여 무효인 때를 의미한다(제327조 제2호). 공소제기절차의 하자 때문에 공소제기가 부적법·무효로 되는 경우로서 제327조의 다른 사유가 개별적인 데 대하여 제2호의 사유는 판결로써 공소를 기각하여야 할 사유에 관한 일반적·포괄적 규정이다. 이에 해당하는 전형적인 경우를 들면 다음과 같다.

㈎ 무권한자에 의한 공소제기

검찰청법에서는 검사의 공소제기권과 일정한 자에게 검사의 직무를 대리하게 할 수 있는 경우를 규정하고 있다(검찰청법 제13조). 그러한 규정에 의하여 요구되는 자격이 없는 검찰서기관 또는 사무관의 공소제기는 무효이다. 검찰직무대리가 합의부관할사건을 기소한 경우도 같다(검찰청법 제13조 제3항).

(나) 공소제기조건의 결여

공소제기의 조건을 결한 때에는 다른 규정에 의하는 경우를 제외하고는 모두 제2호에 의하여 공소기각되어야 한다. 피고인이 계속적으로 심신상실상태에 있어서 회복가능성이 없는 경우,[54] 국회에서 행한 연설·토론 등에 관련된 국회의원, 수사과정에서 있었던 현저한 하자,[55] 친고죄에서의 고소의 결여, 고발·청구사건 등에서 고발·청구 등이 결여된 때, 세법위반 등에서 통고처분이 이행된 때, 도로교통법의 범칙금이 납부된 때 등이 여기에 해당된다.

(다) 공소장방식위반

공소장의 현저한 방식위반으로서 제2호에 해당되는 경우는 다음과 같은 것들이 있다.

① 피고인 및 공소인의 불특정·검사의 서명·날인의 결여

이 경우에는 공소기각 된다. 공소장에는 피고인의 특정과 공소인의 특정을 필요로 하고(제254조), 검사의 서명·날인도 필요적 기재사항이기 때문이다.

② 적용법조의 기재의 유탈 또는 오기

공소장에 기재하여야 할 적용법조의 오류는 피고인의 방어에 실질적인 불이익을 초래할 위험이 없는 한 공소제기 효력에는 영향이 없다.

③ 공소장일본주의의 위배

공소장에는 일정한 서류 이외의 사건에 관하여 법원에 예단이 생기게 할 수 있는 서류 기타 물건을 첨부하여서는 아니된다(규칙 제118조 제2항). 서류·물건 등의 첨부를 금지하고 있으나 공소장에 피고인의 성격·

---

54) 송미, 형사소송법 (하) I. 160면.

55) 공소기각하는 데 대하여 대법원은 반대하는 듯하다. 대판 1963.9.12. 63도190 (함정수사); 1966.11.22. 66도1288(불법구속).

경력·범죄사실 등을 불필요할 정도, 즉 공소사실특정에 필요한 정도를 일탈한 기재는 첨부와 같은 효과를 일으켜 공소를 무효로 하는 때가 있을 것이다.

④ 재 기 소

공소기각된 사건에 대한 재기소는 일사부재리의 효력과 구별되는 개념으로서의 기판력에 반하므로 제2호에 의하여 공소기각 된다.

⑤ 당사자적격의 결여

공고제기된 피고인 이외의 자에 대하여 소송이 진행되었거나(피고인 이외의 자가 피고인 행세를 한 경우) 피고인이 타인의 이름을 모용하여 그 이름이 공소장에 기재되어 그 타인에 대하여 소송이 진행된 것이 판명된 경우에도 공소기각하여야 할 것이다. 법인은 당사자능력이 있지만 구체적 사건에 관하여 당사자적격성이 결여된 경우에도 공소기각을 하여야 할 것이다.

⑥ 공소제기의 결여

공소제기의 존재 자체도 소송조건이므로 공소제기가 없는데 소송계속이 생긴 경우에도 제2호에 따라 공소기각이 된다.

(라) 함정수사에 기한 공소제기

대법원은 범의유발형 함정수사에 기한 공소제기는 그 절차가 법률의 규정에 위반하여 무효인 때에 해당한다고 보고 있다.[56)]

(3) 이중기소

공소가 제기된 사건에 대하여 다시 공소가 제기되었을 때(제327조 제3호)에는 뒤의 공소를 기각하여야 한다. 별개 법원에 기소된 때에는 제328조 제1항 제2호에 의하여 심판할 수 없는 법원은 그 공소를 기각하여야 한다. 그 취지는 동일 사건에 대하여 두 개의 실체판결을 배제할 필요에도 있지만 그보다는 피고인에게 이중위험금지의 법리가 작용하기 때문이다. 여기의 사건은 공소장에 기재된 공소사실을 가리킨다. 그 객관적 범위는 심판대상이 아니라 이중위험금지

---

56) 대판 2005.10.28. 2005도1247.

의 법리에 따라 정하여진다. 이중기소인지 여부는 소인변경의 범위를 결정하는 공소사실의 동일성의 기준에 따라 판단한다.

(4) 제329조의 규정에 위반하여 공소가 제기되었을 때

공소취소에 의하여 공소기각의 결정이 확정된 때에는 공소취소 후 그 범죄사실에 대하여 다른 중요한 증거가 발견되지 않는 한 다시 공소제기할 수 없으므로(제329조), 그 규정에 위반하여 제기된 공소는 제327조 제4호에 의하여 기각된다.

(5) 친고죄의 고소취소

고소가 있어야 죄를 논할 사건에 대하여 고소의 취소가 있은 때를 말한다(제327조 제5호). 이는 공소제기 후에 고소를 취소한 경우를 가리킨다. 공소제기 전에 고소를 취소한 경우에는 공소제기절차의 위법·무효로 되어 제327조 제2호에 의하여 공소기각 된다. 친고죄의 공범 가운데 1인에 대한 고소의 취소가 있는 경우에도 다른 공범자 전원에게 효력이 미치므로 이들에게도 판결로써 공소기각을 하여야 한다(제233조).

(6) 반의사불벌죄에서의 처벌불원 또는 처벌의사 철회

피해자의 명시한 의사에 반하여 죄를 논할 수 없는 사건에 대하여 처벌을 희망하지 아니하는 의사표시가 있거나 처벌을 희망하는 의사표시가 철회되었을 때를 말한다(제232조 제3항). 재판권이 당사자의 의사에 따라 좌우되는 것을 방지하기 위해서다.

반의사불벌죄에서 처벌불원의 의사표시의 부존재는 소극적 소송조건으로서 직권조사사항이므로 당사자가 주장하지 아니하였다고 하더라도 법원은 이를 직권으로 조사·판단하여야 한다.[57)]

---

57) 대법원 2001.4.24. 선고 2000도3172 판결.

3. 공소기각의 재판의 절차와 그 효력

가. 형식재판사유의 경합

공소기각의 재판은 절차적 소송조건의 결여가 있을 때 관할위반의 판결이 행하여지는 경우를 제외하고 내리게 되는 종국적 형식재판이다. 추행적 소송조건 내지 실체적 소송조건을 결하는 경우에 내리게 되는 면소의 판결과는 다르다. 공소기각의 재판 가운데 구두변론을 겪지 않고 공소기각을 할 수 있을 만큼 소송조건의 결여가 명백한 경우에는 결정으로써 공소를 기각하고(제328조) 그렇지 않은 경우에 공소기각의 판결을 행한다(제327조). 그 어느 것이건 절차조건의 흠결을 이유로 공소를 부적법·무효로 취급하여 실체심판의 문전에서 사건을 추방한다. 동일 사건에서 판결로서의 공소기각과 결정으로서의 공소기각의 사유가 경합하는 경우에는 판단이 더 용이한 후자에 의하여 소송을 종결시키고, 공소기각의 사유와 면소의 사유가 경합하는 경우에 문전추방의 성격을 띠는 공소기각의 재판이 선행된다.

나. 절 차

공소기각의 재판은 피고인에게 유리한 재판이므로 그 재판을 행할 것이 명백한 사건에서는 피고인의 공판기일에의 출석을 요하지 않으며(제277조), 공판절차정지의 예외로 된다(제306조). 공소기각의 사유의 부존재는 소송조건이므로 법원의 직권조사사항이다. 주문은 '본건 공소를 기각한다'라는 취지의 기재이다. 이유부분에서는 공소사실의 요지를 거시한 뒤에 여기에 대하여 인정되는 제327조 각호 사유를 간명하게 설시한다. 이것으로써 그 재판은 그 심급에서 이탈하고 부수적 효과로서 구속영장은 실효된다(제331조).

다. 효 력

(1) 내용적 구속력

통설·판례에 따르면 공소기각의 재판에는 기판력이 생기지 않으므로 소송조건의 흠결을 보완하기만 하면 재기소가 허용된다. 그러나 종국재판인 공소기각에도 뒤에 사실의 변경이 없는 한 다른 재판을 할 수 없으므로 기판력은 발생하게 된다고 보아야 한다. 다만 실체재판의 확정에 따른 이중위험금지 법리에서 인정되는 일사부재리효는 발생시키지 못한다.

(2) 상소 등에 관한 문제

공소기각판결의 확정시기는 다른 종국재판과 같다. 즉, 상소기간의 경과로 확정된다. 검사가 공소기각판결에 대하여 그 오류를 주장하여 상소할 수 있는 것은 당연하다. 피고인이 공소기각판결에 대하여 무죄를 주장하여 상소할 수 있느냐에 관해서는 견해의 대립이 있다. 무죄판결을 받음이 객관적이고, 사실상 피고인에게 이익이 되고 또 무죄판결에는 형사보상이라는 법률상의 이익이 따르므로 상소를 허용한다는 견해[58]도 있다. 그러나 사건에 대하여 형식적 소송조건이 결여되었으므로 피고인의 인권·이익을 옹호하기 위하여 공판절차로부터 조기에 피고인을 해방시킨다는 정책적 고려가 작용하므로 피고인의 무죄판결청구권은 부인된다.

공소기각의 판결은 제1심에서 뿐만 아니라 항소심이나 상고심에서도 행하여진다(제370조, 제399조). 항소심이나 상고심에서 공소기각이 법률에 위반됨을 이유로 원심을 파기하는 때에는 판결로써 사건을 원심법원이나 제1심 법원에 환송하여야 한다(제366조, 제393조).

Ⅵ. 종국재판의 부수적 효과

1. 구속영장의 효력

무죄, 면소, 형의 면제, 형의 선고유예, 공소기각 또는 벌금이나 과료를 과하는 판결이 선고된 때에는 구속영장은 효력을 잃는다(제331조 본문). 무죄, 면소, 형의 면제, 형의 선고유예, 집행유예, 공소기각 또는 벌금이나 과료를 과하는 재판이 있는 경우는, 피고인의 형집행에 대한 두려움이 약하고 도망의 염려가 감소되어 형의 집행확보를 위한 신병확보의 필요가 적기 때문에, 제331조는 이와 같은 판결이 선고되면 그 확정 전에도 구속영장이 효력을 잃는 것으로 규정하고 있다.

---

58) 김기두, 312면; 서일교, 356면.

2. 몰수의 선고와 압수물

압수한 서류 또는 물품에 대하여 몰수의 선고가 없는 때에는 압수를 해제한 것으로 간주한다(제332조). 피고사건에 관한 종국재판에서 압수물에 관하여 몰수의 선고(제321조 제1항) 또는 피해자환부의 선고(제333조)가 포함되지 않은 판결이 선고되어 확정되었다면 검사에게 그 압수물을 제출자나 기타 권리자에게 환부하여야 할 의무가 당연히 발생하는 것이고, 권리자의 환부신청에 의한 검사의 환부결정 등 어떤 처분에 의하여 비로소 환부의무가 발생하는 것은 아니다.[59] 몰수, 피해자환부는 종국재판의 주문에서 선고되어야 한다.

'압수한 서류 또는 물품'에는 제106조에 의하여 압수한 물품 외에 제108조에 의하여 압수한 서류 또는 물품을 포함한다.

3. 압수물의 환부

압수한 장물로 피해자에게 환부할 이유가 명백한 것은 판결로써 피해자에게 환부하는 선고를 하여야 한다(제333조 제1항). 이 경우 장물을 처분하였을 때에는 판결로써 그 대가로 취득한 것을 피해자에게 교부하는 선고를 하여야 한다(동조 제2항). 가환부한 장물에 대하여 별도의 선고가 없는 때에는 환부의 선고가 있는 것으로 간주한다(동조 제3항). 위 각 규정은 이해관계인이 민사소송의 절차에 의하여 그 권리를 주장함에 영향을 미치지 아니한다(동조 제4항).

4. 재산형의 가납판결

법원은 벌금, 과료 또는 추징의 선고를 하는 경우에 판결의 확정 후에는 집행할 수 없거나 집행하기 곤란할 염려가 있다고 인정한 때에는 직권 또는 검사의 청구에 의하여 피고인에게 벌금, 과료 또는 추징에 상당한 금액의 가납을 명할 수 있다(제334조 제1항). 가납의 재판은 형의 선고와 동시에 판결로써 선고하여야 한다(동조 제2항). 가납의 판결은 즉시 집행할 수 있다(동조 제3항). 재판의 집행력은 재판의 확정에 의해서 발생하는 것이 원칙이지만, 판결의 확정을 기다

59) 대판 2001.4.10. 2000다43943.

려서는 그 집행이 불가능 또한 현저히 곤란해지는 경우가 많이 있다. 이와 같은 염려가 있는 경우에 벌금, 과료 또는 추징의 선고에 관해서는 벌금, 과료, 추징에 상당하는 금액의 가납을 명함으로써, 재판의 확정 전에 집행할 수 있는 예외를 인정하고 있다.[60]

5. 다시 형을 정하는 절차

형법 제36조(판결선고 후의 누범발견), 제39조 제4항(형의 집행과 경합범) 또는 제61조(선고유예의 실효)의 규정에 의하여 형을 정할 경우에는, 검사는 그 범죄사실에 대한 최종판결을 한 법원에 청구하여야 한다(제336조 제1항, 규칙 제151조). 이때의 '최종판결을 한 법원'이라 함은 피고사건에 관하여 실체적 판결을 한 법원을 가리킨다. 주로 제1심 법원을 지칭하지만 파기자판한 상소법원도 이에 해당한다. 그러나 상소기각의 판결을 한 법원은 해당되지 않는다.

형법 제61조의 규정에 의하여 유예한 형을 선고할 때에는 제332조(유죄판결에 명시될 이유)에 의하여야 하고 선고유예를 해제하는 이유를 명시하여야 한다(동조 제1항 단서). 그리고 형법 제36조, 제39조 제4항, 제61조의 규정에 의하여 법원이 형을 정할 때나 또는 유예한 형을 선고할 때에는 반드시 피고인 또는 그 대리인의 의견을 물어야 한다(동조 제2항). 이때 법원은 피고인 또는 대리인의 출석을 명할 수 있다(규칙 제151조).

6. 형의 소멸의 재판

형법 제81조(형의 실효) 또는 제82조(복권)의 규정에 의한 선고는 그 사건에 관한 기록이 보관되어 있는 검찰청에 대응하는 법원에 대하여 신청하여야 한다(제337조 제1항). 사건에 대하여 최종판결을 한 법원이 관할법원으로 되는 제336조의 경우와 다르다. 본인 또는 검사의 신청에 대한 재판의 형식은 결정이다. 신청이 부적법하거나 이유없는 때에는 그 신청을 각하하고, 이유있다고 인정하는 경우에는 형의 실효선고 또는 복권의 선고를 하여야 한다(제337조 제2항). 이

60) 가납판결을 헌법상 재산권에 관한 규정 또는 죄형법정주의에 관한 규정 등에 위배한다고는 볼 수 없다. 대판 1977.9.28. 77도2288.

결정은 공판절차상 피고사건에 대한 재판이 아니므로 공판 외의 재판에 해당한다. 신청을 인용하는 결정에 대해서는 불복할 수 없고 신청을 각하하는 결정에 한해서 즉시항고가 허용된다(동조 제3항). 이때의 즉시항고기간에 대해서도 제66조 제3항의 기간의 계산에 관한 규정과 제67조의 법정기간의 연장에 관한 규정이 적용된다.[61]

제3절 재판의 효력

I. 재판의 확정의 의의

1. 재판의 확정의 의의

재판이 통상의 불복방법에 의하여는 다툴 수 없게 되어 그 내용을 변경할 수 없게 된 상태를 재판의 확정이라 하며, 이러한 상태에 있는 재판을 확정재판이라 한다. 재판은 확정에 의하여 그 본래의 효력이 발생한다. 확정재판의 본래의 효력이 바로 재판의 확정력이다. 재판의 확정은 형사재판에 있어서 정의와 법적 안정성이라는 모순되는 두 이념을 조화하는 기능을 가진다. 즉 법적 안정성과 법적 평온을 보장하기 위하여 비록 정의에 반하는 재판이라 할지라도 일정한 기간이 지난 후에는, 그 재판에 대하여 다툴 수 없게 하는 것이 바로 재판의 확정이다.

2. 재판확정의 시기

재판은 확정에 의하여 본래의 효력이 발생하므로 재판확정의 시기는 재판이 본래의 효력을 발생하는 시기를 의미한다. 재판의 확정시기는 재판의 종류에 따라 다르다.

가. 불복신청이 허용되지 않는 재판

선고나 고지와 동시에 확정된다. 법원의 관할 또는 판결 전의 소송절차에 관

---

61) 대판 1962.11.15. 62모12.

한 결정에 대한 항고(제403조), 항고법원 또는 고등법원의 결정에 대한 재항고 또는 특별항고는 원칙적으로 허용되지 아니한다(제415조). 또 대법원의 결정에 대해서도 항고는 할 수 없다.

상고심판결의 확정시기에 대해서는 선고와 동시에 확정된다는 견해[62]와 정정신청을 인정하고 있으므로(제400조, 제401조) 선고와 동시에 확정되지 아니하고 정정신청기간의 경과, 정정판결 또는 신청기각의 결정에 의하여 확정된다는 견해[63]의 대립이 있다. 대법원은 성격상 최종심이므로 그 판결에 대해서는 원칙적으로 불복신청의 여지가 없고 또 판결의 정정은 극히 예외적인 판결의 오류의 경우에만 적용되므로 선고와 동시에 확정된다고 보는 것이 타당하다고 생각한다. 일본법은 판결의 선고일로부터 15일(신청기간)이 경과된 때 또는 정정판결이나 정정신청의 기각이 있은 때에 확정된다고 명문화하고 있다(일본 형사소송법 제418조). 그러한 규정이 없는 우리 법에서는 최종심으로서의 대법원의 성격상 판결의 선고시에 확정된다고 보는 것이 타당하다.[64]

나. 불복신청이 허용되는 재판(불복가능성이 소멸한 때에 확정됨)

(1) 판결의 확정시기

제1심과 제2심의 판결은 다음의 경우에 확정된다.

- 상소의 제기없이 판결선고일로부터 상소제기기간(7일)을 도과한 때(제343조, 제358조, 제374조)
- 상소제기가 있어도 상소법원의 공소기각결정이 확정된 때(제363조, 제382조)
- 상소를 포기, 취하한 때(제349조)

(2) 결정의 확정시기

불복할 수 있는 결정은 다음의 경우에 확정된다.

---

62) 강구진, 586면; 배종대·이상돈·정승환, 626면; 백형구, 강의, 747면; 신동운, 1180면; 이영란, 667면; 이재상, 611면; 임동규, 624면; 정웅석, 1034면.

63) 김기두, 183면; 서일교, 219면; 신현주, 687면; 정영석·이형국, 434면.

64) 대결 1967.6.2. 67초22.

- 즉시항고가 가능한 결정은 항고제기기간(3일)을 도과한 때(제405조)
- 기간의 제한이 없는 보통 항고는 항고하여 원심판결을 취소하여도 실익이 없게 된 때(제404조)
- 항고법원의 항고기각결정이 있은 때(제413조)
- 항고를 포기·취하한 때(제349조)

Ⅱ. 재판의 확정력

재판의 확정에는 형식적 확정과 내용적 확정이 있으며, 이에 대응하여 확정의 효력도 형식적 확정력과 내용적 확정력이 또는 실질적 확정력으로 구별된다.

1. 형식적 확정력

가. 형식적 확정력의 의의

재판이 통상의 상소 또는 이에 준하는 불복절차로는 다툴 수 없게 된 상태를 형식적 확정이라 하고, 그로부터 인정되는 법적 불가쟁적 효력을 말한다. 특히, 종국재판에 있어서는 형식적 확정에 의하여 소송계속이 종결된다. 형식적 확정력은 내용적 확정력을 인정하기 위한 요건이 될 뿐만 아니라 전과기록을 위한 전제가 되기도 한다.

나. 형식적 확정력이 있는 재판

형식적 확정력은 소송절차가 확정적으로 종결되는 소송의 절차면에서의 효력이다. 따라서 종국재판이건 종국 전의 재판이건, 실체적 재판이건 형식적 재판이건 불문하고 모든 재판에 대하여 발생한다.

2. 내용적 확정력

가. 내용적 확정력의 의의

재판이 형식적으로 확정되면 이에 따라 그 의사표시적 내용도 확정된다. 이를 재판의 내용적 확정이라고 한다. 재판의 내용적 확정에 의하여 그 판단내용인 법률관계를 확정하게 하는 효력을 재판의 내용적 확정력 또는 실질적 확정력 이라고 한다. 유죄·무죄의 실체재판이 확정되면 이에 따라 형벌권의 존부와 범위가 확정된다. 이러한 실체재판의 내용적 확정력을 실체적 확정력이라고 한다. 실체적 확정력을 사건의 측면에서 볼 때 이를 광의의 기판력이라고도 한다.

나. 일사부재리의 효력과 기판력의 관계에 관한 학설

실체재판이 확정된 뒤에는 동일 사건은 재차 기소되어 심리·판단되지 않는다는 효력을 일사부재리의 효력이라고 하며, 이것과 기판력 사이의 관계에 관하여 학설이 대립하고 있다.

(1) 확정력설

일사부재리의 효력을 실체적 확정력의 외부적 효력인 기판력으로 이해하는 견해[65]이다. 재판의 형식적 확정과 동시에 실체판결 및 면소판결의 실체법에 관한 판단내용에 생기는 내용적 확정력을 실체적 확정력이라고 하면서 그 내부적 효력으로 집행력, 외부적 효력으로 내용적 구속력과 일사부재리의 효력이 생긴다고 한다. 실체판결이나 면소판결이 확정되면 동일 사건에 대한 재차의 공소제기되어 심판할 수 없고 잘못하여 공소가 제기된 때에는 실체적 소송조건의 부존재를 이유로 하여 면소판결이 선고되는데(제326조 제1항), 이처럼 실체판결과 면소판결에만 생기는 재소금지의 효력을 일사부재리의 효력이라고 한다. 일사부재리의 효력은 동일 사건 사이의 효력이지만 원래 소송 이외의 재차의 소송에 영향이 미친다는 뜻에서 실체적 확정력의 외부적효력 이라고 한다. 이것을 고유한 의미(협의)의 기판력이라고 부르면서 일사부재리의 효력과 기판력을 같은 의미로 사용하기 때문에 이 견해를 일치설이라고도 한다.

(2) 이중위험금지설

일사부재리의 효력은 실체판결의 판결내용에 근거한 내용적 효력이 아니고 오직 피고인이 지금까지 형벌에 처하게 될 위험을 겪은 절차상의 고통에서 유래되는 절차적 효력이라고 하는 견해이다.[66] 일사부재리의 효력의 근거를 동일

---

65) 김기두, 185면; 백형구, 강의, 747면; 신동운, 1187면; 정영석·이형국, 437면; 정웅석, 1040면.

한 범죄에 대하여 거듭 처벌받지 아니함을 선언한 헌법 제13조의 이중위험금지의 원칙에서 찾는다. 기판력은 실체재판이나 형식재판을 묻지 않고 실질적 확정력의 외부적 효력으로서 모든 종국재판에서 생기는 후소에 대한 내용적 불가변경력일 뿐이지 일사부재리의 효력과는 아무런 관계가 없다. 이처럼 기판력과 일사부재리의 효력을 구별하여 생각한다는 점에서 구별설이라고도 한다. 피고인이 소추되어 심리를 받고 형벌을 받거나 받게 될 위험을 이미 겪었다면 동일한 범죄사실로 재차 소추되어 처벌될 실체적 위험에 처하게 해서는 안된다는 데에서 일사부재리의 효력의 근거를 찾고 있다. 피고인(일반 시민도 마찬가지)에게 중첩적으로 심판을 받고 처벌을 받게 된다는 불안과 고통을 안겨주는 것은 법의 적정절차 원리에 위배되므로 금지되어야 한다는 것이다.

(3) 검 토

(가) 외부적 효력으로 동일사건의 실체에 관하여 재차 심리·판결하는 것을 허용하지 않는 일사부재리의 효력을 인정하고, 이를 고유한 의미의 기판력이라고 본다. 일사부재리의 효력이 실체적 확정력의 외부적 효력이라는 점에서 확정력설(일치설)이 타당하다.

(나) 이에 의하면 내용적 확정력은 실체재판과 형식재판에 모두 인정되나, 실체재판의 외부적 효력인 일사부재리의 효력, 즉 기판력은 실체재판에 대하여만 인정된다는 것이다.

Ⅲ. 내용적 구속력

1. 내용적 구속력의 의의

기판력은 확정재판의 후소(後訴)에 대한 내용적 구속력과 일사부재리의 효력을 내용으로 한다.

가. 내용적 구속력이란 재판이 확정되면 다른 법원에서도 동일한 사정에서 동일사항에 대하여는 다른 판단을 할 수 없는 효력을 말한다. 종국재판의 후소

66) 신현주, 707면; 심희기, 쟁점, 494면; 이영란, 670면; 임동규, 628면.

(後訴)에 대한 불가변경적 효력을 의미한다고 할 수 있다.

나. 재판의 내용적 구속력은 실체재판뿐만 아니라 형식재판에서도 인정된다고 본다. 따라서 유죄·무죄의 실체재판뿐만 아니라 공소기각과 관할위반 및 면소의 재판과 같은 형식재판에서도 내용적 구속력이 인정된다.

(3) 기판력을 실체적 확정력의 대외적 효과인 일사부재리의 효력이라고 해석하는 통설은, 실체재판에 대하여만 기판력이 인정된다고 보고 있다.

2. 형식재판의 내용적 구속력

재판의 내용적 구속력은 법원이 현실적으로 심판한 사실의 범위에서만 발생한다는 점은 실체재판과 형식재판에 있어서 차이가 없다. 형식재판에 있어서도 내용적 구속력은 판단된 사항에 대하여만 미치며, 사정의 변경이 있는 경우까지 기판력이 미치는 것이 아니다.

Ⅳ. 일사부재리의 효력

1. 일사부재리효력의 의의

가. 개 념

일사부재리의 효력이란 유죄·무죄의 실체판결이나 면소판결이 확정된 때에 동일한 사건에 대하여 다시 심리·판단하는 것이 허용되지 않는다는 효력을 말한다. 통설은 일사부재리의 효력을 실체적 확정력의 외부적 효력으로 이해하여, 이를 고유한 의미의 기판력이라고 한다.

나. 일사부재리의 효력은 이중위험의 금지와는 구별되는 것이므로, 헌법이 규정하고 있는 일사부재리의 원칙은 기판력의 실정법적 근거가 될 수는 없다고 본다.

2. 일사부재리의 효력이 인정되는 재판

가. 실체재판

유죄·무죄의 실체재판에 일사부재리의 효력이 인정된다.

(1) 약식명령과 즉결심판도 확정되면 유죄판결과 동일한 효력을 가지므로 일사부재리의 효력이 발생한다.[67]

(2) 일사부재리의 효력은 형사재판에 대하여만 인정되는 것이므로, 행정법상 징계처분에는 인정되지 않는다. 다만, 소년의 보호처분결정(소년법 제32조)에 대해서는 일사부재리의 효력을 명문으로 인정하고 있다(소년법 제53조).

(3) 그러나 대법원은 소년에 대한 보호처분이 있는 경우 확정판결에 포함되나, 대법원은 공소기각판결을 해야 한다고 판시하고 있다.[68]

(4) 관세법상 통고처분의 경우 "관세범인이 통고의 요지를 이행한 때에는 동일사건에 대하여 다시 처벌을 받지 않는다."(관세법 제317조)하여, 명문의 기판력을 인정하고 있다. 그러나 관세법상 통고처분의 경우 기판력을 인정하지 않는다고 보는 견해도 있다.

나. 형식재판

공소기각과 관할위반의 형식재판에 대하여는 일사부재리의 효력을 인정할 여지가 없다. 그러나 면소판결은 형식재판이지만, 일사부재리의 효력이 인정된다. 형식재판에도 내용적 구속력은 있어서 친고죄에 있어 고소가 없는데도 공소제기되어 공소가 기각된 경우 동일한 사항으로 재기소되었다면 공소기각 판결의 구속력이 있어 재기소가 무효로 된다.

다. 당연무효의 판결

(1) 당연무효의 판결이란 판결로 성립은 하였으나 중대한 하자가 있기 때문에 상소 기타 불복신청을 하지 않아도 그 본래의 효력이 발생하지 않는 재판을 말한다. 예를 들어 동일사건에 대하여 이중의 실체판결이 확정된 경우, 사자(死者)에 대하여 형을 선고한 경우, 법률상 인정되지 않는 형벌을 선고한 판결 등이 그것이다.

(2) 당연무효의 판결도 재판이 존재하기 때문에 형식적인 확정력은 있지만, 집행력이 발생하지는 않는다.

---

67) 대판 1982.5.25. 81도1307.

68) 대판 1964.5.5. 64도130.

(3) 당연무효의 판결에 대하여 일사부재리의 효력이 인정되는가에 관하여 적극설(다수설)은 당연무효의 판결의 경우에도 법원이 심리를 종결하여 최종적 판단을 한 것이므로, 피고인은 처벌의 위험에 있었다고 할 것인 바, 일사부재리의 효력은 인정된다고 본다.[69)]

3. 일사부재리의 효력이 미치는 범위

가. 객관적 범위

(1) 일사부재리의 효력이 미치는 객관적 범위는 법언의 현실적 심판의 대상인 당해 공소사실은 물론, 그 공소사실과 단일하고 동일한 관계에 있는 사실의 전부에 미친다고 하는 것이 다수설이다. 따라서 일사부재리의 효력은 법원의 현실적 심판의 대상인 공소장에 기재된 공소사실뿐만 아니라 그 사실과 동일상이 인정되는 잠재적 심판의 대상에 대하여도 미친다.

(2) 대법원은 일관하여 포괄일죄와 과형상 일죄의 일부분에 대한 기판력은 현실적 심판의 대상으로 되지 아니한 부분에 까지 미치며,[70)] 이러한 의미에서 즉결심판을 받은 범죄사실과 동일성이 인정되는 경우에는 강간죄나 상해치사죄에 관하여 면소판결을 선고해야 한다고 보고 있다.[71)]

(3) 일사부재리의 효력은 공소사실과 동일성이 인정되는 사실에 대하여만 미치므로, 공소사실과 동일성이 인정되지 아니하는 여죄(餘罪)에 대하여는 그 효력이 미치지 않는다고 본다.

또한 경합범(실체적 경합)간에는 동일성이 인정되지 않으므로 기판력도 사건에 따라 별도로 발생하게 되므로 경합범 일부에 대한 기판력은 기소되지 아니한 부분에는 미치지 않는다.

나. 주관적 범위

일사부재리의 효력은 공소가 제기된 피고인에 대하여만 발생한다. 공동피고

---

69) 신동운, 1193면; 이재상, 665면. 이에 대하여 당연무효판결에는 실체적 확정력이 없으므로 일사부재리효를 부인한다고 해석하는 견해도 있다. 백형구, 752면 참조.

70) 대판 1990.5.5. 89도1984 외 다수.

71) 대판 1990.3.9. 89도1046 외 다수.

인의 경우에도 한 피고인에 대한 판력의 효력은 다른 피고인에게 미치지 않는다. 다만, 공범자인 공동피고인의 1인에 대한 무죄판결은 다른 공범자에게 유리한 증거자료로 사용될 수 있다. 그러나 이는 일사부재리의 효력과는 관례가 없다. 피고인이 성명을 모용한 경우에 판결의 효력은 피모용자에게 미치지 않는다.

다. 시간적 범위

(1) 계속범·상습범 등이 확정판결의 정후에 걸쳐서 행하여진 경우에 어느 시점까지 일사부재리의 효력이 미치는가에 대하여는 변론종결시설·판결선고시설·판결확정시설이 대립된다.

(2) 통설·판례는 일사부재리의 시적 한계는 사실심리가 가능한 최종의 시(時)를 표준으로 하여야 할 것이나, 변론의 재개를 허용하고 있는 형사소송법의 해석에 있어서는 사실심판결선고시를 표준으로 해야 한다고 본다.[72] 따라서 판결선고에 의하여 판결선고 전후의 포괄일죄는 2개의 범죄로 나누어지는 결과가 된다.

(3) 약식명령에 있어서는 그 명령의 발령시가 그 기준이 된다.[73]

(4) 항소심의 경우에는 파기자판하는 경우든 항소기각하는 경우든 항소심판결선고시가 기준이 된다.[74]

(5) 피고인이 제1심 판결에 대하여 항소를 하였으나 항소이유서를 제출하지 아니하여 결정으로 항소가 기각된 경우 사실심리의 가능성이 있는 최후의 시점을 언제로 볼 것인가에 있는데, 피고인이 법정기간 내에 항소이유서를 제출하지 아니하였더라도 직권조사사유가 있으면 항소법원은 직권으로 심판하여 원심을 파기하고 다시 판결을 할 수 있다. 따라서 항소이유서의 미제출을 이유로 결정으로써 항소가 기각된 경우 일사부재리효의 기준시점은 항소기각결정시라고 보아야 할 것이다.[75]

---

72) 대판 1982.12.28. 82도2500 외 다수.

73) 대판 1984.7.24. 84도1129.

74) 대판 1993.5.25. 93도836.

75) 대판 1993.5.25. 93도836; 대판 2004.9.16. 2001도3206 전원합의체.

V. 확정력의 배제(기판력의 배제)

재판의 확정력, 특히 일사부재리의 효력은 법적 안정성의 요구와 피고인의 지위를 보호하기 위하여 인정되는 것이다. 그러나 이러한 요청을 실질적으로 해하지 않는 범위에서 확정판결에 명백한 오류가 있는 경우에는 예외적으로 확정력을 배제할 필요가 있다. 형사소송법은 확정력을 배제하기 위한 제도로 상소권의 회복(제345조 이하), 재심(제420조) 및 비상상고(제441조)를 인정하고 있다.

제4절 소송비용

I. 소송비용의 의의

1. 소송비용의 개념

소송비용이라 함은 소송절차를 진행함으로써 발생한 비용으로서 형사소송비용법에 의해 특히 소송비용으로 규정된 것을 말한다.

2. 소송비용의 범위

증인, 통역인, 감정인의 일당·여비·숙박료, 관보와 신문에 공고된 비용이 여기의 소송비용에 해당된다(형사소송비용등에 관한 법률 제2조). 그 외의 비용은 현실적으로 소요되었다 하더라도 소송비용에 포함되지 않는다.

3. 소송비용의 성격

소송비용은 형(刑)이 아니다. 그러나 피고인에 대한 소송비용의 부담은 재산적 이익의 박탈이라는 점에서 형벌적 성격을 가지고 있으며, 고소인·고발인 기타 피고인 아닌 자에 대한 소송비용의 부담도 부당한 고소·고발·상소제기 또는 재심청구로 인하여 불필요한 소송을 진행하도록 한 점에 대한 제재로서의 성격을 가지고 있다.

Ⅱ. 소송비용의 부담자

소송비용은 지출원인에 대하여 책임있는 자에게 부담시키는 것이 원칙이다. 그러나 검사가 책임있는 경우에는 국가가 부담하여야 할 것이므로, 형사소송법은 피고인 기타 고소인·고발인 등이 부담하는 경우에 관한 규정만을 두고 있다.

1. 피 고 인

가. 원 칙

(1) 형의 선고를 하는 때에는 피고인에게 소송비용의 전부를 일부를 부담하게 하여야 한다. 다만 피고인의 경제적 사정으로 소송비용을 납부할 수 없는 때에는 그러하지 아니하다(제186조 제1항).

(2) 형의 집행유예는 형의 선고를 하는 때에 포함되지만, 형의 면제나 선고유예는 이에 포함되지 않는다.

(3) 형의 선고를 하는 때에는 소송비용을 부담하게 하여야 하므로 형을 선고하지 않으면서 피고인에게 소송비용을 부담하게 할 수 없다. 다만, 피고인에게 책임지울 사유로 발생된 비용은 형의 선고를 하지 아니하는 경우에도 피고인에게 부담하게 할 수 있다(제186조 제2항).

(4) 공범의 소송비용은 공범인에게 연대하여 부담하게 할 수 있다(제187조).

나. 예 외

검사만이 상소 또는 재심의 청구를 한 경우에 상소 또는 재심의 청구가 기각되거나 취하한 때에는 그 소송비용을 피고인에게 부담하게 하지 못한다(제189조).

2. 고소인·고발인

고소 또는 고발에 의하여 공소를 제기한 사건에 관하여 피고인이 무죄 또는 면소의 판결을 받은 경우에 고소인 또는 고발인에게 고의 또는 중대한 과실이 있는 때에는 그 자에게 소송비용의 전부 또는 일부를 부담하게 할 수 있다(제188조). 무죄 또는 면소의 판결에 한하므로 형의 면제, 선고유예 또는 공소기각의 심판을 받은 때에는 고소·고발인에게 소송비용을 부담시킬 수 없다.

3. 상소 또는 재심청구자

검사 아닌 자가 상소 또는 재심의 청구를 한 경우에 상소 또는 재심의 청구가 기각되거나 취하된 때에는 그 자에게 소송비용을 부담하게 할 수 있다(제190조 제1항). 여기의 검사 아닌 자에는 피고인도 포함된다. 피고인 아닌 자가 피고인이 제기한 상소 또는 재심의 청구를 취하한 경우에도 같다(동조 제2항). 그러나 변호인이 피고인을 대리하여 상소 또는 재심의 청구를 한 때에는 피고인을 대리한 것이므로 변호인에게 소송비용을 부담시킬 수 없다.

Ⅲ. 소송비용부담의 절차

1. 재판으로 소송절차가 종료되는 경우

가. 재판으로 소송절차가 종료되는 경우에 피고인에게 소송비용을 부담하게 하는 때에는 직권으로 재판하여야 한다. 이 재판에 대하여는 본안의 재판에 관하여 상소하는 경우에 한하여 불복할 수 있다(제191조).

나. 피고인 아닌 자에게 소송비용을 부담하게 하는 때에는 직권으로 결정하여야 한다. 그 결정에 대하여는 즉시항고를 할 수 있다(제192조).

2. 재판에 의하지 않고 소송절차가 종료되는 경우

재판에 의하지 않고 소송절차가 종료되는 경우(예 : 상소·재심 또는 정식재판청구 취하)에 피고인 아닌 자에게 소송비용을 부담하게 하는 때에는 사건의 최종계속법원이 직권으로 결정을 하여야 한다. 이 결정에 대하여는 즉시항고를 할 수 있다(제193조).

3. 소송비용부담액의 산정

소송비용 부담액을 재판에 의하여 구체적으로 명시할 것을 요하지 않는다. 소송비용의 부담을 명하는 재판에 그 금액을 표시하지 아니한 때에는 집행을 지휘하는 검사가 산정한다(제194조). 산정에 이의가 있는 때에는 법원에 이의신청을 할 수 있다(제489조).

4. 소송비용부담재판의 집행

소송비용부담의 재판도 검사의 지휘에 의하여 집행한다(제460조 제1항). 재판 집행비용은 집행을 받는 자가 부담한다(제493조). 소송비용부담의 재판을 받은 자가 빈곤으로 인하여 이를 완납할 수 없는 때에는 그 재판의 확정 후 10일 이내에 재판을 선고한 법원에 소송비용의 전부 또는 일부에 대한 집행면제를 신청할 수 있다(제487조).

Ⅳ. 무죄판결과 비용보상

1. 무죄판결과 비용보상(제194조의 2)

가. 의 의

무죄로 확정된 피고인의 구금에 대한 보상만 인정하고 있을 뿐, 피고인이 소송과정에서 지출한 비용을 보상하는 규정을 두고 있지 않았다. 그러나 형사소송법은 위와 같은 미비점을 개선하여, 국가는 무죄판결이 확정된 경우에는 당해 사건의 피고인이었던 자에 대하여 그 재판에 소요된 비용을 보상하여야 한다는 규정을 두게 되었다(제194조의 2).

나. 제 한

비용보상의 전부 또는 일부의 제한 요건은 다음과 같다(제194의 2조 제2항).

(1) 피고인이었던 자가 수사 또는 재판을 그르칠 목적으로 허위의 자백을 하거나 다른 유죄의 증거를 만들어 기소된 것으로 인정된 경우(제194의 2조 제2항 제1호)

(2) 1개의 재판으로써 경합범의 일부에 대하여 무죄판결이 확정되고 다른 부분에 대하여 유죄판결이 확정된 경우(제194조의2 제2항 제2호)

(3) 형법 제9조(14세 미만의 형사미성년자) 및 제10조 제1항(심신장애로 인하여 사물을 변별할 능력이 없거나 의사를 결정할 능력이 없는 자)의 사유에 따른 무죄판력이 확정된 경우(제194조의2 제2항 제3호)

(4) 그 비용이 피고인이었던 자에게 책임지울 사유로 발생한 경우(제194조의2

제2항 제4호)

2. 비용보상의 절차 등(제194조의3)

가. 보상절차

무죄 판결이 확정된 경우 피고인이었던 자는 무죄판결을 선고한 법원의 합의부에 비용보상을 청구하여야 한다(제194조의3 제1항). 이 청구는 무죄판결이 확정된 날부터 6개월 이내에 하여야 한다(제194조의3 제2항).

나. 보상결정에 대한 불복

법원의 비용보상 결정에 대해서는 즉시항고를 할 수 있도록 하였다(제194의3조 제3항).

3. 비용보상의 범위와 준용규정(제194조의4, 제194조의5)

가. 비용보상의 범위

(1) 피고인이었던 자 또는 그 변호인이었던 자가 공판준비 및 공판기일에 출석하는 데 소요된 여비·일당·숙박료와 변호인이었던 자에 대한 보수에 한한다(제194조의4 제1항).

(2) 이 경우 보상금액에 관하여는 형사소송비용등에 관한 법률을 준용하되, 피고인이었던 자에 대하여는 증인에 관한 규정을, 변호인이었던 자에 대하여는 국선변호인에 관한 규정을 준용한다(제194조의4 제1항). 따라서 무죄의 확정판결을 받은 피고인에 대하여 보상할 변호인의 보수는 사선변호인의 보수가 아니라 국선변호인의 보수에 관한 규정을 준용한다.

(3) 법원은 공판준비 또는 공판기일에 출석한 변호인이 2인 이상이었던 경우에는 사건의 성질, 심리 상황 그 밖의 사정을 고려하여 변호인이었던 자의 여비·일당 및 숙박료를 대표변호인 그 밖에 일부 변호인의 비용만으로 한정할 수 있다(제194조의4 제2항).

나. 준용규정

비용보상청구, 비용보상절차, 비용보상과 다른 법률에 따른 손해배상과의 관계, 보상을 받을 권리의 양도·압류 또는 피고인이었던 자의 상속인에 대한 비용보상에 관하여 개정법에 규정한 것을 제외하고는 형사보상법에 의한 보상의 예에 따른다(제194조의5).

판례색인

사항색인

(ㄱ)

(ㄴ)

(ㅁ)

(ㅂ)

(ㅅ)

(ㅇ)

(ㅈ)

(ㅊ)

(ㅌ)

(ㅍ)

(ㅎ)

저 자 약 력

김 재 중

한양대학교 법과대학 졸업
한양대학교 대학원 졸업(법학석사)
충북대학교 대학원 졸업(법학박사)
제25회 사법시험 합격(사법연수원 제15기)
충북지방변호사회 회장, 부회장, 총무이사 역임
충청북도 행정심판위원, 토지수용위원, 인사위원, 감사위원
언론중재위원, 노동위원회 공익위원 역임

현) 충북대학교 법학전문대학원 대외협력부원장(부교수)
청주지방검찰청 형사조정위원장
청주지방법원 민사·가사 조정위원
충청북도 소청심사위원장

[주요논저]

형벌제도 개선방안
스포츠맨·연예인에 대한 인터넷상 '악플'의 제재방안
배심원평결의 실효성 확보방안
형사소송법 지도이념으로서의 피해자 보호주의
한국의 전자감시제도 및 그 발전방안
대체형벌로서의 징벌적 손해배상제도
집행유예에 관한 판례동향과 개선방안
피해자의 시각에서 본 재정신청제도 등 다수

형사재판론

저 자 김 재 중
발 행 인 양 진 수
발 행 처 진 원 사

2010년 2월 22일 초판 인쇄
2010년 3월 3일 초판 발행

서울시 노원구 공릉동 493-33
전화 : 02)916-1850 / 팩스 : 02)916-3442
등록번호 제2005-6호
http://www.jinwonsa.co.kr
http://www.lawbookstore.co.kr

ISBN : 978-89-6346-050-5 94360
978-89-6346-044-4 94360 (세트)

정가 28,000원